로또 및 행운을 불러온 사람들의 꿈 이야기

로또 복권 당첨
꿈해몽

홍순래 지음

어문학사

『로또 복권 당첨 꿈해몽』
책을 펴내며

　필자는 15여 년 전, 『이런 꿈을 꾸면 복권을 사라(1997, 학민사)』라는 책을 출간한 바 있다. 3년 전에는 보다 알찬 내용으로 『행운의 꿈(2010, 다움)』이라는 책을 필자가 1천만 원을 들여 자비 출판하여 2천 부를 발행한 바 있다. 로또(복권) 당첨을 비롯하여 행운을 불러온 꿈들을 분석·해설한 내용으로, 정가 1만 원에 출간한 책이었다. 하지만 필자의 기대와는 달리 자비 출판의 한계를 넘지 못하고 사장(死藏)되는 결과를 초래하고 말았다.

　부끄러운 이야기이지만, 여기 2013년의 『로또 복권 당첨 꿈해몽-로또 및 행운을 불러온 사람들의 꿈 이야기』 책은 2010년의 『행운의 꿈』 책을 단순히 개명하여 낸 책이다. 따라서 『행운의 꿈』을 보신 분들은 절대로 구입하지 마시기 바란다. 추후 수정 보완한 개정판을 새롭게 출간하고자 한다.

　이 책은 경향신문의 스포츠 칸에 연재되었던 '대박꿈풀이'를 보완하여, 로또(복권) 및 인터넷 전자복권의 당첨 꿈사례에서 나아가 우승·합격·승진·취업 등 행운을 불러온 꿈을 비롯하여, 산삼 발견 꿈, 연분·애정을 맺는 꿈, 주식투자 및 부동산 대박 꿈, 질병 회복 예지 꿈 등 좋은 일로 실현된 꿈사례를 모아 체계적으로 살펴보고 있다.

제Ⅰ장의 행운과 꿈에 대한 글을 비롯하여, 제Ⅱ장에서는 행운을 불러오는 미래예지적인 꿈들이 어떻게 실현되었는지, 많은 사례와 더불어 해설을 덧붙여 살펴보고 있으며, 제Ⅲ장에서는 꿈에 대한 이해와 해설을 통하여 독자들이 알기 쉽게 꿈을 이해할 수 있도록 하였다.

꿈의 세계는 미신이 아닌, 우리 인간의 신비한 영적정신이 발현된 정신과학의 세계로서, 상징적인 미래예지 꿈해몽은 꿈의 언어인 상징의 의미를 올바르게 추정하는 데 있다.

하지만 현재 시중에 판매되고 있는 대부분의 꿈해몽 책은 꿈과는 아무런 관련이 없는 점쟁이나 무속인, 나아가 스님이 여기저기서 짜깁기 식으로 단편적인 꿈해몽을 나열한 책들이 대부분이다.

필자는 이러한 현실을 개탄하고, 국문학과 한문학을 전공한 학자로서, 고(故) 한건덕 선생님의 미래예지 꿈에 대한 연구를 계승하여, 선인들의 꿈사례 및 요즈음 사람들 및 외국의 실증적인 꿈사례를 분석하고, 꿈의 상징의미를 파헤쳐 꿈의 세계에 대하여 보다 올바르게 널리 알리고자 매진해 왔다.

그리하여 최근에 다음에 소개하는 꿈에 관한 몇 권의 도서를 출간하는 결실을 거둔 바, 많은 관심과 애정을 가지고 지켜봐 주시기를 부탁드린다.

(1) 2012년 『태몽』을 출간한 바, 실증적인 태몽사례를 다양하게 수집하여 연구·정리한 해설서로, 태몽에 관한 모든 것을 담아, Ⅰ. 태몽의 개괄적 해설 Ⅱ. 태몽표상에 따른 전개 Ⅲ. 출산 관련 표상 및 유산·요절의 태몽사례 Ⅳ. 연예인 및 유명인사 태몽사례 Ⅴ. 역사적 인물의 태몽사례 Ⅵ. 남녀 성별 및 태몽상담사례 Ⅶ. 기타 설화·고전소설·민속·매스미디어 속의 태몽으로 살펴보고 있다.

(2) 2012년 『꿈이란 무엇인가?』를 출간한 바, 다양한 꿈에 대한 해설 및 꿈해몽의 총체적인 입문서 성격을 띠고 있다. 특히, 예지적 꿈의 세계를 중심으로 꿈

의 언어인 상징에 대한 다양한 실증사례를 통해, 신비로운 꿈의 세계에 대한 흥미와 지적 희열감을 맛보게 해주고 있다. 제1장 꿈에 대한 이해와 해설, 제2장 꿈해몽의 ABC, 제3장 꿈의 전개 양상에 따른 실증적 사례, 제4장 꿈의 주요 상징에 대한 이해, 제5장 해몽의 신비성, 제6장 꿈에 대한 상식, 제7장 역사와 문학 속의 꿈으로 살펴보고 있다.

(3) 2013년 『홍순래 박사 꿈해몽』을 출간(3월경 출간 예정)한 바, 꿈해설 및 꿈해몽에 관한 실용서 성격을 띠고 있다. 이 책에서는 꿈속에 등장하는 인물·동물·식물·자연물·인공물 등등의 각각의 상징표상에 대한 다양한 실증적인 사례를 유형별로 분석하여 소개하고, 일어날 수 있는 추정의견을 제시함으로써, 실용적인 입장에서 현실 생활에 직접적인 도움이 될 수 있도록 집필하였다. 또한 여기에 선인의 사례와 외국의 실증사례도 삽입하여, 알찬 내용이 되도록 하였다.

책의 주된 내용은 꿈의 상징기법에 대한 다양한 전개방식과 꿈에 대한 이해와 해설을 비롯하여, 각각의 상징 표상에 대한 접근에 있어서 꿈해몽의 모든 것을 담도록 하였다. 제Ⅰ장에서는 개괄적인 꿈에 관한 이해와 해설을 담고 있다. 제Ⅱ장에서는 꿈해몽의 ABC를 담고 있다. 제Ⅲ장에서는 꿈은 상징의 언어라는 점에서, 꿈의 다양한 상징 기법에 대해서 사례와 해설을 덧붙여 살펴보고 있다. 제Ⅳ장에서는 꿈의 전개양상별, 제Ⅴ장에서는 실증사례별, 제Ⅵ장에서는 꿈속에 등장한 표상물의 전개대로 살펴보는 주제별 꿈해몽으로 살펴보고 있다. 아울러 뒷면에 색인 기능을 대폭적으로 강화하여, 보다 쉽게 자신이 꾼 꿈을 찾아볼 수 있도록 하고 있다.

(4) 2013년 『백련화』를 출간(3월경 출간 예정)한 바, 꿈을 주 제재로 한 소설이다. 흥미 있고 재미있게 읽으면서 꿈의 세계에 대한 이해를 도울 수 있도록 하였다. 은퇴한 조폭 조직에 의해, 미모의 세 여자가 서울 교외의 비밀요정인 '피라미드'의 지하 비밀룸에 납치되어, 손님들에게 애교 띤 술자리 접대를 위한 '백

련화(아가씨)'로 시련을 겪게 되는 세 여자의 실종사건을 추적해 나가고 있다. 사건의 단서는 없는 가운데, 여자들의 실종사건에 관심을 가진 신문사 여기자, 그녀에게 호의적인 형사가 사건해결에 적극적으로 나서게 되고, 납치된 세 여자 및 주변 친지의 예지적인 꿈 이야기 속에서, 사건의 단서를 찾아 해결해 나가는 과정을 담고 있다.

이『로또 복권 당첨 꿈해몽』책은 뒷부분에 별책의 성격을 띤 '꿈에 대한 이해와 해설'을 덧붙여 꿈에 대한 올바른 이해를 돕고자 하였으며, 책의 알차고 풍부한 내용은 말할 것도 없거니와, 필자의 이름을 걸고 심혈을 기울여 해설한 주옥같은 글, 커다란 판형, 고급의 좋은 지질, 이해를 돕기 위한 삽화, 나이 드신 분들도 쉽게 읽을 수 있도록 커다란 활자 포인트로 독자를 배려하였다.

경제적으로 많이 어려운 이때에 보다 희망을 주고 밝음을 주는『로또 복권 당첨 꿈해몽』이야기를 독자 여러분들에게 들려주고 싶다. 이 책에 소개된 꿈사례와 유사한 꿈, 또한 이 책을 통하여 꿈을 이해하게 되고 꿈의 상징의미를 알게 되어 '행운의 꿈'으로 여겨지는 꿈을 꾸었다면, 자신을 겸허히 낮추고 선행을 베푸시기 바란다. 자신이 처한 상황에 따라 로또(복권) 당첨 등의 재물운이나 태몽, 승진, 합격, 성취, 연분 맺기 등 행운의 여신이 미소로 보답할 것이다.

'로또 복권 당첨 꿈해몽' 독자분들에게, 행운의 꿈이 함께 하기를 기원드리며…….

2013년 1월
夢生夢死(몽생몽사) 홍순래 드림.

차 례

● 책을 펴내며   3

I. 행운의 꿈
   1. 행운과 꿈   11
   2. 400억 원 로또 당첨 꿈 이야기   16

II. (로또)복권 당첨 및 행운 꿈사례
   1. (로또)복권의 당첨 꿈   21
      복권 당첨 등 행운의 꿈에 대하여(개괄적 해설)   21
      돼지 꿈   24
      변〔糞〕과 관계된 대박꿈   33
      조상이 나타나는 꿈   40
      계시적으로 당첨을 일러주는 꿈   50
      대통령 및 귀인과 만나는 꿈   59
      숫자와 관련된 로또 당첨 꿈   73
      성행위, 결혼하는 꿈   84
      시체와 관계된 꿈   92
      자신이 죽는 꿈   96
      죽이는 꿈   106
      상제가 된 꿈, 문상가는 꿈   109
      밝고 풍요롭고 아름다움의 꿈   113
      맑은 물의 꿈   121
      불이 활활 타는 꿈   125
      돈, 귀한 물건을 얻는 꿈   135

물고기, 동물, 곤충에 관계된 꿈　146

용이나 호랑이와 관련된 꿈　158

아기 낳는 꿈　164

피와 관련된 꿈　166

좋은 꿈을 여러가지로 꾸는 꿈　170

기타 당첨 꿈사례　176

2. 산삼 발견, 유물 발견, 우승한 꿈　183

3. 합격의 꿈　197

4. 연분·애정을 맺은 꿈　214

5. 주식, 부동산의 대박 꿈　222

6. 질병 회복의 꿈　232

III. 꿈에 대한 이해와 해설

1. 꿈이란 무엇인가?　241

2. 꿈을 왜 꾸게 되는가?　245

3. 꿈해몽에 대하여　251

　1) 꿈의 종류와 해몽　251

　2) 꿈해몽 기초상식 10가지　255

　3) 미래예지 꿈에 대한 궁금증 5가지　262

　4) 잘못 알고 있는 꿈상식 10가지　267

　5) 부자되는 꿈 10가지　272

　6) 불길한 흉몽 10가지　278

4. 꿈의 분류 및 전개 양상　280

5. 미례예지 꿈에 대한 인식 및 태도　289

6. 꿈의 상징과 관습적·문학적 상징　292

　1) 꿈은 상징의 언어　292

　2) 꿈의 언어, 관습적인 언어, 문학적 상징　294

I
행운의 꿈

행운과 꿈

몇 년 전에 필자가 쓴 글을 수정 보완하여, 전재한다.
행운이란 무엇일까! 행운은 어디에 있는 것이며, 언제 오는 것일까? 나에게도 뉴스에서나 듣던 사람들의 그러한 행운이 찾아올까?
無故而得千金(무고이득천금) 不有大福(불유대복) 必有大禍(필유대화)
(까닭 없이 천금을 얻는다면, 큰 복이 있는 것이 아니라, 반드시 큰 재앙이 있다)
명심보감 省心篇(성심편)에 나오는, 역설적인 표현의 이 말이 뜻하는 바는 무엇일까?
행운의 대표적인 (로또)복권에 당첨된 사람들의 인생길은 어떻게 달라졌을까? 우스운 통계자료이지만, 복권 당첨 후에 가장 먼저 한 일들이 배우자를 바꾸게 된 일이라고 한다. 몇년 전 엄청난 액수의 로또복권에 당첨된 사람은 일가족이 외국으로 도피성 탈출을 하기까지도 했다고 한다. 이로 보면 당첨이 있고 나서 행복이 찾아왔다기 보다는, 엄청난 재물이 있게 된 후에 오히려 불행의 비뚤어진 인생길이 시작된 것이다.
행운이 찾아오기를 바라기보다, 먼저 불행이 빼앗아가지 않도록 했으면 하는 것이 무엇일까 생각해보자. 그리하여 진정으로 빼앗기고 싶지 않은 가족의 평온함과 건강이 진정 나에게 있어 행복이 아닐까?
어느 커다란 물질적인 행복을 바란다기보다, 온 가족이 마주 앉아 웃음 띤 대화를 나누면서 정겨운 식사를 할 수 있는 그 자체가 행복이고 행운의 나날이 아닌가 한다. 행복·행운이 어떠한 엄청난 일이 아닌, '자그마한 일에라도 보람과 만족을 느끼며 살아가는 것 그 자체가 행운이고 행복이 아닐까' 하는 생각을 해본다.

싱그러운 오월, 어느 산을 오르다가 가쁜 숨을 몰아가며 잠시 쉬어가는 나무 그늘 아래, 그때 어디선가 산들산들 불어오는 상큼하고 풋풋한 향기로운 바람결에 하늘하늘 떨어져 내리는 꽃비, 아름다운 연인과의 정겨운 대화 ──, 이러한 행복의 시간을 그려보는 마음의 여유를 가질 수 있다는 자체가 기쁨이고 행운이 아닐까?

행운이 무엇인지 먼저 幸運(행운)의 한자 뜻풀이를 살펴본다. 幸(행)자의 자원(字源)에 대해서 살펴보면, 吉而免凶也(길이면흉야) '길하고, 흉함을 면하다'로 설명되고 있는 바, 幸(행)자는 일찍 죽는다는 뜻의 '夭(요)'자와 '屰'를 합한 자로, '屰'자는 逆의 뜻으로 '반대'라는 뜻을 지니고 있어, 일찍 죽는 반대로 장수하는 행복을 가리키고 있다. 運(운)은 '수레에 짐을 싣고 이사한다'는 뜻으로, 변하여 옮기는 것을 가리키며, 고정되지 않고 변화함을 뜻하고 있다.

즉, '幸(행)'이라는 자원 그대로의 뜻으로 살펴본다면, '다행스럽다'는 말이 있는 것처럼, 커다란 행운이 찾아오기를 바라는 마음보다, 불행한 일이 일어나지 않기를 바라는 마음 자세로 살아가는 것이 더 중요한 것이다.

'運(운)'자의 자원 그대로 살펴본다면, 이러한 모든 것은 항시 변화할 수 있기에, 성실한 자세로 자신의 맡은 바 일에 최선을 다하고, 겸허한 마음가짐으로 인생의 길을 나아갈 때에, 진정한 행운이 찾아올 것이다.

運命(운명)과 宿命(숙명)의 차이점은 어디에 있을까? 宿命(숙명)의 宿(숙)은 '잘 숙'자로 태어날 때부터 정해진 것으로, 우리 인간의 힘으로 어찌할 수 없다. 하지만 運命(운명)의 運(운)자는 '움직일 운', 자동차를 運轉(운전)할 때 運(운)자로, 핸들을 돌리는 방향으로 차가 나아가듯이, 자신의 의지와 마음가짐이나 노력여하에 따라서, 우리 자신의 운명의 길을 스스로 변화시킬 수 있으며 만들어 나갈 수 있는 것이다. 이 경우에 있어 보이지 않는 운명의 길을 어렴풋이 예지해주는 세계가 바로 꿈인 것이다.

필자의 경우 15년 전의 평범한 고교 국어교사에서, 오늘날 10권의 저서와 대학 강사 및 한문학 박사로, 꿈에 대한 신문 연재 및 방송 활동을 비롯하여, 유무선 인터넷 사이트에 '홍순래 박사 꿈해몽(http://984.co.kr)' 을 개설하여 실증사례를 통한 꿈연구에 매진하는 등의 희망찬 새로운 인생길을 살아가고 있다. 하지만 오늘날 필자가 이렇게 전혀 새로운 인생길을 걸어가게 된 것은 현실에 대한 좌절감에서 벗어나기 위한, 필자 자신의 피나는 노력이 다소나마 있었기에 가능했다고 할 수 있을 것이다.

필자의 운명의 길이 바뀌어지려는 그 무렵, 어느날 밤에 필자는 '총맞고 죽는 꿈'을 꾸게 된다. 총맞고 죽는 기이한 꿈의 의미는 무엇인가? 필자에게 도대체 무슨 일이 일어날 것인가? '총맞고 죽는 꿈'은 상징적인 미래예지 꿈으로써, 죽는 꿈은 낡은 껍질을 벗고 새롭게 태어나는 재생·부활의 의미로, 현재의 자신에서 새로운 세계로 나아감을 뜻하고 있다.

꿈에는 여러 가지가 있다. 꿈은 자신 내면의 심리상태를 비추어주는 거울로써, 자신의 잠재적인 소망이나 불안 심리를 보여주기도 한다. 또한 잠자고 있는 동안에도 우리의 뇌는 깨어 있어서, 주변에서 닥쳐올 위험을 꿈을 통해 일깨워 주기도 한다. 하지만 꿈을 한마디로 정의한다면, '꿈은 장차 다가올 일에 대한 미래예지이다.' 이는 (로또)복권에 당첨된 사람들의 꿈체험담이나 태몽, 사고를 예지한 수많은 사람들의 꿈사례에서 여실히 드러나고 있다. 아니 굳이 이야기하지 않더라도, 자신이 꿈의 미래예지를 체험해 본 사람은 '꿈은 미래예지'라는 명제를 부인하지 않을 것이다.

우리가 꾸는 꿈은 바로 다가올 우리의 모습인 것이다. 꿈의 세계는 정신능력의 영적인 활동으로, 자신이 궁금해 하고 관심을 가지고 있던 일이나 대상에 대해서, 또한 장차 다가오는 운명의 길에 대해서, 알쏭달쏭한 상징적인 표상으로 일깨워주고 예지해주고 있다.

우리가 항상 매사에 밝고 긍정적으로, 성실히 노력하는 삶속에 겸허한 생활자세로 임해 나간다면, 아름답고 밝은 표상의 좋은 행운의 꿈을 꾸게 될 가능성이 더욱 높아지리라 믿는다.

꿈은 반대가 아닌 상징표상의 이해에 있는 바, 간략하게나마 행운의 꿈사례를 살펴본다.

1) 재물이나 이권 등을 얻는 행운 꿈사례

- 돌아가신 조상이나 귀인(대통령) 등이 밝은 모습이나 좋은 말을 해주는 경우의 꿈
- 아름답고 풍요롭고 기분좋은 꿈(좋은 광경을 보거나, 멋진 데이트나 정사)
- 불, 대변, 돼지, 시체 꿈 및 귀한 물건이나 짐승 등을 얻는 꿈(재물이나 이권을 얻게 됨)
- 임신하거나 아이를 낳는 꿈(어떠한 일에 대한 성취)
- 자신이 죽는 꿈(현재의 상황에서 새로운 세계로 나아가고 탄생하는 것을 상징함)
- 싸워서 이기거나 상대방을 죽이는 꿈(상대방을 제압·굴복·복종시킴)

2) 좋은 인연의 행운 꿈사례

- 보석, 반지, 목걸이, 과일, 꽃, 신발, 웨딩드레스 등을 받거나 얻는 꿈
- 소, 뱀, 고양이, 강아지 등을 얻게 되거나 가까이 하는 꿈

3) 합격, 승진, 성취의 행운 꿈사례

- 조상이나 돌아가신 분이 밝은 모습으로 나타난 꿈
- 누군가가 계시적으로 합격(승진)했다고 일러주는 꿈
- 구렁이·사슴 등 동물을 잡거나 귀한 식물을 얻는 꿈
- 귀신 또는 다른 사람과 싸워서 이긴 꿈
- 학 등 새들이 날아온 꿈
- 화분·과일·열쇠 등을 얻는 꿈
- 높은 곳에 올라가는 꿈
- 풍요롭고 아름다운 경치나 대상을 보는 꿈

- 무지개·꽃·불·보석 등 밝고 빛나는 대상을 보는 꿈
- 뱀이나 호랑이 등 기타 짐승에게 감기거나 물린 꿈
- 다른 사람에 비해 자신만이 우대받는 꿈
- 어떠한 단체나 모임에 자신의 빈자리가 마련되어 있는 꿈
- 상제가 된 꿈(어떠한 정신적·물질적인 자산을 계승하게 됨)
- 자신의 목이 베어지거나 죽는 꿈(기존의 자신은 사라지고, 새로운 자신으로 변모함을 상징)

4) 기타 행운 꿈사례

- 문상 가서 절하는 꿈으로 소원성취
- 누런 된장을 담그는 꿈을 꾼 후에, 사업이 번창
- 어린 아이를 솥에 넣어 삶는 꿈으로, 졸업 논문 통과
- 맑은 바닷물이 집 앞에까지 찰랑 찰랑한 꿈으로 교원임용고시에 합격
- 노예가 되어 혹사당하는 꿈으로 대학원 합격(새로운 여건에 처하게 될 것을 예지하는 꿈으로, 꿈을 꾼 사람이 처한 상황이 중요함)
- 불빛이 환하고 앞에 큰 문이 있었는데, 갑자기 문이 저절로 열리어 당당하게 들어가는 꿈으로 취업

—홍순래 박사 꿈해몽 http://984.co.kr(유선), 984 + 접속버튼(핸드폰)

400억원 로또 당첨 꿈이야기

　필자의 고향은 춘천이다. 2003년도에, 로또 당첨금 400억원 이상인 것으로 알고 있는 국내 최대의 당첨금이 춘천에서 터졌다. 그 당시는 당첨자가 안 나오면, 당첨 금액이 다음 주로 넘겨져서 당첨금이 무려 400억원을 넘어섰던 것으로 기억한다.
　당첨자는 현직 경찰로 전경에게 부탁해서 로또 구입을 했다는 것, 자동을 선택했다는 것, 로또에 당첨되어 심부름한 전경에게 1억 5천만원을 사례비로 주었다는 것, 원래 집이 홍천군 두촌면이라는 것, 근무하던 경찰서에 직원 자녀의 장학금으로 거액을 기부했다는 것, 그후에 외국으로 나갔다는 풍문, 아니 타워펠리스 같은 고급아파트에 산다는 것 –등등이 필자가 아는 전부였다. 그후에 신문지상에 '홍천 두촌면의 집이 풍수에 명당이니 어쩌니…' 등의 글을 본 적이 있다.
　그 후에 세상이 넓고도 좁다고 했던가? 솔직하게 말한다면, 우연히 들른 강원도 원주의 허름한 술집에서 당첨자의 소식을 들은 적이 있다. 술집 주인과의 대화 끝에, 로또에 당첨된 그 억세게 운좋은 사람이 여기 술집에 온 적이 있다고 했다. "아니, 그렇게 돈많은 사람이 여기 이렇게 허름한 술집에 왜 와!" "룸싸롱에서 만났다고 하면 몰라도…"
　그녀가 말하기를, "친구들이랑 왔는데, 친구가 바로 저 사람이 로또 400억 당첨된 사람이라고–", 그래서 자신도 알았다는 것이다. 그런데 옷도 잠바 차림의 허름하고 수수

한 옷차림이었고, 주변을 두리번두리번 하는 것이 마음을 턱 놓고 술마시는 것 같지는 않고, 어딘가 불안해하면서 술을 마시더라는 것이다.

　필자의 궁금증은 다른데 있는 것이 아니었다. 이런 거액에 당첨되었는데도, 그 엄청난 금액에 당첨된 로또 당첨자의 꿈이야기를 들을 수 없었던 것이었다. 신문지상에서도 본 적이 없는 것 같고, 그렇다고 도피(?)하듯이 사라진 사람을 두고 만나자고 해서 꿈이야기를 들어볼 수도 없는 노릇이고—

　그러던 몇 달 전, 우연하게 당첨자와 고교동창이라는 B 라는 사람을 알게 되었다. 같이 술을 한 잔 하다가, 로또에 거액이 당첨된 사람의 동창이라는 사실을 알게 되자, 화제는 자연스럽게 엄청난 액수로 로또 당첨된 사람에 대한 부러움에 대한 이야기가 나오게 되었다. 하지만, 필자가 어떤 사람인가? 그렇게 400억원에 가까운 거액의 로또 복권에 당첨된 사람의 당첨 꿈이야기가 없다는 것에 대한 궁금증에서, "그렇게 엄청난 액수의 로또 복권에 당첨된 사람의 꿈이야기가 없다는 것이 이상하다"는 말이 나오게 되었다.

　그랬더니, "아니요, 당첨 꿈이야기가 있다"는 것이었다. 그랬다. 숨겨진 비화같은 당첨 꿈이야기가 있었다. 꿈은 로또 당첨자가 아닌, 당첨자의 또다른 친구가 대신 꿔준 것이었다. 그 친구를 편의상 A 라고 하자.

　A 라는 친구가, 어느날 꿈을 꾸었다. '커다란 용을 허리에 껴안아 붙잡은 꿈' 이었다. 그런데 이 용이 발버둥을 치더니, 어느 순간 쏘옥 빠져나가는 것이었다. 순간 장면이 바뀌어, 바로 로또에 당첨된 경찰관 친구가 그 용을 허리께에 꼭 붙잡고 있는 꿈이었다.

　꿈에서 깨어난 A 라는 친구는, 로또 당첨된 친구에게 전화를 걸어서 꿈이야기를 했다. 그러자, 대뜸 하는 말이 "야, 그러면 그거 로또 사야 되는 거 아냐!' 그랬다. A 라는 친구에게 자신이 꿈속에서

용을 허리에 끼고 있었다는 말을 들은 로또 당첨자는 무언가 좋은 일이 있을 것이라는 기대감에 로또 복권을 사고자 했던 것이다. 그러나 로또를 구입할 시간적 여유가 없어서, 전경에게 자동 선택 번호라도 좋으니 로또 복권을 사올 것을 부탁했던 것이다. 결과는 국내 최대·최고의 당첨금액으로, 이전에도 없었고 앞으로도 없을 400억원이 넘는 엄청난 금액의 로또복권에 당첨되었던 것이다.

그러면 꿈을 대신 꿔서, 전화 연락을 해준 친구인 A에게는 얼마의 사례를 했을까? 필자에게 이야기를 들려준 B라는 친구가 말하기를 "그 친구도 행방불명이 되어, 요즈음 잘 볼 수 없다고" "아마도 상당액을 사례했을 것이라고"

로또 당첨자에 대한 이야기를 들으며, 부러움을 느끼는 사람들이 많을 것이다. 하지만 부러워하지만 말라! 통계에 의하면, 복권에 당첨된 사람들이 제일 먼저 한 일들이 아내와 남편인 배우자를 바꿔치운 것이었다. 명심보감에도 이르기를, 뜻밖에 재물은 복(福)이 아니라, 화(禍)가 된다고 일깨우고 있다.

오늘 이 순간, 로또 당첨의 복(福)을 바라기보다, 내 가족 내 주변 사람에게 화(禍)가 미치지 않음에 감사해야 할 것이다. 가족 모두가 둘러앉아 정겨운 식사를 할 수 있다는 것만으로도 그 얼마나 기쁨일런지—, 구수한 된장 찌개에, 어린 고추 쪄서 참기름에 무친— '아! 저녁 식사 시간에 두 아들이 다 없구나!' 큰 아들은 군복무 중이고, 작은 아들은 대학생이라고 늦게 들어오는 일이 다반사이니—, 이것이 인생길임을 알면서도—.

로또에 당첨되고 싶다면, 그 어떠한 비법이 있는 것이 아니다. 겸허한 삶에 남모를 음덕을 쌓아 나가다보면, 어느날 하늘이 복(福)을 내려주실 지 모른다.

닦고 베푸소서! 남모를 선행을—, 겸허함을—, 그러면 하늘이 복(福)을 내리지 않을지언정, 화(禍)는 내리지 않을 것이다. 운명(運命)의 운(運)은 자동차 운전(運轉)의 운(運)의 한자(漢字)와 같다. 이 세상에는 보이지 않는 운명의 길이 있다. 그러한 운명의 길은 100% 정해져 있다기 보다는, 자동차를 자신의 마음대로 운전해 나갈 수 있듯이, 스스로의 남모를 선행이나 노력 여하에 따라 개척해 나갈 수 있는 것이며, 그러한 운명의 길을 미리 예지해주어 장차 다가올 일에 대한 마음의 준비 및 슬기로운 극복을 하게 해주는 것이 꿈의 세계인 것이다.

II
(로또)복권 당첨의 꿈, 행운 꿈사례

　본 글은 현재 경향신문의 '스포츠 칸'에 연재하고 있는 '대박 꿈풀이'의 글을 보완하여 실었으며, (로또) 복권당첨 등 행운을 불러온 꿈들에 대한 일목요연한 체계의 완벽성보다는, 흥미 있게 부담감 없이 읽을 수 있도록 배려하였다. 따라서 반드시 여기 나오는 꿈사례의 순서대로 읽을 필요는 없으며, 읽고 싶은 적절한 부분부터 읽어도 좋을 것이다.

1. (로또)복권의 당첨 꿈

복권당첨 등 행운의 꿈에 대하여 (개괄적 해설)

 꿈에는 여러 가지가 있다. 자신의 소망이나 불안 등의 심리가 꿈으로 표출되기도 하며, 주변의 위험을 꿈으로 일깨워주거나, 현실에서는 이루어낼 수 없었던 발견이나 발명 등 창조적인 사유활동을 꿈속에서 가능하게 해주기도 한다.
 하지만, 우리가 꾸는 대부분의 꿈이면서, 우리가 가장 중요하게 여기는 꿈의 세계는 자신이 궁금해 하는 미해결의 관심사나 자신에게 다가오는 미래의 운명적인 일에 대하여 상징적인 꿈을 통하여 예지(豫知)하고 있다는 것이다.
 일부의 경우, 각 개인의 앞날에 다가오는 운명의 길에 대하여, 실제 꿈속에서 본 대로 전개되는 사실적 미래투시의 꿈으로 나타나는 경우도 있지만, 대부분의 경우의 꿈은 황당하게 전개되는 상징적인 표현으로 보여주고 있다. 따라서 그 꿈이 실현될 때까지는 언제 어떻게 어떠한 현실로 나타날 지에 대해서 일반 사람들은 잘 모를 수가 있다.
 하지만 이러한 꿈의 미래예지적인 기능에 대하여, 우리 모두는 믿고 있다고 하여야 할 것이다. 꿈을 안 믿는다는 사람도, 미래예지적인 신비한 꿈을 꾸어보지 못한 사람도, 자신의 주변에서 행·불행을 예지한 꿈이야기를 들어본 적이 수없이 많을 것이다.

또한 꿈을 믿지 않거나, 꿈이 허황되다고 말하는 사람들도 어쩌다 돼지꿈을 꾸고 나면, '복권을 사야 한다' 라고 생각하고 있음에서 알 수 있듯이, 꿈의 신비한 미래예지적 성격을 겉으로는 부인하지만, 자신도 모르는 사이에 믿고 있다고 하여야 할 것이다. 우스개 소리이지만, 복권에 거액이 당첨되어 은행에 당첨금을 수령하려 가면, 담당 직원이 어떤 꿈을 꾸었는지 물어보아 적는 것을 원칙으로 하고 있을 정도이다.

이러한 자신에게 다가오는 엄청난 행운에 대하여, 본인 자신이 꿈을 꾸거나 주변 사람들이 대신 꿈을 꿔주기도 한다. 이 경우 꿈을 사고 파는 매몽의 절차를 거치기도 한다. 복권에 당첨된 많은 사람들의 공통점이 복권 구입 전후에 신비한 길몽을 꾸고서 복권당첨의 행운을 누리고 있다. 일부의 경우에는 복권당첨 사실을 모르고 있는 상황에서, 꿈으로 일깨워주는 경우도 있다.

극히 일부지만, 어떤 사람은 좋은 꿈을 꾸지는 않았지만, 무언가 좋은 일이 일어날 것 같은 예감이 좋아서 복권을 샀더니 그것이 당첨되었다고 증언하는 사람도 있다. 이처럼 복권에 관한 꿈을 꾸지 않고서도, 복권에 당첨되는 경우도 있다. 그러나 일부의 사람들은 주변 사람이 대신 꿔주기도 하며, 본인이 복권 당첨에 관한 꿈을 꾸었지만, 꿈의 상징적인 난해성 때문에 복권당첨과 관련된 꿈이라는 것을 알지 못할 수도 있다.

그렇다면 좋은 꿈을 꾸고 복권에 당첨되었다는 사실은 우연인 것인가? 아니면 꿈의 예지력을 보여주는 필연적인 결과인 것인가? 복권에 당첨된 사람의 수많은 꿈사례를 볼 때, 이는 우연이 아닌 필연의 결과임을 알 수 있다. 또한 복권당첨자들이 꾸었던 꿈의 상징성을 분석해 볼 때, 밝고 아름답고 풍요로운 꿈이거나 새로운 탄생을 의미하는 좋은 꿈이라는 데서, 필연적이라는 것이 여실히 증명되고 있다.

필자가 복권 당첨자들의 꿈을 분석해 본 결과, 다음에 드는 20여 가지의 여러 상징적인 미래예지 꿈들과 유사한 꿈들을 꾸게 된다면, 복권 당첨으로 이루어지지 않더라도, 주식투자나 부동산에서 막대한 이익이 나게 되거나, 산삼을 캐게 되거나 뜻밖의 유산을 받게 되는 등의 재물을 얻게 되는 행운으로 이루어지고 있다. 또한 처한 상황에 따라 가임여건에서 태몽으로 실현되거나, 시험 합격, 승진, 사업성공, 멋진 이상형과의 인연 맺기 등등의 좋은 일이 일어나는 일로 실현되고 있다. '꿈은 반대가 아닌, 상징의 이해에 있다.' 라는 말을 염두에 두면서, 다음의 요약 꿈사례를 살펴보시기 바란다.

돼지를 잡는 꿈, 부모님·조상·부처님·하느님·스님 등이 좋은 모습으로 나타나거나 좋은 계시적 말씀이나 물건을 주는 경우의 꿈, 대통령이나 귀인 및 연예인과 좋은 만남의 꿈, 밝고 풍요로움이 나타나 있는 꿈, 아름다운 광경을 보는 꿈, 불이 크게 일어나는 꿈, 시체와 관계된 꿈, 변(똥)을 가져오거나 묻히는 꿈, 용이나 비행기를 타고 나는 꿈, 사람이나 동물을 죽이는 꿈, 자신이 죽는 꿈, 상제가 되거나 문상 가는 꿈, 돈·재물·귀한 물건을 얻는 꿈, 아기 낳는 꿈, 온몸이 피로 뒤덮힌 꿈, 동물·식물·곤충의 아름답고 풍요로운 좋은 전개의 꿈, 물고기를 잡는 꿈, 기분좋은 성행위를 하는 꿈 등으로 다양하게 나타나고 있다. 또한 사실적인 미래투시의 꿈으로 꿈속에 나타난 숫자로 로또에 당첨되거나, 당첨된 꿈을 꾸고 실제로 현실에서 당첨으로 실현되고 있는 사례도 있다.

이러한 복권당첨의 꿈사례들은 꿈이 장차 다가올 미래를 예지해준다는 것을 극명하게 보여주고 있다. 대부분의 사람들은 아직도 꿈의 미래 예지적인 기능에 대해서 반신반의하고 있다. 그러나 좋은 일이든지 나쁜 일이든지, 미래의 현실에서 반드시 일어나기로 예정된 일을 우리는 꿈으로 예지하거나 판단하고 있다. 더욱이 자기의 운명을 크게 좌우할 만한 큰 변화에 대해서는 꿈을 통해 사전에 예지되며, 이런 경우의 꿈은 다른 어떤 꿈보다도 더 생생하게 잘 기억되는 특징이 있으며, 어떤 경우는 수차례 반복되어 꿈으로 나타나고 있다.

상징적인 미래예지 꿈의 실현은 현실에서 멀고 가까움이 있을 뿐, 꿈의 예지대로 이루어지는 특징이 있다. 재물을 얻게 될 것을 예지하는 좋은 상징적 미래예지의 꿈을 꾸었을 경우에는, 처한 상황에 따라 각기 다른 재물을 얻는 행운으로 이루어지고 있다. 자신이 복권을 살 의사가 없었더라도 식당을 개업한 집에 들르게 되고, 서비스 차원에서 나누어주는 복권이 당첨의 영광으로 실현될 수도 있다.

- 홍순래 박사 꿈해몽 http://984.co.kr(유선), 984 + 접속버튼(핸드폰)

돼지꿈

우리 모두 돼지꿈을 꾸기를 바라고 있다. 이는 복권에 당첨된 많은 사람들이 조상꿈을 비롯하여 돼지꿈을 꾸고 나서 복권에 당첨되었다고 말하고 있는 데서도 알 수 있듯이, 대체적으로 돼지꿈을 꾼 경우 재물이나 이권을 얻게 되는 일로 실현되고 있다.

이는 돼지가 새끼를 많이 낳는 다산의 동물이면서 쑥쑥 커가는 성장성에서, 재물이나 이권의 번창을 상징하고 있으며, 옛날에 돼지 한 마리를 장에 가져가면 쌀이나 다른 재물로 바꿀 수 있었던 물물교환의 잔재에서 연유됨을 알 수 있다. 혹은 파자 해몽으로 돼지를 한자로 나타내면 豚(돼지 돈)이기에, 사람들이 좋아하는 '돈'의 음의 유사성으로 볼 수도 있다.

우리가 동네 이발소 등에 가면 어미돼지가 많은 새끼에게 젖을 먹이는 그림을 볼 수 있는 바, 이는 다산과 쑥쑥 커나가는 성장성에서 가게의 번창을 기원하고 있음을 잘 알 수 있다. 또한 민속적으로 고사 지낼 때 돼지머리를 놓고 지내는 것도 다산과 성장성에서, 번창과 풍요로움을 기원하는 상징의미로 쓰이고 있음을 알 수 있다.

다만, 돼지꿈을 꾸었다고 해서, 반드시 재물이나 이권을 얻는 일로 실현되지는 않는다. 일반적으로 돼지꿈이 재물이나 이권의 상징으로 실현되지만, 사람을 뜻하거나 어떠한 대상을 상징하는 경우가 있다. 따라서 돼지꿈을 꾸었다고 반드시 복권 당첨, 주식에서의 대박 등 재물을 얻는 행운으로만 실현되는 것은 아니다. 돼지가 들어오는 꿈이나 잡는 꿈을 꾼 후에, 재물이나 이권 획득 등의 좋은 일 뿐만 아니라, 가임여건에서 태몽으로 실현될 수도 있으며, 사람을 얻게 되는 일로 이루어지기도 한다. 예를 들어, 돼지가 집에 들어오는 꿈이 돼지같이 뚱뚱하거나 욕심 많은 가정부를 집안에 두게 되는 일로 이루어질 수도 있는 것이다.

또한 꿈속에 등장된 돼지가 재물의 상징으로 나왔다고 하더라도, 반드시 재물이 생기는 일로 이루어지지는 않는다. 돼지 꿈의 표상 전개가 좋게 나타나야 하는 것은 물론이다. 들어오려던 돼지를 내쫓는 꿈이거나, 돼지가 사라지는 꿈이거나, 죽은 돼지를 얻는 꿈의 경우에는 재물이나 이권을 얻으려다가 얻지 못하는 일로 이루어지고 있다. 이 경우 돼지가 사람을 상징할 경우 사람을 얻지 못하게 되거나, 태몽 꿈의 경우 유산 등으로 실현되고 있다.

이처럼 꿈의 실현은 꿈을 꾼 사람이 처해 있는 상황과 돼지꿈의 전개가 어떻게 이루어졌느냐에 따라, 달리 실현되고 있는 것이다. 꿈은 반대가 아니며, 꿈해몽의 열쇠는 상징 표상의 이해에 달려있다. 상징은 다의성의 특징을 띠고 있다. 꿈속에 나타나는 돼지는 각양각색이고, 크기나 숫자 또는 꿈의 진행 여부나 꿈의 생생함의 여부에 따라, 각기 현실에서 다르게 실현되고 있다.

돼지꿈이 경우에 따라서는 태몽 꿈이나 이성의 상징으로 자주 등장되기도 한다. 하지만, 일반적으로 돼지꿈이 재물을 얻게 되는 행운으로 이루어지고 있는 바, 복권에 당첨된 여러 돼지꿈 사례를 요약해서 살펴본다. 복권당첨이 있기 전에 돼지꿈을 비롯하여, 여러 좋은 꿈을 꾸기도 한다. 하나같이 좋은 꿈의 전개를 보이고 있음을 알 수 있겠다.

- - -

1) 돼지꿈 당첨 사례

- 똥을 묻힌 돼지가 달려드는 꿈
- 시커먼 돼지들이 집안으로 들어오는 꿈
- 커다란 어미돼지가 새끼들을 끌고 집으로 들어오는 꿈
- 기어 다니는 아이가 돼지 꼬리를 쥐고 집으로 들어온 꿈 - 겨우 기어 다니는 어린 손녀를 데리고 들로 일하러 가는 길가에 큰 돼지가 땅을 헤비며 돌아다니는 것을 보았다. 그러자 어린 손녀가 마치 어른처럼 돼지 꼬리를 쥔 채 집으로 몰고 들어왔다.
- 다섯 살의 딸아이가 돼지가 집에 들어 왔다는 꿈 - 이제 겨우 의사전달을 하는 딸아이가 어디서 '꿈'이란 말을 배웠는지, 자고 일어난 딸이 "엄마, 꿈속에 새끼 돼지

들이 집으로 많이 들어왔는데 엄마는 못 봤어?' 하는 딸의 말을 듣고 복권을 구입해, 고액에 당첨된 주부가 있다. 이처럼 꿈은 남녀노소, 낮잠 등의 꿈꾼 시간에 상관없이 꿈이 얼마나 생생하냐에 더 좌우되고 있다.

- 복권을 구입한 후 꿈속에서 집 앞으로 멧돼지 10여 마리가 뛰어다니는데, 어느날 자신의 품속으로 갑자기 뛰어 들기에, 얼른 장독에 집어넣고 뚜껑을 닫는 꿈으로 당첨.
- 복권을 구입 후 두메산골 집 앞에 멧돼지가 뛰어 다니는데, 갑자기 자신의 품속으로 2마리가 뛰어드는 꿈
- 오물이 묻은 더러운 돼지를 안는 꿈 - "당첨이 되기 이틀 전에는 용꿈을 꾸었고, 당첨이 되던 날은 돼지 꿈을 꾸었어요. 오물이 묻은 더러운 돼지가 나를 향해 막 달려오는데 제가 돼지를 확 안아버렸죠."
- 달려오는 돼지를 품에 안은 꿈 - 서울시 용산구에 거주하는 서씨는 지하철 마포역 근처에서 산 주택복권 세 장을 지갑 속에 넣고 퇴근하는 길이었다. 집에 들어오자마자 부인으로부터 "여보! 빨리 나가서 복권 사 와요."라는 소리를 들었다. 부인은 "아침에 꾸었던 꿈이 조금 전에 생각이 났어요. 꿈에 우리 방안에 돼지가 가득 차 있었는데, 그 중에 여섯 마리가 나에게 달려 오더라구요. 그래서 달려오는 돼지를 엉겁결에 품에 안았는데, 돼지가 너무 커서 두 마리 밖에 품에 안지 못했어요."

  꿈의 실현은 제1223회(2001.6.10)에서, 주택복권 1등 3억 6천만원에 당첨되는 일로 이루어졌다.
- 어미 돼지 1마리가 새끼돼지 10여 마리를 몰고 방안으로 들어오는 것을 보는 꿈
- 송아지만한 큰 돼지 한 마리를 사서 집 안으로 몰고 들어오는 꿈
- 집안으로 들어온 돼지를 키운 꿈
- 흰 돼지 떼가 대문으로 달려드는 꿈
- 꿈속에 난데없이 은빛이 도는 살찐 돼지 한마리가 집안으로 들어오기에, 막내딸과 함께 발로 차고 쫓아내려고 했지만 기를 쓰고 들어오는 꿈으로 당첨.
- 두세 마리의 큰 돼지를 쫓아도 억지로 우리 속으로 들어온 꿈 - 쫓아도 억지로 들어오고 있다는 점에서 행운이 반드시 일어남을 표상하고 있다고 볼 수 있겠다. 또한

꿈속에 나오는 돼지의 크기와 당첨금과도 상관관계가 있다. 물고기를 잡는 경우의 꿈도 이와 유사하다. 얼마나 큰 고기를 잡았느냐, 얼마나 많은 물고기를 잡았느냐에 따라, 복권 당첨금의 액수나 현실에서 기타 다른 일로 실현되는 행운의 정도가 비례되어 나타난다.

- 곰과 돼지를 보고 복권을 사서 당첨.
- 산돼지를 보는 꿈, 큰 조개를 줍는 꿈 - "행운이 올려고 그랬는지 당첨되기 며칠 전부터 꿈에 산돼지가 보였습니다. 당첨되기 바로 전날엔 맑은 시냇가에서 주먹만한 백합(흰 조개)을 줍는 꿈을 꿨지요."
- 돼지가 손안에서 저금통으로 변한 꿈 - "하여간 무지 컸는데 박제된 돼지가 손 안에서 저금통으로 변하더라구요. 한 손에 쥐고 있던 열쇠로 따봤더니, 저금통 안에 있던 동전들이 황금빛을 내면서 음악이 흘러나왔어요."
- 돼지 불고기 먹는 꿈 - 회사 직원들과 회식을 하는 꿈이었는데, 회식의 메뉴는 돼지불고기였다. 우연히 일치가 아니라면, 돼지꿈뿐만 아니라, 돼지 고기를 먹는 꿈도 좋게 실현되었다고 보아야 할 것이다. 이 경우 돼지 뿐이랴. 직원들과 화목하게 어울려 회식을 하는 꿈이라면, 무언가 좋은 일로 실현될 것은 틀림없다.
- 살색 돼지 세 마리가 쫓아와서는 옷을 물고 놔주지를 않는 꿈 - "허름한 집 문을 열고 들어가니, 동물들 울음소리가 시끄럽게 들렸어요. 소도 있고 개도 있고, 막 돌아서서 나오려는데, 갑자기 큰 살색 돼지 세 마리가 저를 쫓아와서는 제 옷을 물고 놔주지를 않는 거예요."

   돼지 한 마리당 1억원씩 3억원에 당첨된 바, 이 경우 처한 상황에 따라, 가임여건에서는 장차 세 자녀를 두게 되는 태몽꿈으로 실현도 가능하다.

- 꿈에 커다란 돼지가 안방에 들어와 앉는 꿈 - "꿈에 커다란 돼지가 안방에 들어와 자리를 차고 앉아 있었다. 또 한번은 석기시대 유물인 빗살무늬 항아리를 얻어 창고에 두었는데, 점점 커지는 꿈이었다."

   돼지가 들어오는 꿈도 재물운을 보여주지만, 항아리가 점점 커지는 표상에서 크게 번성하는 일이 일어날 것임을 보여주고 있다.

- 돼지 다리를 잡고 당첨 - 산속에 수많은 돼지들이 집 주위를 맴돌면서 사람의 인기

척이 나면 숨고 도망가기를 몇 번 씩이나 하다가, 어머님이 집밖으로 나가자 갑자기 어머니 품으로 몇 마리가 달려들어, 엉겁결에 넘어지면서 돼지 다리를 잡으며 꿈을 깼다.

- 바닷가에서 그물로 고기를 잡는데, 난데없이 돼지가 잡혀 올라오는 꿈으로 당첨.
- 자신이 기르던 암돼지가 8마리의 새끼를 낳는 꿈 - 8장의 복권을 샀다가 복권에 당첨.
- 돼지 새끼를 낳아서 집으로 들여오는 꿈
- 돼지가 새끼를 낳는 것을 보는 꿈 - 다산(多産)과 왕성한 번식력으로 암시되어 많은 재물이 들어올 것을 예지해주고 있다. 또한 돼지뿐만 아니라, 아기를 낳은 것을 보는 꿈도 당첨의 길몽이다.

- 어미돼지가 자신에게 달려와 품에 안겨, 어느새 새끼 13마리를 낳은 꿈 - 서울에 살고 있는 유모씨는 어느날 어미돼지가 자신에게 달려와 품에 안기는 꿈을 꾸었다. 품에 안긴 돼지는 어느새 새끼 13마리를 낳아, 유씨의 방안은 온통 돼지들로 넘쳐나는 꿈이었다. 주택복권 제1265회차 (2002. 3. 31) 추첨에서, 유씨가 구입한 3장의 복권 가운데 2장이 1등과 2등에 당첨되어 총 4억원에 당첨되었다.
- 새끼 밴 돼지꿈 꾸고 4억2천만원 당첨! - 제1222회 주택복권(2001.6.3)에서 전남 광주시 동구에 거주하는 김씨는 주택복권 3장을 구입하였다. 지난밤에 꾼 꿈이 너무 좋아 복권을 사면서 흥분되기까지 했다. "꿈을 자주 꾸지는 않는데, 그 날은 새끼 밴 돼지가 방안에 들어와서 밥을 먹는 꿈을 꾸었어요. 돼지꿈을 꾼 것도 처음이었구요."

꿈의 실현은 구입한 세 장이 1등, 2등에 당첨되어 총 4억2천만원에 당첨되었다.

- 크고 작은 돼지 떼가 길을 막는 꿈-낯선 곳을 가는데, 돼지우리에 있던 크고 작은 여러 마리의 돼지가 몽땅 우리 밖으로 나와서 나의 길을 막았다. 이것을 비키지 못

하고 잠을 깨었다. 복권 5장을 구입한 날 밤의 꿈으로, 이 경우 꿈속에서 돼지를 피해 갔다면, 그는 1등이 되려다 말았을 것이다. 유사한 사례로, 계원이 잔치를 치르는데 화장실에 갔다가 큰 돼지 한 마리가 몸에 달려들어 길을 막아서 다른 데로 갈려고 하는데, 또 한 마리 큰 돼지가 달려들어 못가는 꿈으로 당첨되고 있다.

- 돼지를 몰아오는 꿈과 큰 소를 탄 꿈을 꾸고 나서 당첨.
- 사람의 형체를 닮은 멧돼지가 나타나 도망가는 것을 끝까지 쫓아가 붙잡고 늘어진 꿈으로 당첨.
- 우리 집 돼지우리에서 많은 돼지들이 놀고 있는 것을 본 꿈- 꿈속에서는 보는 것만으로도 소유의 개념이 적용될 수 있다. 예를 들어 연못속의 물고기를 보는 꿈만으로도 물고기를 잡는 것과 동일한 꿈의 실현을 가져오기도 한다.
- 지하실과 지붕 위에서 돼지들이 요동을 치고, 지붕이 들썩거리는 것을 보는 꿈-
  1개월 후에 복권당첨으로 실현되고 있는 바, 복권당첨 등의 일이 꿈꾸고 바로 이루어지기 보다는, 이처럼 엄청난 일의 실현은 비교적 꿈의 예지기간이 길게 이루어지고 있기도 하다. 따라서 좋은 돼지꿈을 꾸었을 때는 어떠한 다른 재물적인 좋은 일이 일어나기까지, 꾸준히 복권을 구입해보는 것이 좋다.
- 돼지가 잡아먹으려고 덤벼들어 그놈과 싸워 이긴 꿈-
  초등학교에 다니는 장남의 꿈으로 돼지와 싸워 이겼다는 사실이 중요하다. 만약 패했다고 한다면, 아슬아슬하게 낙첨되는 현실로 실현될 것이다. 싸움에서 이기는 것은 돼지를 죽였거나 꼼짝 못하게 함으로써 자신의 뜻대로 모든 것이 이루어지며, 이것이 현실에서는 자신이 바라던 1등 당첨을 안겨주었던 것이다.

엄청난 액수의 복권에 당첨된 일부의 사람들이 "아무런 꿈이 없었다"고 말을 하지만, 또한 이러한 예로 꿈이 우리 인간의 운명을 반드시 예지해주는 절대적인 것이 아니라고 하더라도, 우리가 주의 깊게 살펴본다면 자신 주변의 누군가가 대신 꿈을 꾸어주고 있음을 발견할 수가 있다.

따라서 우리가 매몽이라고 하여 꿈을 사고팔아 자신들의 운명이 바뀌는 것으로 실현된다고 믿게 되는 경우도 있지만, 이 조차도 어찌 보면 원래의 길몽을 꾼 사람이 자신에게 돌아올 행운의 꿈을 꾼 것이 아닌, 꿈을 사게 되는 사람의 꿈을 대신 꾸어준 것에 불과하다. 다만 현실에서는 비단치마를 주고 산다든지 돈을 주고 산다든지 하는 매몽의 형식적 절차를 빌어 실현되고 있는 것일 뿐이다. 국내 최대 400억원 로또 당첨도 친구의 꿈이야기를 전해 듣고 구입한 복권으로 당첨되었음을 앞서 살펴본 바 있다. 시어머니가 태몽꿈을 꾸었다고 해서, 늙은 시어머니가 아기를 낳게 되는 것은 아닌 것이다. 이 경우 며느리나 시집간 딸의 태몽을 대신 꿔준 것이다.

한편 돼지꿈이 반드시 복권당첨이 아닌 재물이나 성취를 이루는 좋은 일로도 실현될 수 있다. 피겨 요정 김연아는 지난 2006년 12월 시니어 그랑프리 대회에서 우승을 차지했다. 이때 박분선 코치가 경기 전날 돼지꿈을 꿨다.

2) 돼지꿈 낙첨사례 (복권에 떨어진 사례)

돼지꿈을 꾸었다고 해서 항상 행운이 찾아오는 것은 아니다. '꿈속의 정황이 어떻게 펼쳐지는가?'에 따라서 저마다 다르게 실현될 수 있다. 재물과 관련된 돼지꿈에 있어서, 주택복권 시절에 돼지꿈을 꾸었으나 아슬아슬하게 낙첨된 사람들의 실증적인 꿈사례에 해설을 덧붙여 살펴본다. 이는 돼지꿈이 중요한 것이 아니라, 꿈의 표상이 어떻게 전개되는 것이 중요한 것인지를 보여주고 있다.

- **집으로 들어오려는 돼지를 내쫓은 꿈**

    지금으로부터 약 8년 전에 읍단위 시골에 살았다. 돼지·소를 키우며, 농사도 짓는 전형적인 시골이다. 그날이 12월 30일, 내가 쓰고 있는 방문 앞에 샷시로 비가 뿌리지 않도록 베란다처럼 만들어 놓았다.

그런데 느닷없이 황소만한 돼지 한 마리가 샷시 베란다를 지나 방으로 들어오려고 했다. 그래서 나는 깜짝 놀라 두리번거리는데, 방문 옆에 삽이 있었다. 그래서 나는 그 삽으로 돼지를 때려서 밖으로 내 쫓았다. 그리고 나서 깨어보니 꿈이었다. 난 순간적으로, '아! 이것이 돼지꿈이구나. 나에게 행운이 오려나 보다'는 생각을 품었다.

아침을 먹고 복권을 사기 위해 읍내에 나갔다. 그러니까 그날이 31일이라서 종무식이 있기 때문에, 우체국에 가니 복권이 없었다. 그래서 이 골목 저 골목을 뒤져서 복권 파는 가게를 찾아, 1조에서 5조까지 5장을 구입했다. 그런데 약 열흘 정도 있어야 추첨하는 날이었다.

나는 집에 와서 신주 모시듯 잘 보관하고, 그날을 기다렸다. 드디어 추첨 시간이 다가왔다. 낮은 등수부터 추첨을 하는데 하나도 안 맞았다. 드디어 1등 추첨 차례가 왔다. 조부터 시작했다. 5조하고 함성이 들려 왔다. 5조 복권을 앞으로 댕겼다. 00 두 자리가 맞았다. 0 또 맞았다. 가슴이 두근반 세근반 쿵탕거렸다. "또 쏘세요" 소리와 함께 이번에도 맞았다. 이제 두 번호만 맞으면 나는 1등에 당첨되는 거야. 공상에 젖어 볼 시간조차 주지도 않은 채, 화살이 번호를 향해 날아갔다. 순간 여기서 억장이 무너짐을 느꼈다. 그리고는 끝 번호가 맞았다. 끝내 아쉬움에 텔레비전 앞을 떠날 수가 없었다. 왜 방문 옆에 삽자루가 있었던가. 꿈이니까 그러했겠지만, 그 삽만 아니었으면, 돼지가 방으로 들어 왔을 테고, 난 1등의 행운을 잡았을 텐데ㅡ. 못내 아쉬움에 허탈한 마음을 감출 수가 없었다.ㅡ 충남 천안시 신부동

당시에는 주택복권 번호 숫자의 끝자리만 틀렸더라도, '아차상'이라고 하여 약간의 상금이 있었다. 하지만, 끝에서 두 번째 한 숫자가 틀린 경우는 그야말로 '꽝'의 결과로 실현되었다.

돼지꿈을 꾸었으나 쫓아낸 데서, 아슬아슬하게 복권당첨에 떨어지고 있음을 볼 수 있다. 이처럼 돼지를 보았다고 다 좋은 것이 아니라, 꿈속의 정황이 어떻게 펼쳐지느냐에 따라 현실의 상황이 이루어지고 있다. 또한 이러한 상징적인 꿈은 어떻게 실현되느냐의 양상만 다르지, 현실에서 꿈의 상징표상 그대로 반드시 일어나고 있다.

'꿈의 실현이 언제 되느냐'의 여부는 꿈을 꾼 사람이 현실에서 처한 정황과 실현될 대상의 성격에 따라서 실현 시기가 달라지고 있다. 대부분 일주일 이내에 실현되며, 한 달 이내에 90% 정도가 실현되고 있다. 하지만 중대한 일의 예지일수록, 꿈의 예지기간이 길어 마음의 준비를 하게 해주고 있다. 안좋은 예로, 자식의 죽음을 예지하는 경우의 꿈은 적어도 한 달, 4~5개월 여 뒤에 실현되고 있다. 태몽 같은 경우는 10년~20여년, 아니 평생에 걸쳐 꿈의 예지대로 실현되고 있음을 볼 수 있다.

• 누렇고 큰 돼지가 판자 구멍으로 쑥 들어가 버린 꿈

　담배 가게를 들여다보니 판자 구멍에서 누런 돼지 한 마리가 쑥 나왔는데, 점점 크게 자라 큰 돼지가 되었다. 그 돼지에게 먹이를 주자 그것을 다 먹고, 다시 그 구멍으로 쑥 들어가 사라졌다.

이 역시 복권 당첨에서 번호 하나 차이로 아슬아슬하게 떨어진 사람의 실증적 꿈사례이다. 누렇고 큰 돼지가 표상하는 바는 어떠한 커다란 재물 운을 나타내고 있으며, 일상의 소시민이 가장 현실에서 가능성 있게 실현될 수 있는 것이 복권당첨이다.

담배 가게의 판자구멍은 그가 복권을 산 담배 가게를 그대로 표상재료로 이끌어 왔으나, 실은 복권 추첨장의 바꿔놓기이다. 돼지가 크게 자라 먹이를 주니까 다 받아먹는 것은 복권 일련번호가 거의 다 적중되어 갔음을 뜻하는데, 나왔던 구멍으로 도로 들어가 버렸기 때문에, 성사 직전에 무위로 돌아가게 될 것을 그것도 아슬아슬하게 당첨이 불가능하게 될 것임을 예지해주고 있다.

복권에 얽힌 꿈 이야기는 수없이 많이 있다. 그러나 당첨된 꿈사례들은 반드시 당첨 가능한 밝고 좋은 상징으로 전개되고 있고, 당첨에 실패한 꿈은 그 나름대로의 안좋은 표상이 전개되는 등 낙첨하게 된 꿈의 전개가 예지되어 있다.

이 꿈을 꾼 사람의 경우도, 거의 모든 번호가 적중되어 가다가, 최후의 한 숫자가 맞지 않아 1등이 되지 못했는데, 그것은 돼지가 나와서 점차로 커졌다가 다시 구멍으로 사라져 버린 것으로 꿈속에서 표상되고 있다. 꿈은 반대가 아닌, 상징의 이해에 있는 바, 이런 경우는 사전에 꿈을 자세히 해석하고 지나친 기대를 갖지 않는 것이 좋을 것이다.

- 홍순래 박사 꿈해몽 http://984.oo.kr(유선), 984 + 접속버튼(핸드폰)

변[糞]과 관계된 대박꿈

돼지꿈과 더불어, 많은 경우에서 똥꿈으로 복권 당첨 등의 재물운으로 실현되고 있다. 돼지 꿈은 상황에 따라서 재물이 아닌, 태몽이나 사람의 상징으로 실현되기도 한다. 하지만, 똥꿈의 특징은 주로 재물과 관련지어 실현되는 특징이 있다. 옛날에는 농사를 짓는데 있어서 주요 거름으로, 오줌과 더불어 똥을 삭혀서 거름으로 사용했기에 재물의 상징이 되고 있다. 거름용 오줌을 맛보고 샀던 개성 상인들의 이야기는 널리 알려져 있기도 하다.

또한 누런 색깔의 변이 황금의 상징으로 재물을 상징하고 있기도 하다. 복권 당첨 등 재물적 이익을 얻게 된 많은 사람들이 이렇게 똥꿈을 꾸고 있다. 이러한 똥꿈을 꾸면 재물적 운이 있다는 믿음을 이용한 상술로써, 똥(대변) 모양의 악세사리까지 팔리고 있는 현실이기도 하다.

똥을 온 몸에 뒤집어쓰거나, 똥속에 깊이 빠진다거나, 밟는 꿈은 복권 당첨 등 재물이 생기게 될 것을 예지하는 경우가 많다. 또 변소 안이 누런 대변으로 차있어 놀라는 꿈이거나, 몸에 묻히는 꿈, 심지어 똥을 먹는 꿈도 좋다. 하지만 똥꿈이라고 해서 다 좋은 꿈은 아니다. 똥을 잃어버리는 꿈이나 시커먼 똥의 경우, 재물을 잃게 되거나 실속이 없는 재물운으로 이루어지고 있다.

이밖에도 똥꿈은 배설행위로 인하여 정신적 억압으로부터의 해소, 소원 충족을 뜻한다. 따라서 화장실에서 뜻대로 일을 치르는 꿈은 하고자 하는 일이 순조롭게 진행됨을 뜻한다. 반면 화장실이 지저분하거나 문이 안 열려져 일을 치를 수 없었던 꿈은 여행을 가고자 하였으나, 비행기 표를 구하지 못해 포기하게 되는 좌절 등으로 실현되고 있다.

복권에 당첨된 사람들의 사례 및 기타 재물운 사례를 간략히 살펴본다.

- 황금빛 똥이 눈앞에 가득한 꿈
- 변기의 똥을 손으로 퍼서 끌어 안는 꿈
- 똥을 묻힌 시커먼 돼지가 달려들어 옷을 다 버린 꿈으로 복권당첨
- 동네 꼬마 아이 5명이 집으로 몰려와 똥을 차례대로 싸는 꿈으로, 안방에 인분이 철철 넘치고 냄새가 진동을 하던 너무도 생생한 꿈

- 똥(변)으로 된 대포알을 맞는 꿈

    두 아들과 날으는 기구를 타고 전투를 하는 꿈이었다. 그러다 대포 3대를 맞았는데, 맞고 보니 변으로 만들어진 대포였다. 찝찝한 변이 입으로 들어가는 것을 생생하게 느꼈던 꿈으로, 꿈꾸고 나서 복권을 구입하여 3억5,000만원에 당첨.

- 싸서 먹은 상추 쌈이 인분(똥)이었던 꿈

    "일을 마치고 집에 돌아와 보니, 아내가 상추쌈이 푸짐하게 차려진 저녁상을 준비해놓고 기다리고 있었어요. 그날따라 배가 고파 밥상을 순식간에 비우고 나니 아내가 말하길, 상추쌈에 싸먹은 것이 바로 인분이라는 것이었어요. 그 꿈이 어찌나 생생하던지 며칠동안 머리에 남아있었죠."

이렇게 꿈이 생생하다는 것은 현실에서 꿈으로 예지된 일이 반드시 일어난다는 것을

보여주고 있는 것이다. 또한 이렇게 황당하게 전개되는 꿈은 100% 이루어지는 것이 상징적인 미래예지 꿈의 특징인 것이다.

• 인분을 계속 퍼내어도 화장실에 인분이 그대로 있던 꿈

앞 상추꿈을 꾼 사람의 꿈이야기이다. 며칠후 재래식 화장실을 청소하는 꿈을 또 한 번 꾸었다. "3일 동안 계속 퍼내어도 화장실에 인분이 그대로였어요."

퍼내어도 인분이 가득하게 남아있는 풍요로움의 표상이다. 또한 이렇게 어떠한 중대한 일을 예지하는데 있어서, 반복적으로 좋은 상징적인 미래예지 꿈을 여러 차례 꾸기도 한다. 꿈을 꾸고 나서 복권을 구입하여 당첨되는 일로 실현되었다.

• 자신의 소변으로 방안이 홍수를 이룬 꿈

평소에 꿈을 잘 꾸지 않았는데, 하루는 이상한 꿈을 꾸었다. 방에 자신 외에도 두 사람이 더 자고 있었는데, 소변이 마려웠던 것. 꿈속이라 그런지 화장실에 갈 생각도 없이 그녀는 자리에서 일어나 살짝 방에다 소변을 보는데―, 이게 웬일인가. 고장난 수도꼭지 마냥 끊이지 않고 계속 오줌이 흘러나왔다. 순식간에 방안은 소변으로 홍수를 이루었고, 자고 있던 두 사람은 둥둥 떠다닐 지경이었다. 귀속에 물이 들어간다며 그만 멈추라고 아우성이었지만, 본인의 의지와 상관없이 넘치는 소변에 애가 더 타는 꿈이었다.

3억원의 복권에 당첨되었는 바, 이처럼 소변 꿈도 똥과 같이 재물운으로 이루어지고 있으며, 꿈을 잘 꾸지 않는 사람이 어쩌다가 꾸는 꿈일수록 장차 일어날 중대한 일에 대한 예지를 보여주고 있다.

• 출근길에 조카의 변을 밟았고, 정화조에 빠지는 꿈―즉석복권 4,000만원 당첨
• 발밑에 소똥이 가득한 것을 밟는 꿈―부동산이 자신의 앞으로 명의가 이전되는 일이 일어남.
• 똥을 누었는데, 누군가 지켜보는 꿈(학생의 꿈)―방송국에 보낸 엽서가 당첨.

이상에서 살펴본 바와 같이 똥꿈은 재물운으로 실현되고 있음을 볼 수 있다. 다만, 똥꿈이 다 좋은 것이 아니다. 똥이 자신에게 덮혀지는 꿈, 먹거나, 소유하게 되는 꿈이 좋은 것이다. 자신의 똥을 버리는 꿈은 안 좋다. 필자가 체험한 것으로, 교실복도에서 변을 본 후에 부끄러워, 조그만 비니루에 싸서 화장실에 버리는 꿈은 주식투자에서 손해를 보는 일로 실현되었다. 이 경우 엄청나게 많은 양의 변을 보고 버리는 꿈은 현실에서도 엄청난 재물의 손실로 이루어질 것이다. 또한 시커먼 똥을 누군가 강제로 먹으라고 하여 억지로 먹는 꿈은 아파트에 당첨되었으나, 자금을 마련하다가 포기하는 부질없는 결과로 이루어졌다.

- 변기통 안에 빠지는 꿈 – 4억원에 당첨!

하루 사이로 부부가 똑같은 꿈을 꾸었으니, 유씨(35세) 부부가 생각하기에도 범상치 않았다. 먼저 평소에는 꿈을 잘 꾸지 않던 남편인 유씨가 꾼 꿈이야기이다.

자세히 기억나지 않지만, 꿈속에서 화장실을 찾아 헤매었는데, 아무리 둘러봐도 건물 하나 없는 허허벌판이었다. 한참을 끙끙거리다 저 멀리 가물가물 보이는 것이 하나 있었는데, 빙빙 돌아가는 둥그런 나무 판자 하나가 눈에 들어왔다. 유씨는 그곳에 휘적휘적 걸어가 판자 위로 올라가 함께 빙빙 돌고 있었는데, 갑자기 판자가 화장실 변기통으로 변하는 것이 아닌가. 당연히 어지러운 유씨는 중심을 못잡아 변기통 안으로 빠졌다. 그 양옆으로는 황금색 변이 철철 흘러 넘치고 있었다. 이상하게도 유씨는 더럽다는 생각보다는 물속과 같은 편안한 느낌으로, 호흡도 막히지 않고 불편한 것이 없었다.

남편으로부터 이야기를 전해들은 부인은 자신과 너무도 똑같은 꿈에 놀라지 않을 수 없었다. 부인의 꿈은 아주 생생했다. 어렸을 적 살았던 친정집 화장실은 재래식인 데다가 집에서 좀 떨어져 있어, 항상 무서웠던 기억만이 지금도 남아있는 편이었다. 꿈속에서 부인은 베개를 들고 잠을 자러 가는데, 방으로 가는 것이 아니라 그 화장실로 가고 있었다. 그곳이 방인 양 너무도 자연스럽게 문을 열고서는 변기통 뚜껑을 닫고 그 위에 편히 누웠는데, 몸을 움직이다가 그만 변기통 안으로 몸이 빠지게 된 것. 부인은 남편과는 달리 꿈속이라도 실제처럼 악취와 더럽다는 생각에 끔찍했다고. 그곳을 빠져나오려고 발버둥을 치면 칠수록 몸은 더욱 깊숙히 빠져드는데— 살려달라는 비명소리에 아무도 돌아보는 사람이 없고, 지칠대로 지친 부인이 포기할 때쯤 꿈에서 깨어났다. 온 몸에 젖어 있는 땀이 오물로 생각돼 소스라치게 놀라 소름까지 돋았다고 한다. −〈복권세계〉

서로의 꿈 얘기를 들은 부부는 똥꿈이 길몽이라고 여겨 복권을 구입하여, 월드컵 복권 4억원에 당첨되는 일로 실현되고 있다. 이처럼 똥속에 빠진 꿈의 실현이 복권당첨으로 이루어지고 있는 바, 이 경우 피를 뒤집어 쓰는 꿈도 역시 길몽으로 좋은 일로 이루어지고 있다. 또한, 화장실 통속에 빠진 꿈으로 자신이 하는 장사가 잘되는 것으로 실현된 사례도 있다.

• 딸이 나타나 속옷에 똥을 잔뜩 묻혀 놓는 꿈
인터넷에서 구입한 제1270회(2002.5.5)에서, 1·2등으로 주택복권 5억원에 당첨된 정모씨의 꿈사례이다.

"꿈에 큰 딸이 나타나, 내 속옷에 똥을 잔뜩 묻혀 놓았어요. 똥꿈은 돈꿈이라는 말을 들어서인지 꿈꾸는 동안 기분이 좋았어요. 내가 가장 사랑하는 큰 딸이 좋은 일을 암시해준 것 같아 더욱더 맘이 들떠 있었어요. 그래서 그날 꼭 주택복권을 사고 싶다는 생각이 들었지요."

꿈에서 깨자마자 복권을 사고 싶었지만, 급한 일이 생겨 할 수 없이 늦은 저녁 때 인터넷상으로 복권을 구입한 정씨는 추첨일 다음날 복권에 당첨됐다는 전화통보를 받은 후에도, 몇 번씩 자신의 귀를 의심하다가 떨리는 마음으로 인터넷을 확인하고 나서야, 주택 복권 1·2등에 당첨된 사실을 받아들일 수 있었다.

• 화장실에서 오물(똥)이 쏟아지는 꿈
L모씨는 당첨 전날 장모님이 자신이 용변을 뒤집어쓴 꿈을 꾸셨다는 말을 듣고 로또를 구입하여, 제23회 로또에 2등 당첨으로 1억2천만원의 행운을 안았다. 돼지꿈은 재물 외에도 사람을 상징하기도 하지만, 이처럼 똥·오줌 꿈은 100% 재물과 관련지어 실현되고 있는 것이 특징이다. 이는 옛날에 똥·오줌을 농사짓는데 있어, 비료로 사용한데서 알 수 있듯이, 똥이나 오줌은 재물을 상징하고 있다. 똥통에 빠져 헤엄치는 꿈으로 복권에 당첨된 사례가 있다. 필자 사이트에서 오줌(소변)·똥(대변)을 검색하여 수많은 실증사례를 살펴보시기 바란다.

• 노란 똥을 두 줄로 대변보는 꿈
"널판지로 된 변기였어요. 일을 보는데 그만 옆에다 실례를 했지 뭡니까. 그런데 이상한 것은 변의 색깔이 죽은 색이 아니라, 노란 것이 꼭 엿가락 같았어요. 젓가락 모양으로 2줄로 나란한 것을 휴지에 싸서 변기에 넣었지요"

꿈을 꾸고 나서, 이상한 예감에 복권을 구입하여 승용차에 당첨되고 있다. 시커먼 똥보다는 누런 똥이 좋다는 것에 대하여 이미 언급한 바 있으며, 이 밖에도 큰 산이 온통 노란 똥으로 뒤덮여 발 디딜 틈이 없었던 똥꿈으로 승용차에 당첨된 사례가 있다.

• 다이아몬드를 가져오다가 똥물에 빠지는 꿈
복권판매업자 김씨의 복지복권 일천만원 당첨 꿈사례이다. 김씨는 이상한 꿈을 꿨다. 신밧드가 가득 싣고 온 보물 중 다이아몬드를 가지고 오다가, 똥물에 빠지는 이상한 꿈을 꾼 것이다.

평소 꿈이 현실과 잘 들어맞는 편이었던 김씨는 복지복권의 1천만원에 당첨되는 일로 실현되었는 바, 꿈속에 등장된 신밧드는 캐릭터인 「신밧드」가 복지복권에 인쇄되어 있었던 현실로 이루어졌다. 이처럼 꿈속에 등장된 사물이나 사람과 관련지어 이루어지고 있다. 어느 대학생의 어머니 꿈으로, 큰아버지가 눈을 쓸어주어 쌓인 눈길을 헤쳐나갈 수 있었던 꿈의 실현은 공교롭게도 큰아버지가 면제받은 병명(病名)과 같은 병명으로 군 면제를 받게 되는 일로 실현된 사례가 있다.

• 화장실에 있는 꿈
인터넷에서 구입한 로또 제51회에서 2등 9천만원에 당첨된 꿈사례이다. 당첨된 본인은 "화장실에 있는 꿈을 꾸었는데, 당첨과 관련이 있는 건지는 잘 모르겠네요"라고 말하고 있는 바, 대변이 가득한 화장실이었을 것이다.

• 화장실에 한쪽 발이 빠지는 꿈
"아주 지저분한 재래식 화장실이었어요. 똥이 그득한 곳에서 일을 보다가 그만 한쪽 발이 빠지는 꿈을 꿨어요."

효도 여행권에 당첨된 사례이다. 이 꿈의 경우 꿈속에서의 느낌이나 꿈을 꾼 사람이 처한 상황에 따라서, 안 좋은 사고 등으로 이루어질 수 있는 꿈사례이다.
이 밖에도 많은 똥위에 주저 앉아 있던 꿈으로, 윷놀이 내기에서 내리 세 판을 이기게 되는 일로 실현된 사례가 있다. 하지만, 똥꿈이라고 해서 모두가 좋은 것은 아니다. 화장실이나 똥꿈과 관련하여 안좋은 사례를 살펴본다.

• 재래식 화장실에 변을 보러 갔는데, 갑자기 화장실이 무너지면서 내 한쪽 발이 똥이 그득히 쌓인 똥통에 빠진 꿈— 어느 아내의 꿈사례이다. 똥꿈이라고 다 좋은 것은 아니다. 꿈속에서의 느낌이나 정황이 중요하다. 화장실이 무너진데서 화장실로 상징된 기관이나 회사·단체 등에서 어려움을 겪게 되는 일도 가능하다. 꿈의 실현은 며칠 후 남편이 공사장에서 사고가 나서, 한쪽 다리를 잃게 되는 일로 실현되

고 있다.
- 강의 중앙부에 삼각주가 생겼는데, 위에서 시커먼 똥물이 흘러와 삼각주 좌우로 흘러가고 있었던 꿈— 증권에 크게 실패할 것을 예지한 꿈이었다. 이처럼 똥물이 자신에게 오지 않고 비껴가는 것을 보면, 남에게 사기당하거나 재물에 큰 손실을 입는다.
- 화장실을 찾아도 마땅한 곳이 없어 들어가지 못하면, 입학·취직·청탁·사업 등의 일이 이루어지지 않는다.
- 배설이 잘 되지 않거나, 상대방의 대변이 널려 있어 발을 디딜 곳이 없어 배설하지 못하면, 사업·생산·청탁·입학·취직·결혼 등의 일이 이루어지지 않는다.
- 영화 '바람난 가족'에 잠깐 출연하기도 했던 한 마케팅 담당자는 꿈속에서 온 몸에 머드팩을 하듯 '똥칠갑'을 했단다. 또한 최근 개봉한 한 영화는 영화사 직원이 재래식 공중 화장실에 똥이 넘쳐흐르는 꿈을 꿨다. 그런데 이 직원은 꿈속에서도 너무 더럽다는 생각에 선뜻 들어가지 못했다. 이 영화는 개봉 첫주 전국 30만이라는, 터진 것도 아니고 그렇다고 안된 것도 아닌 어중간한 수의 관객을 끌어모았다. 꿈 내용이 알려지자 영화사 사람들이 일제히 탄식한 말이 걸작이다. "아이고, 아무리 더러워도 엉덩이를 디밀었어야지!' – 중앙일보. 기선민 기자. 2003.08.24

조상이 나타나는 꿈

통계에 의하면, 복권 당첨자들이 가장 많이 꾼 꿈이 조상꿈으로 나오고 있다. 이 경우 조상이 밝은 모습으로 나타나거나, 어떠한 물건을 주거나, 좋은 계시적 말씀을 해주는 경우가 대부분이다.

1) 조상이 밝은 표상으로 나타나는 꿈
꿈에서 돌아가신 부모님이나 조상이 밝은 표상으로 나타나는 경우, 대부분 좋은 일이 일어날 것을 예지해 주는 것으로, 실제 복권 당첨과 같은 행운으로 실현된 예가 많다. 그러나 꿈속에 나타난 부모님이나 조상이 근심어린 얼굴이었거나 어두운 표정이었다면, 교통사고나 실직·질병 등 안좋은 일이 일어나게 될 것을 예지해주고 있다.

당첨된 여러 사례를 살펴본다. 조상이 밝은 모습으로 나타났다고 여기고, 꿈사례를 보시기 바란다.

• **돌아가신 아버지를 만나는 꿈**
주택복권 3억원(96년 12월. 충북 제천의 하모씨)에 당첨.

• **꿈속에 돌아가신 할머니의 모습을 뚜렷이 본 꿈**
복권을 사기 전날 꿈으로 복권에 당첨.

• **얼굴 한번 못보고 돌아가신 시아버지가 나타난 꿈**
이 경우 밝고 온화한 모습으로 나타난 꿈으로 보아야 할 것이다. 고기잡이 배를 타는 남편과 시어머니를 모시고, 두어 마지기 남짓한 농사로 어렵게 살림을 꾸려가는 성실하고 착하게 살아가는 부인이었다. 복권 당첨.

• **돌아가신 아버지가 나타난 꿈**
추첨 3일 전부터 연달아 5년 전에 돌아가신 아버지가 꿈에 나타났는 바, 결과는 3억원 당첨.

• **추첨이 있기 전날, 꿈속에 이미 고인이 된 아버님과 형님이 나란히 서있는 모습이 보이는 꿈**

• **시부모님이 나타나서 온화한 웃음을 보이는 꿈**
얼마 전부터 꿈속에서 돌아가신 시부모님이 나타나셔서 온화한 웃음만 지어 보이시다가 그녀가 시부모님에게 달려가면 사라지고는 하였다. 그녀는 반복해서 꿈을 꾸다보니 신기하고 이상한 마음이 들어, 남편에게 꿈이야기를 했다고 한다. 그녀의 남편은 "부모님 생전에 당신이 극진히 모신 것이 고마와서, 돌아가신 후에도 당신에게 무언가 주시려는 것 같다"고 복권을 구입하여 당첨.

• 지팡이를 짚은 백발 할아버지를 보는 꿈
입원중인 친정어머니 간병을 해오다가, 추첨 전날 새벽녘에 얼핏 잠이 들어 꾼 꿈으로 복권 당첨.

• 며칠 전부터 조상들의 모습이 자꾸만 보인 꿈
며칠 전부터 돌아가신 조상들의 모습이 자꾸만 꿈속에 나타나, 뭐가 잘못되려나보다 싶어 아내와 함께 가까운 절을 찾아 부처님께 불공까지 드렸다. 절에서 내려와 소일거리로 이것저것 집안일을 돌본 다음, 그동안 모아 두었던 복권을 정리하면서, 수집상태가 깨끗한 복권은 앨범에 끼우고, 나머지는 쓰레기통에 버리는 작업을 하던 중, 미처 당첨번호를 맞춰보지 못한 것을 알고 쓰레기통에 버렸던 복권 중에 다시 당첨번호를 확인하여 복권에 당첨되고 있다. 이 경우, 복권에 당첨된 사실을 꿈으로 일깨워준 것으로 볼 수 있겠다.

• 비오는 날 버섯이 뭉게뭉게 자라나면서, 그 속에서 돌아가신 어머니가 나타난 꿈
복권에 당첨된 바, 버섯은 음식재료인 까닭에 재물의 상징이 가능하다. 버섯이 뭉게뭉게 자라나는 표상에서, 재물의 막대함과 증식 과정을 나타내고 있다. 비가 온다는 것은 버섯을 생산하고 잘 자라게 하는 요인인 까닭에, 무언가 어떤 일이 잘 진척될 것을 예지해주고 있으며, 돌아가신 어머니가 밝은 모습으로 나타나 계시적으로 행운이 올 것을 예지해주고 있다. - 한건덕

• 아버지의 자전거 뒤에 타고 가는 꿈
이 꿈을 꾸고 복권에 당첨되었었는 바, 일반적으로는 꿈속의 아버지는 실제의 아버지라기보다는 아버지와 맞먹는 윗사람 또는 자신에게 도움을 줄 절대적 대상을 상징하고

있다. 자전거 뒤에 타고 가는 꿈으로 표상된 것이 무엇을 예지해줄 것인지는 명확하지 않지만, 자신의 힘보다도 어떤 협조자의 도움을 입어 좋은 일이 일어날 것을 예지해주고 있다고 보아야 할 것이다. 이 경우 복권에 당첨되지 않더라도, 자전거를 타고 쌩쌩 달려 나가듯 어떤 새롭고 좋은 일이 생기게 될 것을 예지해 주고 있다.

• 돌아가신 아버님이 나타난 꿈

인터넷 전자복권에서 2003년 3월 27일 억만장자 1등 1억에 당첨된 이00(28세, 서울)씨의 꿈체험담이다. 그는 2주 전에 돌아가신 아버님이 꿈에 나오는 꿈을 꾼 후에, 꾸준히 인터넷 복권을 사 오다가 퇴근 전 구입한 복권이 억만장자 1억에 당첨되는 일로 실현되었다.

• 돌아가신 외할머니를 보는 꿈

관광복권으로 아토스 승용차에 당첨된 경기도 수원의 장00(28)씨의 꿈사례이다. 장씨는 외할머니 상을 치르고 온 후, 아직 여독이 풀리지 않아 스르르 낮잠이 들었던 꿈속에서 돌아가신 외할머니를 얼핏 보았다. 유난히 외할머니와 정이 깊었던 장씨는 "상을 치르느라 수고했다"고 인사를 전하러 나타나신 것같은 생각이 들었다. 꿈의 실현은 즉석식 복권에 당첨되는 일로 이루어졌다.

• 어머니 꿈을 꾸고 로또 1등에 당첨

로또 제42회에서 1등 68억원에 당첨된 대구광역시에 A모씨(40대, 남)는 어머니 꿈을 꾸고 1등에 당첨되었다. A씨의 1등 당첨번호(자동선택)는 17,18,19,21,23,32번으로 매니아들 사이에서는 엽기번호로 알려졌다.

• 돌아가신 어머님 꿈으로 1천만원 당첨

2003년 6월 30일 인터넷 전자복권으로 천만장자 25번째 1천만원에 당첨된 김00(25세, 대구)씨는 2~3일 전에 꿈에서 어머님을 뵙게 되었고, 돌아가신 어머님이 꿈이 나타날 때마다 복권에 당첨되고는 하였기에, 혹시나 했었지만 평소 자주 긁던 복권이 1천만원에 당첨되는 일로 이루어졌다.

돌아가신 어머님을 뵌 꿈을 꾸고 나서, 인터넷 전자복권 메가밀리언에서, 2004년 10월 7일 1천만원에 당첨된 문00(37세)씨가 있는 바, 이번에도 특별한 암시는 아닐까 생각해 혹시나 하는 마음에 평소에 이용하던 인터넷 전자복권 사이트에서 복권을 산 후에 당첨되고 있다.

어머니 꿈에 대한 상세한 꿈내용은 알 수 없지만, 밝은 모습으로 나타나 좋은 말씀을 해주거나 물건 등을 주는 꿈이었을 것이다. 돌아가신 조상이 나타나는 경우라도 어두운 모습이거나 화내는 얼굴 등의 경우, 현실에서 안 좋은 사건·사고로 일어나고 있다.

• 돌아가신 할아버지의 꿈꾸고 1천만원 당첨

김00(28세,서울)씨는 얼마 전에 돌아가신 할아버님이 꿈에 나오는 꿈을 꾸고 나서, 혹시나 하는 마음에서 즉석복권을 샀는데, 정말로 당첨되는 일로 실현되고 있다.

"조상님 꿈을 꾸면 당첨이 많이 된다던데, 저에게도 좋은 꿈이었던 것 같습니다. 인터넷 서핑을 하다 평소 종종 들리던 전자복권 사이트에 들렀습니다. 꿈 생각도 나고 해서 즉석복권을 샀지요. 뭔가 당첨되었다고 깜박거리더라구요. 처음에는 1천원에 당첨된 줄 알았습니다. 하지만 평소에는 안보이던 버튼이 하나 생겼기에 그냥 눌렀지요. 그런데 글쎄 천만원이라지 뭡니까?"

• 조상님 꿈으로 1억원 당첨

평소에 인터넷 주택복권에 대한 기대감으로 많이 구매해 오던 김00(28세,서울)씨는 3일전 조상님의 꿈을 꾸고 난 후에, 부쩍 더 많이 인터넷 주택복권을 구매했으며, 그러다가 새로운 5회차 인터넷 주택복권에서 산뜻해진 디자인에 호기심에 긁은 복권이 1억원에 당첨되었다.

• 돌아가신 할아버지가 두 손을 꼭 잡아주는 꿈

로또 14회차에서 1등 93억에 당첨된 전남 S시 자동차 정비사 H씨의 꿈사례이다. 30

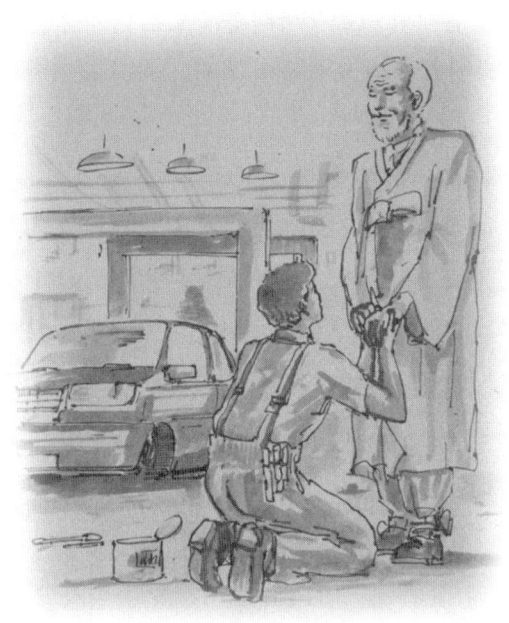
대 자동차 정비사 H씨는 제삿날 밤, 눈부시도록 새하얀 두루마기를 입은 할아버지가 두 손을 꼭 잡아 주는 꿈을 꾸었다. 이에 추첨일 당일 로또복권 1만원어치를 샀다. 그날 밤 꿈속에서 할아버지가 또 나타나 손을 잡아주는 꿈을 꾸고, 너무나 이상한 생각이 들어 다음날 신문을 본 결과, 로또 93억원 당첨 사실을 알게 되었다.

이처럼 조상이 나타나서, 밝고 좋은 표상으로 나타나거나 좋은 말로 일러주는 경우, 현실에서 복권당첨 등 좋은 일로 이루어지고 있다. 로또 1등 당첨자들 가운데는 '조상꿈이 최고'라고 말하고 있기도 하다. 실제로 로또복권 1등 당첨자중 44%가 복권 당첨과 관련한 꿈을 꿨고, 이중에서 조상 꿈을 꾼 사람이 가장 많은 것으로 나타났다.

• 돌아가신 아버님께 기도를 드린 꿈

인터넷 전자복권에서, 8번째 억만장자 1등 1억원에 당첨된 장○○(서울, 45세)씨는 퇴근 후에 집에서 인터넷 주택복권을 사서 긁은 후, 1억원에 당첨되고 있다. 그날 아침 꿈에 돌아가신 아버님께서 보이시기에, 꿈속에서 "아버님, 1억만 당첨되면 살 수 있을 것 같습니다."라고 간절히 빌었다면서, "아마도 돌아가신 아버님께서 아들을 도와주시려고 나타나셨던 것 같다"고 말하고 있다.

• 죽은 남편의 모습에서 숫자 '1'이 입체적으로 서서히 눈앞으로 다가온 꿈

찬스복권 제79회에서 1등 5천만원(단식 1매)에 당첨된 진해시에 거주하는 이모씨의 당첨 꿈사례이다. 남편과 일찍 사별하고 세 남매를 키우며 힘들게 생활하던 이씨의 어

느날 꿈에, 멀리 남편의 모습에서 숫자 '1'이 입체적으로 서서히 눈앞으로 다가오는 꿈을 꾸었다. 잠에서 깨었지만 눈앞에 아른거리는 꿈속의 모습들이 복권을 사라고 말하는 것만 같아, 아침도 거르고 자주 찾는 복권 가게에서 찬스복권 5장을 구입하여, 그 중 한 장이 집이 세 개 나란히 나온 그림으로 1등에 당첨되었다.

복권당첨자 사례에서 조상 꿈으로 실현된 경우가 가장 많다. 하지만 대부분의 경우에 있어서, 조상이나 죽은 사람이 밝은 표정으로 좋은 모습으로 나타나거나, 어떠한 선물을 주고 가거나, 좋은 계시적인 말을 해주는 경우이다. 숫자 '1'이 입체적으로 서서히 눈앞으로 다가오는 꿈에서 좋은 일이 일어날 것임을 예지해주고 있으며, 현실에서는 숫자와 관련지어 가장 실현 가능성이 높은 복권을 구입하여 당첨으로 실현되고 있다. 하지만, 이 경우 반드시 복권당첨 등으로 이루어지는 것만은 아니다. 커다란 경품 응모 행사에서 1등으로 당첨될 수도 있는 것이다. 이처럼 꿈은 꿈을 꾼 사람의 처한 상황에 따라 실현되고 있으며, 상징적인 미래예지 꿈의 경우에는 꿈의 실현기간에 차이가 있을 뿐, 절대적으로 꿈의 예지대로 이루어지고 있다.

• **돌아가신 어머니가 황소 두 마리를 끌고 추수하는 꿈**

로또 제45회 추첨에서, 83억원에 당첨된 A씨의 꿈사례이다. A씨는 운좋게도 모바일뱅킹 서비스 가입 후 받은 로또 무료교환 쿠폰으로 1등 83억원에 당첨되었다. A씨는 추첨 전날 돌아가신 어머니가 황소 두 마리를 끌고 추수하는 꿈을 꾸었다. 상징적인 꿈에서 황소는 집안 식구, 협조자, 협조세력, 재산, 사업체 등을 상징하고 있다. 따라서 황소 한 마리도 아니고, 두 마리나 끌고 와서 농작물을 거두어들이는 풍요로움의 꿈이니, 꿈의 실현이 재물이나 이권의 획득으로 이루어지는 것은 당연한 일인 것이다. 이처럼 '꿈이 어떻게 전개 되는가' 가 중요하다. 황소에게 걷어차이는 꿈을 꾸고 나서 사고로 다리를 다친 사례가 있다. 처한 여건에 따라 황소 꿈이 재물운이 아닌, 태몽 등 사람의 상징으로 실현되기도 한다.

- 돌아가신 아버지와 함께 모내기를 하는 꿈

더블복권 3억원에 당첨(96년 8월 부산의 김모씨)된 바, 정겨운 꿈속의 광경이었을 것이다.

- 돌아가신 할머니와 기분 좋게 염색을 한 꿈

경기도 안양에 사는 K씨는 제88회 찬스복권에서 구입한 2매가 모두 1등에 당첨되었다. K씨는 최근에 돌아가신 할머니가 꿈에 나타나 같이 염색을 하자고 하여, 할머니는 노랑색 자신은 파랑 색으로 염색을 했는데, 너무도 좋아하시는 할머니 모습을 보며 기분 좋게 꿈에서 깨어났다.

조상 꿈이 좋다는 것을 알고 있던 터이라, 다음날 주택복권 3매, 또또복권 4매, 찬스복권 2매를 구입하였는 바, 그 중에서 찬스복권 2매가 모두 1등에 당첨되는 일로 실현되었다. 이처럼 조상이 등장하는 꿈의 경우, 꿈의 내용전개가 밝게 이루어지는 경우, 현실에서도 밝은 일로 이루어지고 있다.

2) 조상으로부터 무언가를 받는 꿈

받는 물건으로 상징된 재물이나 이권의 획득, 승진·합격 등 성취를 이루어내는 일로 실현되고 있다.

- 돌아가신 아버님이 돈다발을 쥐어 주는 꿈

또또복권 5억원(1997.5)에 당첨된 서울 신림동 김모씨(39)의 꿈사례이다.

• 돌아가신 아버님이 한 달 사이에 네 번이나 나타나, 돈을 쥐어주고 가는 꿈

꿈을 꾸고, 복권에 당첨.

• 죽은 남편이 돈뭉치와 집문서를 주고 가는 꿈

로또 제 10회에서, 1등 64여억원에 당첨된 L씨의 꿈사례이다. L씨(60대)는 남편을 일찍 여의고, 홀몸으로 갖은 고생을 하며 자식들을 키워왔다. 로또를 사기 전날 밤, 죽은 지 30년도 넘은 남편이 갑자기 나타나서 L씨에게 돈뭉치를, 자식들에게는 집문서를 주고 가는 꿈을 꾸었다.

결과는 로또 당첨금으로 자식들에게 집 한 채씩 마련해주는 일로 실현될 것이다. 이처럼 조상이나 죽은 사람이 나타나는 꿈에 있어서, 무엇을 얻거나 받는 꿈, 좋은 말을 듣는 꿈의 경우 현실에서 받은 물건으로 상징된 이권이나 재물을 얻게 되거나, 승진·성취 등 처한 상황에 따라 좋은 일로 이루어지고 있다. 필자의 '홍순래 박사 꿈해몽' 사이트(http://984.co.kr)에서 조상을 검색해보기 바란다.

• 돌아가신 아버님이 집을 사 주시는 꿈

찬스복권 제74회 1억원에 당첨된 부산시 사상구에 거주하고 있는 전모씨의 꿈사례이다. 돌아가신 아버님이 집을 사 주시는 꿈을 꾸고 나서, 얼마나 꿈이 생생했던지 깨어난 후에도 꿈인지 생시인지 구분하기조차 힘들었다고 한다. 이에 찬스복권을 구입, 5천만원 짜리 두 장으로 1억원에 당첨되었다. 이처럼 생생한 꿈일수록 커다란 일로 이루어지며, 조상이 나타나 좋은 말을 들려주거나, 귀한 물건 등을 얻는 꿈의 경우 현실에서 재물운 등 좋은 일로 이루어지고 있다. 이밖에 하려는 일마다 술술 잘 풀리는 꿈을 꾸고, 제78회 찬스복권에 1등 5천만원에 당첨된 사례가 있다.

• 돌아가신 아버님으로부터 하얀 보따리를 선물받는 꿈

더블복권 1등 3억원에 당첨된 꿈사례이다.

"이틀 연속으로 돌아가신 아버님께서 꿈에 나타나셨습니다. 똑같이 무슨 하얀 보

따리를 주시는 꿈이었는데, 그게 이런 큰 행운을 안겨줄 지는 정말 몰랐었죠"

이렇게 반복되는 꿈은 어떠한 일이 반드시 일어남을 보여주고 있다. 무엇을 받는 꿈은 받은 물건으로 표상된 이권·재물·권리·명예를 획득하는 일로 실현된다.

• 돌아가신 할머니가 보따리 두 개를 주신 꿈

제4회 로또복권에서 2등에 당첨된 사례의 꿈이야기를 요약해 살펴본다.

당첨자 김씨(서울시 노원구)는 아직도 꿈속에서 보았던 아버님·할머님의 얼굴이 너무나 생생하게 기억난다며 당첨 소감을 밝혔다. 김씨는 최근 경기 침체로 사업에 어려움을 겪다가, 결국 한 달 전에는 부도까지 나게 되었다. 집에는 압류가 걸리고, 신용카드 등 금융거래가 정지되는 어려운 상황이 시작되었다.

앞으로의 살 길을 걱정하던 김씨의 꿈속에, 어느 날 아버님이 나타나셨다고 한다. 무언가를 말씀하시려는 듯 가만히 서 계시던 아버님이 결국 뒤돌아서는 순간, 김씨는 잠에서 깨었다. 생생한 아버님의 모습을 이상하게 생각하던 다음 날, 이번에는 돌아가신 할머님이 꿈에서 커다란 보따리를 두 개나 김씨에게 들려 주셨다고 한다.

이틀에 걸쳐 아버님과 할머님의 모습을 본 김씨는 다음날 저녁 자신의 생일과 전화번호를 조합하여, 로또 추첨 세 시간 전에 부랴부랴 복권을 구입했다. 그리고 할머님이 주신 보따리를 떠올리며 추첨방송을 지켜보았다. 6개의 당첨번호 중 5개가 일치했고, 그리고 보너스 번호 2번. 2등 당첨금 2억1000만원에 당첨된 것이다.

보따리 두 개를 받는 꿈이었기에, 2억원 여의 금액을 당첨금으로 받게 된 것으로 볼 수 있다. 꿈속에서 세 개의 보따리를 받는 꿈이었다면, 3천만원이나 3억 또는 30억원 등의 당첨금을 받는 일로 실현될 수 있을 것이다.

이전, 국민은행의 이인영 복권사업팀장이 2003년 2월에 써낸 『로또 즐기기』에, 최근 6년간 주택복권과 로또복권 1억원 이상 고액 당첨자 364명을 대상으로 설문조사와 인터뷰를 한 결과, 33.5%에 달하는 122명이 당첨과 관련된 꿈을 꾸었다고 한다. 가장 많이 꾼 꿈은 조상꿈으로, 122명의 당첨자 중 19.7%인 24명으로 가장 많았다. 다음은 돼지꿈(17.2%) 똥꿈(14.0%) 동물꿈(13.1%) 불꿈(8.1%) 등의 순이었다. 이밖에도 대통령, 자연 현상, 돈, 시체, 식물, 친구, 수녀 등이 주인공으로 등장되고 있다.

다른 조사 결과를 참고해본다.

나눔로또가 2007년 12월(262회차)부터 2008년 12월(317회차)까지 1등 당첨자 중 당첨금을 수령해간 사람들을 대상으로, 복권 구입의 계기에 대해 설문조사를 실시한 결과 응답자 173명 가운데 40명(23%)이 '좋은 꿈을 꿔서' 라고 대답했다. 꿈의 종류는 조상 관련 꿈이 26명(48%)으로 가장 많았고, 이어 물이나 불, 사망하는 꿈(11%), 레드카펫을 밟는 꿈(기타 17%) 등이 뒤를 이었다.- 매일신문 이경달기자 2009.02.05

계시적으로 당첨을 일러주는 꿈

앞서 조상이 나타나거나 물건 등을 주는 꿈으로 복권에 당첨된 사람들의 사례를 살펴보았지만, 조상이 꿈속에 나타나 어떠한 계시적인 말로써 예지해주기도 한다.

복권 당첨자나 행운이 찾아온 사람들 가운데 상당수가 돌아가신 조상이나, 윗사람, 하나님, 부처님, 산신령, 기타 죽은 사람 등이 꿈속에 나타나 예언적 계시의 말로써, 복권당첨이나 기타 합격·승진 등 좋은 일이 일어날 것을 예지해주고 있다. 이 경우, 동물이나 식물 등이 등장되기도 한다.

조상의 영령이 존재한다고 볼 수도 있겠지만, 이는 우리의 정신능력의 세계가 펼쳐내는 꿈의 상징기법의 하나로써, 꿈속에 등장하는 조상이나 산신령 또는 동물이나 식물 등이 어떠한 말을 하는 경우에, 또 다른 자아가 표상된 창작물로써 일깨워주고 예지해주고 있는 것이다.

고전소설에서 주인공이 위기에 빠졌을 때, 조상이나 산신령 등이 꿈속에 나타나 직접적인 계시로써 일깨워주는 전개가 많이 보이고 있다. 이러한 계시적 성격의 꿈은 상징적인 의미로 알쏭달쏭하게 예지해주는 것보다, 직접적이고 확실하게 알려주는 경우에 쓰이고 있으며, 꿈의 실현까지 시일이 얼마 남지 않아 긴급한 경우에 자주 이용되고 있다.

1) 죽은 부모나 조상의 계시

• 돌아가신 어머니가 "이 돈이 네게 큰 부를 가져다 줄 것이다"라는 꿈

충남 아산에 사는 이모씨(54세, 여)는 복권 당첨 전날 밤에, 20여년 전에 돌아가신 친정 어머니가 꿈에 나타나 1만원을 건네며 "이 돈이 네게 큰 부(富)를 가져다 줄 것이다."라는 꿈을 꾸고, 제1257회 주택복권 5장을 구입하여 1등 2등으로 4억원에 당첨되고 있다.

이처럼 조상이 밝은 모습으로 나타나 좋은 물건을 주거나 좋은 말씀을 하시는 경우, 현실에서 처한 상황에 따라 재물을 얻게 되거나, 승진·성취 등 좋은 일로 이루어지고 있다.

• 돌아가신 할머니로부터 "돼지를 잘 키우라"며 받는 꿈

광명시에 거주하는 최모(52)씨는 제1349회 주택복권(2003.11.9)에서 1·2등의 4억원에 당첨되었다. 최씨는 평소 그의 꿈에 한번도 나타나지 않았던 돌아가신 할머니로부터 돼지를 선물 받았다.

"그렇게 맨날 실패만 해서 어떡하냐. 우리 장손이 잘 살아야, 나머지 동생들도 잘 살텐데... 이 돼지 잘 키워 보거라."

돌아가신 할머니가 꿈에 나타난 것은 영령이 실재하는 것이 아닌, 꿈의 상징기법 중의 하나로, 돼지는 새끼를 많이 낳고 쑥쑥 커나가는 점에서, 또한 옛날에는 물물교환의 대상으로 재물과 관련지어 주로 실현되고 있다. 하지만, 돼지는 이성의 상대방이나 태몽꿈으로도 많이 실현되고 있다.

이렇게 조상이 나타나 무언가를 주면서 좋은 말을 해주는 계시적 성격의 꿈인 경우, 현실에서 좋은 일로 이루어지고 있다. 반면에 어두운 얼굴이거나, 눈물을 흘리거나, 화난 얼굴이거나, 좋지 않은 말을 하는 경우에는 실직하게 되거나 교통사고나 부부싸움 등 안좋은 일로 이루어지고 있다.

• 돌아가신 아버지가 "이 것을 줄테니 써라" 며 수표 뭉치를 주는 꿈
1분 키노 Numbers 1등에 당첨된 강○○(31세, 인천)씨의 꿈사례이다.

　　당첨되기 며칠 전, 돌아가신 아버님께서 "이 것을 줄테니 써라" 며 10만원짜리 수표 뭉치를 건네주시는 꿈을 꾸었습니다. 꿈이 심상치 않아 어머님께도 말씀드렸는데, "뭔가 좋은 일이 생길 것 같다"고 하시더라구요. 막연했지만, 저도 내심 기대를 하게 되었지요. 그런데 정말 키노복권 1등에 당첨되었네요. 그런 꿈을 꾸는 것도 심상치 않았는데, 당첨되고 보니 어찌나 신기하고 희한하던지...
　　키노를 구입할 때 숫자를 고르는 비결이랄 것은 특별히 없구요. 제가 야근을 자주 하는 직업이라 보통 새벽에 키노를 하게 되는데, 그때도 새벽이었고, 번호는 자동선택으로 구입했습니다. 이전에도 자동선택하고는 했었는데, 특별히 이번에 당첨된 것으로 보아, 꿈에 나타나 아버님이 건네주신 수표 뭉치 덕이 확실한 것 같네요.

• 돌아가신 큰아버님이 "노란 봉투를 가져가라" 며 주는 꿈
인터넷 전자복권 메가잭팟에서 10억에 당첨된 이○○씨(서울, 49세)의 당첨 꿈사례이다.

　　"당첨의 징조랄까요? 돌아가신 큰아버님 꿈을 꿨습니다. 제가 산소에 들렀는데, 무덤가에 홀연히 나타나시더니 노란색 봉투를 쥐어주시면서, '이걸 가져가라' 고 말씀하셨습니다. 이전에도 어려울 때마다 큰아버님이 꿈에 나타나셔서 많이 도와주곤 했기 때문에, 이번에도 역시 좋은 일이 있을 것이라 생각했습니다.
　　그래서 당연하게 복권을 샀던 것인데, 세상에 1천만원도 1억도 아닌, 10억이라니! 큰아버님께 정말 감사드리구요, 너무 흥분해서 심장이 터질 것 같네요."

• 돌아가신 어머님이 "요즘 더위에 힘들지" 라며, 시원한 냉수를 주시는 꿈
　　제1387회차 주택복권 1등 10억원에 당첨된 김○○(47세, 서울)씨의 꿈사례이다. "복권을 산 당일 날, 점심을 먹고 단잠을 자는데 어머니가 꿈속에 나타나시더니, "요즘 더위에 힘들지" 하면서 얼음 띄운 냉수 한 사발을 건네주시더군요. 냉수를 건네 받고 마시

려는 순간, 얼음 속에 복권 1장이 있는 것을 보면서 잠에서 깼습니다. 심상치 않은 꿈이라 생각하고, 잠에서 깨자마자 사이트에 접속해서 주택복권 7장을 구입한 것인데, 당첨이 되었네요."

• 조상이 "홍수가 나서 떠내려가니 급히 피하라" 는 꿈

로또 제3회차에서, 1등 20억원에 당첨된 꿈 사례이다. 돌아가신 부모님이 꿈속에 나타나서, "경주 시골집에 홍수가 나서 떠내려가니 급히 피하라" 는 말씀에 꿈에서 깨어났어요. 생각해보니 돌아가신 부모님 말씀이, "이제 그만 고생하라는 뜻같이 들려 그날 바로 복권을 샀어요."

추첨 한 시간 30분 전에, 복권방에서 로또를 구입하여 제3회 로또 추첨에서 1등 대박을 터트린 대구의 박모씨(53세)의 이야기이다. 꿈을 분석해 보건데, 박모씨의 경우는 아주 운좋은 재물운의 실현으로 이루어진 사례이다. 이 경우, 일반적으로는 홍수로 상징된 외부적인 안좋은 여건 상황에서 벗어나게 되는 일로 실현되고 있다.

• 돌아가신 아버님이 "시원해서 좋다" 라고 말씀하신 꿈
벌초 다녀온 지 2일 만에 1억원에 당첨된 박○○(44세,서울)씨의 꿈사례이다.

벌초를 하고 온지 2일 후 꿈에 돌아가신 아버님이 나타나시더니, "시원해서 좋다" 라고 말씀하시더군요. 저야 '벌초를 잘 갔다 왔구나' 하고 생각하고 있었는데, 막상 이렇게 당첨되고 나니까. 지난 진급 심사 때가 생각이 나더군요. 그때도 돌아가신 아버님 꿈을 꾸고, 힘들다고 하는 진급을 할 수 있었거든요. 잘 해드리지도 못했는데. 저를 이렇게 보살펴 주시니 그저 감사할 따름입니다."

• 돌아가신 시어머니가 나타나, "우리 아가 불쌍해서 어쩌나" 위로하는 꿈

S씨는 제1208회 주택복권 1등 3억원에 당첨되었는 바, 돌아가신 시어머니가 "우리 아가 불쌍해서 어쩌나"라며 위로해주는 꿈을 꾸었다. S씨는 10년이 넘는 긴 세월을 시어머니 병간호 하느라고 고생했기에, 선물을 준 것으로 믿고 있다. 하지만 과학적으로는 영령이 실재하는 것이 아닌, 장차 앞으로 일어날 좋은 일에 대하여 꿈속에서 돌아가신 분을 등장시켜 일러주는 계시적인 방법을 택하고 있는 것일 뿐이다.

• 돌아가신 할머님이 "네가 제일 가엾다"고 말하며 위로하는 꿈

주택복권 제1243회(2001.10.28)에서 1등 3억6천만원에 당첨된 김모씨의 꿈사례이다. 성남시 중원구의 작은 음식점에서 종업원 생활을 하고 있는 김씨는 평소와 다름없이 주택복권 2매를 구입하여 집으로 향했다. 그 날 저녁 김씨는 "네가 제일 가엾다"고 말하는 할머님의 꿈을 꾸었는 바, 다음날 아침 신문을 펴고 주택복권 1등 당첨번호를 확인했을 때, 1등 3억6천만원에 당첨된 것을 알 수 있었다.

• 아버님이 "차가 들어오게 담벼락을 더 넓혀야 한다"고 말하는 꿈

승용차에 당첨되었는 바, 사실적인 미래투시의 꿈으로 실현되었다고도 볼 수 있다. 제주시에서 서적 외판영업을 하는 황○○씨는 전날 술이 지나쳐 오전 늦게까지 잠자고 있었는데, 꿈속에서 아버지가 나타나 집 담벼락을 허물고 있었다는 것. "멀쩡한 담을 왜 허무십니까"라고 물어보니 "차가 들어오려면 더 넓혀야한다"고 말하는 것이었다. 잠에 깬 황씨는 영업사무실로 나가면서 복권을 긁었는데, 아니나 다를까 승용차에 당첨되는 일로 실현되었다.

• 돌아가신 어머니가 꿈속에서 자신의 이름을 애타게 부른 꿈

또또복권 5억 6천만원에 당첨된 꿈사례이다. 돌아가신 어머니가 꿈속에 나타나 김씨의 이름을 애타게 불렀다고 한다. "그 때 제 이름을 부르시던 어머니의 모습이 어찌나 생생한지, 지금도 눈앞에 어른거리는 것 같아요."

돌아가신 어머니가 꿈에서 복권에 당첨될 것을 예지해준 사례이다. 아마도, 나타나

신 어머니는 밝은 모습으로 나타나셨을 것이다. 돌아가신 부모님이 나타났다고, 반드시 좋은 꿈으로만 실현되는 것은 아니다. 조상이나 돌아가신 부모님이 꿈속에 나타나는 경우, 나타나는 모습의 표상에 달려있다. 즉, 밝은 표상의 웃는 얼굴, 좋은 모습으로 다정스럽게 나타나는 경우 좋은 일이 있을 것을 예지해주는 경우이다. 반면에 어두운 표정, 근심스런 표정, 검은 빛의 얼굴 등 좋지 않은 표상으로 나타나면 무언가 안좋은 일이 일어날 것을 일러주는 경우이다. 돌아가신 할머니가 검은 빛의 얼굴로 나타난 꿈을 꾼 후에, 젊은 부부가 아주 커다란 부부싸움을 하는 것으로 실현된 사례가 있다. 꿈은 반대가 아니라, 상징 표상의 이해인 것이다.

2) 하나님의 계시

꿈속에서 하나님은 신앙의 절대적 대상이자, 최고의 권력자, 절대적 협조자, 진리 및 자연의 법칙을 상징하고 있다.

- 하나님이 "9월 중 너의 꿈이 이루어질 것이다" 라고 계시한 꿈

Y씨에게 하나님이 계시한 꿈을 꾼 후에, 현실에서는 그후 한 달이라는 시간이 흘러갔고, 10월 30일 제1191회 주택복권에서 1등과 2등을 포함해 모두 '3억 6천만원'에 당첨되어 결국 꿈대로 실현되었다.

- "주 하나님의 은혜가 너에게 이르렀노라" 하고 계시하는 꿈

새벽 기도 중에, 비몽사몽간에 예수께서 말씀하시기를, "주 하나님의 은혜가 너에게 이르렀노라" 면서 소나무 분재를 주셔서 받는 꿈으로 복권에 당첨되고 있는 바, 계시적 말씀을 통해 장차 좋은 일이 일어나게 될 것임을 예지해주고 있다. 또한 소나무 분재는 이권이나 재물을 상징하고 있기에, 현실에서는 복권에 당첨되는 일로 실현되고 있다. 일반적으로 예수님이 나타나는 꿈은 은혜로운 사람, 귀인, 최고 권력자 등과 관계하게 되며, 신앙의 대상이나 진리·지혜로 가득찬 서적을 얻게 되는 일로 실현될 수 있겠다.

이밖에도 기도를 드리고 잠이 들었는데, 하나님께서 "물질적인 축복을 너에게 주니, 이웃을 돕는데 써라"는 계시적 꿈을 꾸고 나서, 복권에 당첨된 사람이 있다. 또한 부인의 꿈에, 하나님이 안수 기도를 해주시는 꿈을 꾸었다고 하자, 남편이 복권을 구입하여 당첨된 사례도 있다. 절대자이신 하나님이 직접 머리에 손을 얹고 기도해 주셨으니, 그런 광영은 하나님으로부터 축복받는 일이 일어날 것임을 예지해주고 있다.

3) 부처님의 계시

불교는 민중들 사이에서 부처님께 기도함으로써, 아들을 낳거나 자신의 소원이 이루어지는 기복(祈福)신앙으로 발전해 왔다. 이런 까닭에 일반인의 꿈속에 금속이나 돌로 된 부처상이 등장하기도 하며, 때로는 살아 움직이고 말하는 부처님도 나타나게 마련이다. 꿈속에 나타난 부처나 고승은 진리의 서책이나, 미래의 현실에서 상관하게 될 덕이 있는 협조자 등을 나타내고 있다. 부처님이 등장하는 꿈은, 꿈꾼 사람의 또 하나의 자아가 분장 출현하여, 당면한 문제에 대해서 어떠한 일을 일러주는 계시적 꿈으로 나타나고 있다.

- 부처님의 계시에 따라 구입해 당첨

  법당에서 불공을 드리던 중에, 부처님의 계시에 따라 구입했던 복권이 2등에 당첨되었다. 구입 장소와 구입 회차를 정확히 일러주는 영감(靈感)에 따라, 713회 주택복권 2장을 구입하여 그중 한 장은 2등에 당첨되고, 한 장은 1등과 끝자리 두 자리가 틀려 아깝게 1등은 놓치는 것으로 실현되었다.

  믿기 어려운 이야기이지만, 이 경우에 생시가 아닌 비몽사몽간에 부처님의 말씀을 들었을 수가 있으며, 이러한 계시적인 꿈은 꿈대로 실현되고 있다.

- 꿈속에 부처님이 나타나 계시해 준 꿈

  어려운 생활 속에 병석에 있던 50대의 남자가 782회 1등 1억 5천만원에 당첨되었다. 그는 주택복권 추첨이 있기 전날 밤, 꿈속에 부처님이 나타나, '네 병을 고쳐 주고 너희 가족들이 살아갈 수 있게 할 터이니 희망을 버리지 말라'는 꿈을 꾸고 복권에 당첨되었다.

• 석가모니(부처님)의 손가락 피를 마신 꿈 (상담사례)

(25세 처녀 김○○의 꿈) 현재 나는 기독교 신자다. 그런데 꿈에 석가모니의 생생한 모습이 나타나서, 그의 손가락에서 피를 내어 내 입에 넣고 나를 안았다. 그밖에 부처·스님 등의 꿈을 여러 번 꾸었는데, 이것이 나더러 장차 스님이 되라고 하는 신의 계시인 것 같아 전전긍긍 불안에 떨고 있다.

아주 오래전의 상담사례이다. 부처님의 손가락 피를 마신 꿈은 상징적인 미래예지 꿈으로 상당히 좋은 꿈이다. 장차 부처님으로 표상된 귀인이나 훌륭한 사람, 지도자 등을 만나 감화를 받게 될 것을 '손가락의 피를 마신 것'으로 상징적으로 표상하고 있다. 피는 재물, 진리, 고귀한 것, 정신적·물질적으로 귀중한 어떠한 것을 상징적으로 나타내고 있다. 그러한 피를 마시는 꿈이니, 정신적인 감화를 받게 되거나 영향을 입게 될 것을 나타내고 있다.

4) 상사, 친지 등 다른 사람의 계시

이어지는 대통령 및 귀인이 나타나는 꿈을 참고하시기 바라며, 사례를 살펴본다.

• 지나가던 백발 노인이 "자네에게 큰 행운이 있을 것이네"라고 말한 꿈

꿈을 꾸고, 복권에 당첨.

• 전에 다니던 직장의 사장이 나타나, "그 동안 고생했는데, 퇴직금을 많이 못줘 미안하다"며 돈다발을 안겨준 꿈

꿈을 꾸고, 복권에 당첨.

• 선배가 나타나, "이제는 빚 다 갚고 편히 살아라"라고 말을 하는 꿈
꿈을 꾸고, 복권에 당첨.

• 회사 사장이 나타나, "논과 밭을 사 주겠다"라고 말하는 것을 극구 사양한 꿈
복권 5장을 산 다음날 꾼 꿈으로, 꿈속에서는 사양했지만 그만두겠다는 언질을 받지 않았으니 복권으로 당첨되고 있다. 또한 꿈속에서의 사양은 감사의 뜻을 나타내는 것으로 볼 수도 있겠다.

• "복권을 사보세요. 조그만 행복을 안겨드리고 싶어요"라고 말하는 꿈
외국의 꿈사례로, 딸의 죽음으로 인한 충격에서 벗어나기 위해 휴가를 보내고 있던 사람에게, 죽은 지 1개월 된 딸이 꿈속에 나타나, "복권을 사보지 그래요. 조그만 행복을 안겨 드리고 싶어요"라고 말하는 것을 듣고 복권을 구입하여 당첨된 사례가 있다.

이러한 것을 볼 때 동서양을 막론하고, 죽은 영령들이 나타나서 어떠한 것을 일러주고 일깨워주는 예언·계시적 성격의 꿈은 반드시 꿈의 계시대로 실현되고 있음을 볼 수 있다. 따라서 우리가 이러한 계시적 성격의 꿈을 꾸었을 때, 꿈의 계시대로 따르는 것이 좋다. 영령이 실제로 존재하고 안하고를 떠나서, 창조적인 꿈의 상징기법으로 우리에게 예지해주고 있는 것이다.

5) 동물/식물의 계시

꿈속에서 동물이나 식물이 표상적으로 등장하여 어떠한 계시적인 말로써 일러주기도 하는 바, 이러한 것은 꿈의 상징기법의 하나로써, 꿈꾼 사람의 자아가 분장 출현하여 대신 말하고 있는 것으로 볼 수 있다.

• 물고기가 "복권 석 장을 사면, 석 장 다 맞는다" 말한 꿈

어떤 사람이 낚시질해서 잡아 올린 물고기가 "놔주세요. 살려주세요" 하고 애원하여 놔주었더니, "복권 석 장을 사면, 석 장 다 맞는다"고 물고기가 말을 해, 그후 실제로 복권에 당첨되고 있다.

또한, 돼지 한 마리가 뒤따라오면서 "나 신발 한 짝만 주세요. 발이 아파서 그래요"라고 말하기에, 소원대로 들어 주었더니 복권에 당첨된 사례를 찾아볼 수가 있다.

대통령 및 귀인과 만나는 꿈

꿈속에서 대통령 및 귀인이나 고승을 만나게 되는 꿈은 길몽에 속한다. 유명 연예인들을 만나는 꿈도 역시 좋다. 꿈속에서 대통령이나 귀인, 유명 연예인을 만나는 꿈은 처한 상황에 따라 재물운으로 복권 당첨 등으로 실현될 수도 있으나, 대통령·연예인이 어떤 일거리와 작품 따위를 상징할 때는 어떠한 분야나 직위에서 최고의 우두머리가 되거나, 최대의 명예나 권리가 주어진다. 또한 가임여건에서 태몽으로 실현될 수도 있다.

사람들이 이러한 대통령이나 귀인의 꿈을 상당수 꾸는 바, 여담이지만 미국에서는 클린턴 대통령과 꿈속에서 만난 사람들의 3백여명의 경험담을 모아 책으로 출간한 사람도 있다.

1) 대통령 및 귀인과 만나는 꿈 -복권 당첨 사례

• 3일 동안 김대중 대통령 꿈꾸고 3억원 당첨!

3일 계속 김대중 대통령 꿈을 꾸고서 복권에 당첨된 사례가 있다. 정모씨(27세. 전남 화순)는 2일째까지는 그저 대통령 얼굴만 잠깐 스쳐지나가듯 본 상태라, 복권을 살 생각은 하지 않았다. 하지만, 3일째 꾼 꿈에서 갑자기 대통령이 두 손으로 자신의 목을 졸라

서 헉헉거리며 발버둥을 치다가 가까스로 깨어난 꿈이었다.

꿈의 예지는 한 치의 오차도 거짓도 없다. 두 번의 대통령 꿈에서 무언가 예지를 해주었지만 받아들이지 않자, 보다 적극적으로 발전하여 목을 조르는 표상전개로써 무언가 압박하여 행위에 돌입할 것을 강요하고 있다.

이렇게 반복되는 꿈은 엄청난 일의 실현이 다가오고 있음을 예지해주고 있다. 또한 대통령이 자신의 목을 조르는 것이, 죽음의 상징의미인 새로운 탄생을 강요하는 상징으로 볼 수 있겠다.

• 전두환 대통령으로부터 훈장을 받는 꿈

제 1171회차 주택복권에서 1등 4억2천만원에 당첨된 서울의 김OO씨의 꿈사례이다.

복권에 당첨된 사실을 아는 순간, '기적이 일어났구나'라고 밖에 생각이 들지 않았어요. 한 달 전쯤에 5공 전두환 대통령으로부터 무슨 훈장을 받는 꿈을 꾼 것이 생각이 나서, 괜히 기분이 좋았던 기억이 나는데, 그게 복꿈인 것 같습니다.

대통령으로부터 훈장을 받는 상징의미 그대로, 복권에 당첨되고 있다. 또한, 한 달 전에 꾼 꿈도 유효하다. 커다란 일일수록 훨씬 오래 전에 예지되고 있다. 흉몽의 경우에도 커다란 사건의 예지일수록 사건이 일어나기 훨씬 이전에 꿈으로 예지되고 있는 바, 6개월 전에 뱀이 망태기에서 달아나는 꿈으로 교통사고로 아들이 죽게 될 것을 예지한 꿈 사례가 있다.

• 대통령 만나는 꿈, 1억 당첨!

제 6회차 인터넷 주택복권에서 억만장자 1억에 당첨된 고OO(서울, 22세)씨의 꿈사례이다.

며칠 전 대통령을 만나 악수를 나누는 꿈을 꾸고 나서, 당첨자 중 대통령 꿈을 꾼 사람이 많다는 말에 혹시나 하는 기대감으로 구입한 복권이 1등 1억에 당첨되자, 놀라움에 입을 다물지 못하였다.

• 노무현 대통령과 악수하는 꿈

경기도 안성에서 남편과 함께 과수원을 경영하는 정모(38)씨의 꿈으로 구입한 복권 5장 중 1장이 1등 3억원에 당첨되었다. 정씨는 주택복권을 구입한 이후, 매일 밤 꿈에서 노무현 대통령이 자신에게 악수를 청하는 꿈을 꾸었다고 한다. 며칠 동안 계속 악수를 청하는 노무현 대통령과 결국 악수를 하고 나서부터 그 꿈을 꾸지 않았다고 한다. "대통령과 악수할 때 그렇게 생생할 수가 없었어요."

누차례 언급한 바 있지만, 생생한 꿈일수록 커다란 일로 실현되고 있다.

• 노대통령과 악수하는 꿈

서울에 거주하는 고모(22)씨는 얼마 전 꿈에, "붉은 카펫이 깔린 공항의 비행기에서 내리는 노대통령과 악수를 했어요. 저를 보고 활짝 웃는 모습이 정말 인상 깊었습니다." 아침에 일어나 가족들에게 꿈 이야기를 하자, 부모님이 복권을 사보라고 권유했고, 그녀는 인터넷 사이트에 접속해 즉석복권을 구입하여, 인터넷 주택복권에서 1억원에 당첨되었다.

이렇게 귀인과 악수하거나 명함을 받거나 좋은 인연을 맺는 꿈은 현실에서 재물운이나 사업의 성공 등 좋은 일로 이루어지고 있다.

일반적인 꿈에 있어서, 꿈속에서 대통령이나 귀인을 만나는 꿈은 그 표상 전개가 나쁘지 않는 한, 복권 당첨이나 기타 아주 좋은 일로 실현되고 있다. 최고의 통치자나 귀한 사람의 은덕을 입게 됨을 꿈을 통해 예지해 주고 있다고 보아야 할 것이다.

• 김대중 대통령이 웃는 꿈

"꿈에 김대중 대통령이 한 발짝 앞에서 저를 보고 웃고 있는 거예요. 하얀 와이셔츠에 넥타이를 매고 말이죠."

대통령을 꿈에 보고 산 6회차 즉석식 관광복권으로, 당일은 꽝이었으나 이틀 뒤에 교환한 즉석복권이 1,000만원에 당첨되는 일로 실현되었다.

• 김영삼 대통령의 꿈으로 형제가 복권에 당첨

제3회 또또복권 2차 2등(1억원) 당첨자는 제1회 또또복권 6차 2등 당첨자였던 전주에 사는 최모씨의 동생으로, 형제가 나란히 2등에 당첨되는 확률상 있을 수 없는 엄청난 일이 일어났다. 이러한 엄청난 일이 일어나기 전에 꿈으로 예지된다는 것은 당연한 일이라 할 수 있다.

형의 1억원 당첨 꿈은 다음과 같다.

'마을이 시끌벅적 했어요. 큰 길가에 사람들이 대통령을 보려고 다 나왔으니 오죽 했겠습니까? 그런데 김영삼 대통령께서 내 어깨를 툭툭 두드리면서 말씀하시기를, "우째. 살기 힘들죠? 큰길도 놓고 서민 아파트도 지어드릴께요!'
동생 꿈은 신비하게도 형이 꾼 꿈의 속편 성격을 띠고 있다.
"김영삼 대통령께서 오셔서 말씀하시더라고요. 집이 마음에 드십니까? 이제 서민들도 잘 살수 있습니다."

형이 1차 추첨 후에, 1억 당첨금을 가지고 집을 새로 짓고 있었으나, 돈이 조금 부족해 걱정하고 있을 때, 동생이 또 1억원에 당첨되어 집 짓는데는 별 어려움이 없는 일로 실현되었다.

• 불이 난 곳에서 대통령이 지켜보는 꿈

　　　불이 난 장소에서 진화작업에 열중하고 있는데, 대통령 각하께서 잠바 차림으로 오셔서 지켜보고 계시는 꿈을 꾸었다.

　　고(故) 한건덕 선생님의 꿈의 상징풀이를 인용해 살펴본다. 〈불이 난 장소〉는 그가 지켜보는 당첨자 추첨광경을 방영하는 TV화면이고, 〈그 불이 활활 붙은 것〉은 모든 시청자들의 마음의 열기를 뜻했으나, 〈불을 끄고 있는 사람들〉은 추첨자들과 자기의 마음이 당첨이란 열기를 하나하나 꺼가는 일, 즉 최하의 당첨자들에서 최고의 당첨 숫자까지 발표 처리해 가는 것을 진화과정으로 묘사하고 있는 것이다. 그런데 1등에 당첨이 될 것을 암시한 표상물이 바로 〈대통령께서 나타나셨다〉는 점이다. 대통령은 최고 최대의 권력자이며 일국의 통치자이다. 그렇기 때문에 1등이란 이미지가 부가된 복권의 상징물이다. 활활 타오르는 불이 다 꺼져가는 마당에 나타난 대통령은 복권추첨이 다 끝나가는 마당에 나타난 자신의 1등 당첨의 복권을 뜻하고 있다. 이처럼 꿈의 작업장에서는 어떤 사람이나 신령적 존재 또는 동물이나 식물 등 모든 재료를 상징적 표상으로 바꾸어 놓고 있다.

• 대통령 명함 두 장 받는 꿈

　　　박정희 대통령이 대구에 온다고 대구시는 환호의 물결이었다. 나는 대통령 앞으로 가서 군중들과 같이 손을 흔들고 대통령 만세를 불렀다. 대통령이 다가와 악수를 청하자 인사를 드리고 나의 딱한 사정을 이야기했다. 그 내용은 "6.25 전쟁 때 온 가족이 공산당에게 참살당하고, 살아남은 처가의 어린 식구들까지 부양하고 있는데, 너무 힘겨우니 각하께서 돌보아주십사" 하는 것이었다. 대통령은 한동안 듣더니 "우리나라는 당신 같은 정직하고 성실한 사람이 필요하다. 반드시 도와주겠다." 하며 명함

두 장을 주었다. 그것을 공손히 받아 쥐고 집에 돌아와 잠을 깨었다.

대통령은 최고 최대의 명예, 권세, 이권, 정부나 기관, 회사의 장(長) 등을 상징하는 표상물로 사용되고 있다. 대통령 명함을 얻은 것이 이 꿈의 핵심이다. 대통령 명함은 최고의 권위를 지닌 은택이 미치게 됨을 상징하고 있으며, 악수는 결합·성사·계약을 뜻하고, 인사를 했으니 소원이 이루어짐을 뜻하고 있다.

대통령의 명함 두 장을 받은 상징처럼, 재물의 행운 등으로 이루어진다면, 두 장의 복권에서 당첨되는 일로 이루어질 수 있는 바, 실제로 현실에서는 복권의 1등과 6등에 당첨되었다.

• 스님의 손을 잡은 꿈

제주도가 발행한 슈퍼밀레니엄 관광복권 1·2등에 당첨, 8억의 거액에 당첨된 꿈사례이다. 그는 집 근처 농협에 공과금을 내러갔다가, 담당 직원의 권유로 몇 장을 샀다. 그는 복권을 구입하기 전날 밤 희한한 꿈을 꾸었다.

> "스님의 손을 잡았는데 갑자기 100만 볼트 전기에 감전되는 듯한 느낌을 받았어요. 꿈에서 깬 후에도 머리서부터 발끝까지 쭈뼛이 뻗는 것 같아, 한참동안 야릇한 기분이 들데요."

• 스님이 나타나는 꿈

인터넷 전자복권 1분 키노에서 2천만원에 당첨된 꿈사례이다.

> 계속 뒤숭숭하다고 생각되는 꿈을 요사이 계속 꾸곤 했습니다. 제 종교는 불교와는 전혀 거리가 먼데요, 스님이 보이는 꿈을 자꾸 꾸더라구요. 그래서 사실 뭔가 무겁고 찜찜한 기분을 떨쳐버릴 수가 없었는데, 당첨된 걸 보니 그 꿈이 나쁜 꿈이 아니고 길몽이었나봐요. 좋은 꿈이었다고 생각하니 정말 기쁘하고 개운한 기분이 들구요, 그 동안 무거웠던 마음이 모두 거짓말처럼 사라졌어요.

스님은 상징적으로 덕이 높은 사람, 지도자, 선생님, 협조자 등의 상징으로 등장되고 있다.

- **딸아이가 좋아하는 TV 만화 주인공이 나타난 꿈**
"1억원에 당첨되기 전날 꿈속에, 두 딸이 가장 좋아하는 텔레비전 프로그램인 「젤라비」가 나타났기 때문에, 당첨자의 임자는 제가 아니라 두 딸인 것 같아요."

이처럼 연예인 등 선망의 대상이 등장되는 꿈에서, 복권 당첨의 재물운으로 실현되고 있는 바, 경우에 따라서는 연예인으로 상징된 인물을 만나게 되는 일도 가능하다.

- **회사 사장이 누추한 우리 집을 방문하는 꿈**
사장이 우리 집을 찾아와 "사원들이 어떻게 살고 있는지 일일이 다녀보는 것이 도리라고 말하며, 일을 열심히 해주기 바란다"고 하는 데서 잠을 깨었다.
복권 3장을 산 날 밤 꾼 꿈으로, 사장으로 표상된 인물은 어떤 기관·단체의 우두머리로서 그러한 인물이 집에 찾아 온다는 것은, 최상의 명예나 권리가 주어짐을 뜻하고 있다. 이 밖에도 그리이스의 백만장자의 아내였던 재클린이 집에 찾아온 꿈, L.A다저스 팀의 강타자였던 피아자와 부부동반으로 차를 마시는 꿈을 꾼 후 복권에 당첨된 사례가 있다.

이처럼 자신에게 도저히 올 수 없는 유명인이나 권력자가 집에 찾아오는 꿈이나 만나는 꿈은, 그로 상징된 어떤 명예나 권리·이권의 획득을 의미하며, 현실에서는 복권에 당첨되고 있다. 하지만 이러한 꿈을 꾸었을 때, 반드시 복권에 당첨되는 것은 아니며, 자신이 처한 상황에 따라 승진이나 출세, 사업 성공, 또는 가임여건에서 태몽 등 다양하게 실현되고 있다.

대통령 및 귀인의 꿈을 꾸고 재물의 행운으로 실현된 사례를 살펴본 바, 이로써 본다면 꿈은 결코 반대가 아닌 상징의 이해에 있음을 알 수 있겠다.

2) 대통령 및 귀인과 만나는 꿈—명예·부귀·출세 사례

다소 오래전의 실증적인 사례도 있지만, 꿈을 이해하는데 이렇게 실제로 일어난 꿈 사례만큼 적절한 것은 없을 것이다.

• 박정희 대통령 내외를 만난 꿈
경기도 여주에 사시는 김순자(49세) 주부님이 96. 10. 22일 밤 전화로 들려주신 이야기이다.

> 70년대에 막 결혼을 하고, 공무원 시험 준비를 하고 있을 때였습니다. 어느 날 밤의 꿈에 누군가가 문을 두드렸습니다. 나가보니 육영수 여사가 오셔서 "저기 드라이브나 하러 가자"고 했습니다. 차에 탄 후에, 박정희 대통령이 운전석에서 형제가 몇이나 되냐고 물었습니다. 꿈속에서는 친정의 6남매라고 대답을 했습니다. 그러자 "다섯은 공무원을 시켜주지."라고 말씀하셨습니다. 그후 얼마 전 동생이 그만두기까지, 실제로 식구 중에 5명이 공무원으로 나아가게 되었습니다.

이처럼 박정희 대통령이 꿈속에서 공무원을 시켜준다고 약속하는 것은 꿈의 상징기법의 하나이며, 이같은 계시적 성격의 꿈이 허황되다고 생각하는 독자분들이 있을지 모르겠으나, 이러한 계시적인 꿈인 경우에 현실에서 그대로 이루어지고 있음을 알 수 있겠다.

• 박정희 대통령과 길을 같이 걸어간 꿈
다음은 강원도 원주의 최금복(44세) 주부님께서 96. 10. 1일 보내온 꿈이야기이다.

> 안녕하세요. 영원히 잊지 못할 또렷한 꿈이야기를 골라서 편지를 쓰게 된 것을 기쁘게 생각합니다. 혼자 간직하기에는 너무나 신비하고 기이하여 여럿이만 모이면 꿈이야기를 하고는 했었습니다. 20여년 전 제가 스무살 되던 해의 봄 어느 날 꿈에, 박정

희 대통령과 함께 길을 가고 있었습니다. 우리는 각각 소 등에 타고 고삐를 붙잡고 길을 유유히 걸어가고 있었습니다. 끝도 보이지 않는 길이 이리구불 저리구불하고, 양 옆에는 크고 작은 가로수가 있는 길을 정답게 걸어가고 있는 꿈을 꾸다가 깨었습니다.

저는 그해 여름 지금의 남편과 약혼을 하고, 두달 후인 가을에 결혼을 했습니다. 오랜 세월이 흐른 후에, 남편은 소띠이고 집안에서 대통령과 같은 존재로 나의 인생행로에 꿈속에서처럼 동반자로 걸어가고 있다는 것을 깨달았습니다.

이처럼 꿈속에서 대통령이나 귀인을 만나게 되는 것은 좋은 꿈으로 나타나고 있다. 꿈속에서 대통령과 함께 길을 걸어갔다면, 대통령으로 표상되는 인물과 어떻든지 관계가 맺어질 수 있겠다. 다만, 꿈속에서의 일이 실현되는 데 있어서 그 즉시 나타나는 경우도 있지만, 오랜 세월이 흐른 뒤에 알게 되는 경우가 상당수 있다. 이는 묏자리를 쓴 후에, 풍수의 복이 이루어지는 발복(發福) 시점의 구비전승 되어오는 여러 이야기와 유사한 점이 있다.

우리는 꿈을 안 믿는다고 하면서도 돼지꿈, 용꿈 등 좋은 꿈을 꾸고 나서는 기대감에 복권을 사기도 하며, 나쁜 꿈이라고 여겨지는 꿈을 꾼 후에는 걱정하고는 한다. 10여년 전에 참고삼아 춘천여고 1년생에게 꿈을 믿고 있는 사람에 대해 조사를 했더니, 그 당시 각 반마다 48명 정원에 15명 정도로 약 30%정도가 꿈을 절대적으로 믿는다는 대답을 보이고 있었다. 아마도 나이 드신 분들을 대상으로 조사한다면, 훨씬 높아질 것으로 믿는다.

사주, 풍수, 성명학, 관상, 손금, 무속, 점치는 일 —등등 사람에 따라 믿음의 정도는 다르겠지만, 필자는 꿈이야말로 오랜 세월에 걸쳐서 여러 사람의 입을 통하거나 본인이 직접 체험함으로써, 앞에 든 여타의 사례보다 실제로 믿을 뿐만 아니라, 한층 우리생활에 있어 밀접한 관련을 맺고 있다고 본다. 세상에 꿈꾸지 않는 사람이 있으랴? 단지 그 꿈의 상징의미를 쉽게 이해하지 못하고 있을 뿐이다.

• 탤런트 김태우 "대통령 꿈꾸고 겹경사"

영화 〈여자는 남자의 미래다〉에서 탤런트 김태우는 꿈에서 노무현 대통령을 만났다. 지난 2002년 말 어느날, 김태우는 자신이 청와대에 초청받는 꿈을 꿨다. 김태우를 데리고 청와대 인근 마을을 구경시켜준 사람은 바로 노무현 대통령이었다. 근처의 밥집, 동네에 심어져 있는 소나무 등 노대통령은 마치 동네 이장처럼 친절하게 안내해줬다.

꿈에서 깬 김태우는 대통령이 꿈에 나왔다는 생각에 '혹시 복권을 사야 하는 것 아닌가' 해서 인터넷 해몽 사이트를 검색해 보았다. "대통령과 악수를 하거나 명함을 받는 일은 존경하거나 좋아하는 사람과 같이 일하는 꿈이라는 설명이 나오더라고요. 그래서 아내에게 꿈 얘기를 했더니, 홍상수 감독이랑 영화하는 것 아냐? 그러더라고요. 제가 홍감독의 팬이었으니까요. 정말 그런 뒤에 석 달이 지나서 전화가 왔어요."

대통령과의 만남이 복권 당첨으로 이루어진 사례도 많이 있으며, 대통령은 실제의 대통령이 아닌, 어떤 분야에서 권위자를 상징하고 있다. 그후 그는 자신이 그토록 바라던 홍상수 감독 영화에 출연한 데 이어, 칸 영화제의 레드카펫까지 밟게 되는 영광을 누리는 일로 실현되었다. 또한 꿈의 예지기간도 중요하다. 중대한 일의 예지일수록 꿈이 생생하며, 예지기간도 길게 이루어지고 있다. 꿈을 꾸고 나서, 석 달 후에 전화가 오게 된 것을 염두에 두시기 바란다.

• 문성근과 키스하는 꿈으로 대학 합격

어느 고3 수험생인 여학생의 꿈사례이다. 지하철 안에서 승객으로 탤런트 문성근과 같이 있었는데, 느닷없이 문성근과 키스를 하게 되는 꿈을 꾸었다. 꿈을 꾸고 나서 얼마 후에, 자신이 원했던 서강대에 합격하게 되었는 바, '왜 하필이면 수많은 연예인 가운데 문성근과 키스하는 꿈을 꾸었는가'에 대한 궁금증이었다. 나중에 알고 보니, 바로 문성근이 서강대 출신이었던 것이다. 이처럼 꿈의 상징은 절묘해서, 우리 인간의 상상력을 뛰어 넘는다.

덧붙이자면, 이러한 키스 꿈이 부동산 매매와 관련되어 실현되기도 한다. 독자의 사례를 살펴본다. 나이 들어가면서 현실의 갑갑함에 지쳐서, 교외의 변두리에 퇴근 후나 주말에 가서 있게 될, 아담한 은신처라도 마련하는 것이 오랜 동안의 소망이었던 사람이 있었다. 컨테이너도 하나 가져다 놓고, 자연을 벗삼아 책도 읽고 글도 쓰고, 산사의 고승처럼 자신만의 시간과 공간을 갖는다는 것, 아울러 채소 등 농작물을 가꾸는 즐거움에 육체적으로도 자연 속에서 일하면서 건강해질 것이라는 기대감 등등-

하지만 경제적 형편으로 인하여, 마음에 들면서도 가까운 거리의 땅을 찾는다는 것은 어려운 일이었다고 한다. 마음에 드는 땅은 턱없이 비싸고, 가격이 싼 땅은 여러 조건 면에서 마음에 들지 않고-. 그렇게 보러 다니던 중 꿈을 꾸었다. 누군지 모르는 어느 처녀 아가씨와 키스를 하는 꿈이었다. 깨고 나서도 키스하면서의 신선한 감각이 느껴지던 길몽이었다. 며칠 후 뜻밖의 전화를 받고 부동산 중개인이 소개하는 땅을 보러간 그는 벚꽃으로 둘러싸인 야산 아래 남향의 300여평의 땅을 매입하는 현실로 실현되었다. 더구나 땅주인이 할아버님으로부터 물려받아 40여 년간 지녀왔던, 부동산 정보지에는 한번도 실려본 적이 없었던 처녀지같은 신선한 땅이었다.

• **대통령이 돼지를 끼고 들어오는 꿈**
인터넷에 올려진, 아이디 한00(yk0919)씨의 글을 전재하여 살펴본다.

짧고 굵게 가겠습니다. 꿈 중에서 대통령꿈, 똥꿈, 돼지꿈이 대박꿈이라고들 하죠. 몇년 전 이야기입니다. 저의 형이 어느날 갑자기 아침에 일어나더니, 다급하게 저를 부르면서 하는 말이 "나 이제 대박이다. 인생 폈어. 야야! 나 죽이는 꿈 꿨어" 그러더라구요, 그래서 저는 "아침부터 웬 생쇼야? 무슨 꿈을 꿨는데 그래?" 그랬죠... 그랬더니 노무현 대통령이 우리 집에 방문을 했다는 겁니다. 그것도 혼자 방문한 것이 아니라, 양손에 돼지를 한 마리씩 두 마리를 끼고 우리집 현관문을 열고 들어오는 꿈을 꿨다는 겁니다.

그날로 형은 가지고 있는 돈을 털털 털어서 로또를 십몇만원 어치를 샀습니다. 그리고 며칠이 지나 토요일 로또 추첨시간이 지났죠... 근데 형에게서 아무 연락도 없는 겁니다. 밤늦게 새벽까지도....혹시 하는 마음에 기다리다 잠이 들었습니다. 다음날 일요일 오전....일어나서 형이 있나 확인하고 자고 있길래 깨워 물었죠..." 로또 어떻게 됐어? 당첨됐어?" 그랬더니 자다가 신경질 내면서 "아이쒸~ 왜 깨워... 꽝 됐어 2000원짜리도 안됐어..뎬장" 그러는 겁니다. 그래서 저는 혼잣말로 형이 들릴 듯 말 듯 말했죠... "그럼 그렇지 대통령 꿈이 뭐 대수라고...기대했던 내가 바보지" 이렇게요...

그러면서 형 방문을 나서는데, 침대 쪽에서 형의 목소리가 나지막히 들리는 겁니다. "근데 어제 밤새 친구랑 게임방에서 한게임 포커 게임 했는데, 나 신(神) 됐다." ― 한OO(yk0919)

아주 좋은 꿈을 꾼 것은 틀림이 없다. 하지만 꿈은 꿈을 꾼 사람이 처한 상황에 따라 달리 실현되고 있다. 다만 아쉬운 것은 인터넷 포커 게임을 잘 몰라서 정확하게 알 수는 없으나, 꿈의 실현이 인터넷 게임 사이트에서 높은 직위로 올라가는 일로 실현되고 있다.

이처럼 좋은 꿈을 꾼 경우에는 실질적으로 재물적 운이 생기는 일에 관련을 맺는 것이 좋다. 사소한 당첨금의 추첨식 복권을 사기보다는 로또 복권을 산다든지, 꿈의 실현을 기다리기 힘들다면 하다못해 실제로 재물적인 이익이 생기는 인터넷 복권이라도 구입하는 일에 매진했더라면 하는 아쉬움이 남는다. 이래저래 꿈의 실현이 우리 인간의 상상력을 뛰어 넘고 있음을 알 수 있겠다.

- **자신이 대통령이 될 것이라는 꿈 (상담사례)**

30대의 젊은 남자와의 상담 전화 내용이다. 자신이 장차 대통령이 될 것이라는 꿈을 대여섯 번 꾸었다고 했다. 필자는 이러한 꿈 내용에 대해서, "사실적인 미래투시의 꿈 내용이라면 실제 그렇게 될 것이나, 그렇게 실현된다기보다는 상징적인 의미의 미래예지 꿈으로 보아야 할 것이다. 즉, 대통령의 상징의미 그대로 어떠한 분야의 최고 권위자나 우두머리가 될 수 있는 것으로 실현될 가능성이 높다"는 이야기를 해 주었다.

대통령이 된다는 상징적인 의미는 현실에서는 회사 사장이 될 수가 있고, 심지어 많은 고기를 기르는 양어장의 주인이 될 수도 있는 것이다. 하지만 어떤 분야에서 우두머리 역할을 하게 되는 일로 실현될 것은 틀림없다고 보아야 할 것이다.

3) 대통령 및 귀인과 만나는 꿈 - 태몽

대통령이나 귀인을 만나는 꿈이, 뜻밖의 태몽으로 이루어지기도 한다. 단, 태몽인 경우 꿈이 아주 강렬하고 생생한 것이 특징이다.

⟨ 대통령 꿈의 태몽 사례 ⟩
다음(daum)의 미즈넷 태몽, 태교 란에 올려진 글을 인용하여 살펴본다.

- **이명박 대통령과 같이 잔 꿈**

    안녕하세요. 어젯밤에 이명박 대통령과 잤는데, 오늘 산부인과 가니 6주라네여~~ 위에 딸이 둘인데 아들이었으면 하는데요..(자연미인)

    여기에 대하여 다음과 같은 댓글이 달려져 있다.

    - 저도 대통령 꿈꾸고 아들 낳았고요, 내 옆 직원도 대통령 꿈꾸고 아들 낳았어요. 대통령 꿈이 아들이 많다네요. 득남하세요.(강정혜)
    - 제 주위분들은 대통령꿈 꾸고 죄다 아들 낳았는데, 마음 편히 즐태하세요(흑련화)
    - 저희 어머닌 저 임신했을 때 대통령 나오는 꿈을 여러번 꾸셨는데, 전 여자랍니

다. ㅋㅋㅋ. 아들 딸 구별없이 예쁜 아기 낳으시길 바랍니다~.(즐ⅩⅩ셈)

꿈속에 나타난 대통령이 남자이기에, 또한 대통령하면 남자를 연상하기에 남아를 출산할 가능성이 높은 것이지만, 원칙적으로 태몽꿈으로 70~80%의 개략적인 성별의 구분이 가능한 것이지, 100% 절대적이지는 않다. 해의 태몽으로 딸이 출생하기도 하고, 꽃의 태몽으로 아들을 낳기도 한다. 태몽으로 아들딸을 보여준다기보다는 '남성적이냐, 여성적이냐' 성품을 보여준다고 하는 것이 올바른 판단일 것이다.

- **노무현 대통령을 만나 악수한 꿈**
  둘째를 가진 것을 저는 몰랐고, 엄마는 이 꿈을 꾸고 복권을 사셨었는데, 태몽인가 봐요. 엄마가 아기(우리 큰애인 것 같데요) 손을 잡고 시냇가를 가다 노무현 대통령을 만나 악수를 하셨데요. 딱 로또꿈 같아서 로또를 사셨지만 아니었고, 3주쯤 뒤에 제가 둘째를 가진걸 알게 되었거덩요. 태몽맞을까요?(토마토)

여기에 다음과 같은 댓글이 달려져 있다.
- 대통령 꿈이 태몽 맞는거 같은데요.. 저두 부시랑 악수하는 꿈 꿨거든요.. 울아들 지금 25개월 이네욤(빵가롱)
- 대통령 꿈이 태몽인지는 잘 모르겠는데.. 전 크리스마스 이브에 꿈을 꿨어요. 노무현 대통령이 신랑하고 무슨 심각한 얘기를 하더라구요..한참을 그렇게 얘기하더니 대통령이 저한테 오더라구요.. 그리곤 저한테 그러더라구요.. 신랑한테 아들 꼭 낳아주라고... 간곡히 부탁을 하는데.. 꾸고나서 '정말 특이하고 이상한 꿈이다.' 라고 생각은 했지만, 그게 태몽이 아닌가 싶어요.(yscm79)

꿈이 아주 생생하고 강렬하다면 태몽이 맞다. 태몽에도 여러 가지가 있다. 특이한 태몽 사례로 김일성과 박정희 대통령이 동침하는 꿈사례도 있다.

숫자와 관련된 로또 당첨 꿈

• 꿈속에서 어떤 할아버지가 숫자를 불러준 꿈

배우 이종혁은 SBS '야심만만' 방송 녹화에서, 꿈속에서 한 할아버지가 나타나 4개의 숫자를 불러줘 로또를 사서 그 숫자 4개가 모두 맞았던 경험을 말하고 있는 바, 놀라운 예지몽이다. --뉴스엔 최나영 기자. 2007.12.03

• 돌아가신 어머니가 꿈에서 알려준 번호로 로또 2,3,4, 5등에 당첨

신문기사에 나온 글을 간추려 살펴본다. 트로트 가수 진요근(44)이 '어머니가 꿈에서 가르쳐 준 번호' 로 190회 로또에서 14·15·18·30·31·44번으로 2등에 당첨됐다. 15는 보너스 번호로 8을 맞췄다면, 1등에 당첨될 수 있었다. 총 당첨금은 5,400만원 정도 되었다.

진씨는 로또 당첨 이틀 전인 7월 20일 밤에 잠을 자다가, 2002년에 지병으로 작고한 모친이 그의 꿈에 나타나, "요근아. 이제 너의 일이 모두 다 잘 될거다. 좋은 일만 생길 것이니, 너무 걱정하지 말라"는 말을 남겼고, 이튿날 밤에도 똑같은 꿈을 꿨다.

둘째 날 꿈에선 어머니가 사라지는 뒤로 숫자들이 지나갔고, 잠에서 깬 진씨는 기억을 되살려 번호를 기록, 다음날 오후 꿈속에 나타난 숫자로 로또복권을 샀다.

"어머니가 1등 번호를 다 알려주신 것 같은데 내가 헷갈렸다. 하지만 1위가 아니어도, 지금의 이 행운만으로도 만족한다"면서 "뒤늦게 로또 복권 당첨 사실을 밝히게 된 이유로, 효도에 대한 젊은이들의 생각을 바로잡기 위해서"라고 말했다.

이처럼 복권당첨자 꿈사례에 있어 조상 꿈을 꾸고 이루어진 사례가 많다. 앞서 조상이나 하나님 등이 나타나는 계시적 꿈에 관하여 살펴보았지만, 이처럼 조상이나 누군가 꿈속에서 숫자를 계시해주거나, 숫자와 관련된 꿈을 꾸는 경우 복권 등과 연관지어 관심을 가질 필요가 있다.

- 꿈에서 본 숫자를 조합하여 로또 당첨

제26회(2003.5.31) 로또 추첨결과, 믿을 수 없는 일이 벌어졌다. 그 주인공은 서울에 사는 L모씨(가명)로, 추첨 전일인 5월 30일에 구입한 로또 5게임이 2등 2개, 3등 1개, 4등 2개에 모두 당첨되는 진기록을 세우게 되었다.

그녀의 총 당첨금액은 2등 74,680,900원 2개, 3등 2,173,500원 1개, 4등 80,600원 2개로 세금공제 전 151,696,500원이다. 이보다 더 믿지 못할 일은 5게임(1만원)을 구입하여 선택한 총 30개의 번호 중 27개를 적중시켜 번호 적중률이 90%에 이른다는 사실이다.(2등 보너스 숫자 포함)

당첨금을 지급받은 이후 L모씨는 "어떻게 이런 일이 있을 수 있느냐"는 질문에 "꿈에서 본 5개의 번호와 남자친구가 선택한 1개의 번호를 조합해 번호를 선택했다"고 한다.

이처럼 꿈속에서 어떠한 숫자를 보는 경우, 그러한 숫자를 사용하여 로또 번호를 꾸준하게 선택해보시기 바란다. 특히 사실적인 미래투시의 꿈인 경우, 실제 꿈에서 본 그대로 이루어지게 된다. 꿈속에서 숫자 6개 등이 나타나는 경우, 그것을 그대로 기억했다가 다른 어떤 좋은 일로 실현될 때까지, 로또 번호로 사용해보는 것도 좋은 방법이다. 로또당첨 같은 엄청난 재물운의 예지는 오늘 꿈꾸고 내일 당장 실현된다기 보다는, 마음의 준비기간을 충분히 거친 후에 일어나는 것이 일반적이다.

다른 사례로 꿈속에서 본 숫자가 두 달 뒤에 나타난 체험담을 살펴본다.

- 8주 전에 꾼 로또 당첨 꿈

'콘체르탄테'의 블로그(http://blog.naver.com/kim500tae9)에 올려져 있는 글을 전재하여 살펴본다.

8주 전에 꾼 로또 당첨꿈에 관련된 얘기입니다. 로또 196회(2006년 9월 2일) 당첨번호를 기억하십니까? 지금까지 가장 높은 수가 나왔던 196회 말입니다. 그때 당첨번호가 사람들이 엽기적이다고 말하는 35,36,37,41,44,45였죠.

　　저는 그 추첨이 있기 며칠 전(8월말) 꾼 꿈 이야기를 하려고 합니다. 꿈에서 어떤 변호사가 나타나서 자기는 열심히 공부해서 45점이고, 또 다른 변호사 한 사람은 자기도 열심히 공부해서 40점이고, 저는 열심히 공부를 하지 않아서 12점밖에 안된다고 했습니다.

　　저는 로또와 관련된 꿈이라고 생각하고 12,40,45번 그리고 세 사람이니까 3번. 이 네 가지 숫자로 세개(12,40,45) 혹은 네개(3,12,40,45)를 고정수로 넣고 반자동으로 돌렸습니다. 간혹 숫자 두개만 넣은 경우도 있었지만, 그렇게 하여 열대여섯 군데의 복권방에서 2~5장씩 40여장, 20여만원어치를 구입했던 것으로 기억됩니다. 하지만 일부만 맞아서, 저는 '꿈에 본 번호가 반정도 밖에 맞지 않는구나'고 생각을 했죠. 그런데...어제 204회(2006년10월28일) 로또 당첨번호를 확인하고는 정말 놀랐습니다. 204회 당첨번호가 3,12,14,35,40,45였습니다.

　　뭔가 번호들이 눈에 익었다 싶어, 196회 때 구입했던 낙첨된 로또 용지를 조회해 봤습니다. 많이 놀랐습니다. 어제 밤에는 잠도 안오더군요. 196회때 구입한 로또번호 중 4·5등 당첨되어 교환한 것 빼고, 남아있는 32장 낙첨된 용지를 가지고 204회 당첨번호로 조회를 해봤습니다.

　　그 결과 32장 160게임 중, 1등 : 1게임, 3등 : 8게임, 4등 : 76게임, 5등 : 62게임이었습니다. 꿈에 본 로또 당첨번호가 8주후(꿈을 꾸고 정확히 두달 후)에 나온 것입니다. 여덟 번 만에 그 번호가 나올 줄을 누가 알았겠습니까? 그렇다고 매주 복권을 20여만원어치를 구입할 수도 없는 일이고, 어쨌든 '살아가면서 이런 일도 있구나' 하는 생각이 드네요.

　이렇게 꿈속에서 어떠한 숫자가 나타나는 경우, 현실에서 그 숫자와 관련된 꿈의 실현을 일어났다고 알기까지는, 꾸준하게 꿈속에 나타난 숫자로 로또를 사보는 것도 좋은 방법이다. 또한 꿈속에서 아름답고 풍요로운 좋은 표상으로 전개되어, 자신이 좋은 꿈을 꾸었다고 생각된 경우에도 마찬가지이다. 현실에서 꿈으로 예지된 어떤 좋은 일이 일어나지 않은 한, 로또 복권 당첨 등의 재물의 행운을 기대하면서, 무리하지 않게 한두 장씩만이라도 지속적으로 사보는 것이 좋다.

사실 상징적인 미래예지 꿈의 경우에는 꿈의 예지대로 이루어지기에, 로또를 사지 않으려고 해도 우연찮게 구입하게 되거나 얻게 되어, 당첨되는 일로 이루어지고 있다. 여담으로, 낙지를 잡는 꿈을 꾸고 나서 물이 너무 맑고 생생해서 로또를 샀는데, 아쉽게도 3등을 한 사례가 있다.

• 꿈에서 일러준 번호로 당첨

대전의 한 주부가 꿈에서 본 번호를 조합해 만든 로또 60개 계좌가 모두 당첨됐다. 김 모(45. 여)씨는 제52회 로또복권 추첨일 새벽, 옷을 곱게 차려입은 아주머니가 아이들의 나이를 알려주는 꿈을 꾼 뒤에, 집 근처 복권방에서 12만원을 들여 로또 60개 계좌를 구입했다.

당시 꿈에 등장한 아주머니는 "아이가 2명 있는데 한명은 4살이고 다른 한명은 중학생"이라고 말했으며 김씨는 아이들 2명에서 2번, 4살에서 4번, 중학생의 나이인 14-16번 중 1-2개 숫자, 그날 날짜인 29번 등의 고정번호를 60개 계좌에 모두 표시하고, 나머지 숫자는 자동으로 표시토록 했다. 그날 오후 실시된 로또 공개추첨을 TV로 지켜보던 김씨 가족은 번호가 하나씩 공개될 때마다 벌어지는 입을 다물 수가 없었다.

행운의 숫자 6개가 2, 4, 15, 16, 20, 29번이었던 것이다. 이에 따라 김씨는 5개 숫자를 맞힌 3등에 4개 계좌(계좌당 당첨금 388만7천200원), 4개를 맞힌 4등에 40개 계좌(15만원), 3개를 맞힌 5등 16개 계좌(1만원) 등 60개 계좌가 모두 당첨되는 행운을 안았다. 3등

4개 계좌 가운데 1개 계좌에서 1개의 숫자만 더 맞았더라면, 인생역전을 이루었겠지만, 김씨가 수령한 당첨금만도 총 2천170만8천800원(세금 공제)에 달했다. 김씨는 "번호가 공개될 때마다 숨이 멎는 것 같았다"며 "주변 사람들이 행운을 축하해주고 있지만, 아직도 실감이 나지 않아 어리둥절한 상태"라고 말했다.

꿈으로 로또 복권의 번호를 예지해줄 수 있는 유사한 사례를 앞선 글에서 살펴본 바 있다. 이처럼 옷을 곱게 차려입은 아주머니 등 꿈속에서 밝고 풍요로운 표상으로 전개되면서, 숫자와 관련되거나 연상되는 꿈이 꿔질 경우에 다른 어떠한 좋은 일이 일어나기 전까지, 꿈에 나타난 숫자와 관련된 로또를 구입해보는 것도 바람직하다고 할 것이다. 하지만 반드시 로또 당첨으로 이루어지지만은 않는다. 대부분은 꿈속에 관련된 숫자와 연관지어 실현되고 있다. 태몽의 예이지만, 필자 어머님의 태몽은 태극 깃봉같은 새빨간 열매 세 개를 따오는 꿈을 꾼 후에, 필자를 비롯하여 아들 삼형제를 두셨다.

• 꿈속 숫자와 일치한 1등 당첨번호!

서울 신림동의 회사원 정모(48)씨는 정확히 그 꿈속의 번호를 아직까지도 기억하고 있다. 1, 9, 5, 4. "네 번호만이 허공에서 둥둥 떠 다니는 거였어요. 사람도 사물도 아무것도 없이 번호만이 시야에 들어왔어요"

정씨도 그런 꿈은 처음 접해본지라 신기할 따름이었다. 다음날 아침, 잠에서 깨서도 숫자가 머릿속에서 떠나지 않아, 꿈이 심상치 않다고 여기고, '숫자와 관련된 것은 복권밖에 없다' 고 생각하여, 즉시 가판대로 달려가 복권을 구입하였다. 정씨가 산 복권이 1억원 당첨으로 현실화 됐을 때, 정씨는 믿을 수 없었다. 1억원에 당첨된 사실도 그렇지만, 더더욱 놀라웠던 일은 당첨번호를 확인하고 나서다. 꿈속에 나타난 숫자가 모두 들어가 있었던 것이다.

"나이가 들면 꿈이 어느 정도 미래를 예측해준다고는 하지만, 이 정도까지 맞아 떨어지리라고는 상상도 못했죠. 섬뜩할 정도였어요."

　일반적으로 꿈꾸고 나서, 지난밤의 꿈의 내용을 억지로 기억해 낼 필요는 없다. 꿈을 꾸게 하는 주체인 우리 인간의 정신능력이, 본인에게 있어 중대한 일이 일어날 것임을 예지해주는 꿈의 경우에는, 자동적으로 아주 생생하게 기억되게 해주고 있는 것이다. 예를 들어 태몽의 경우에는 아주 생생하게 기억되고 있으며, 심지어 20~30년이 지나더라도 생생하게 기억되고 있을 정도이다. 그러나 잘 기억나지 않는 꿈이라고 하더라도, 아무런 의미가 없는 것은 아니다. 미래예지가 아닌 사소한 심리상태를 보여주는 경우도 있을 수 있으며, 미래예지적인 꿈으로 현실에서 일어난다고 하더라도 아주 사소한 일로 실현되기에, 굳이 꿈의 내용이나 예지에 온 신경을 기울일 필요가 없다는 것이다.
　이러한 꿈의 예지력은 나이가 들고 안들고가 아니라, 유전적인 요인과 밀접한 관련을 맺고 있으며, 그 사람의 타고난 정신능력의 활발함의 여부에 있다. 다만, 본디 꿈을 안꾸던 사람도 자신의 관심도나, 어떠한 일이 계기가 되어 꿈을 꾸게 되는 일이 있다. 어느 주부의 사례로 평생 꿈을 안 꾸었는데, 몇 년 전부터 꿈을 꾸게 되고 그것이 현실에서 놀랍도록 맞아떨어진다고 말하면서 상담을 신청해온 일이 있었다. 필자의 아내 또한 마찬가지이다. 이전에 처녀시절이나 결혼 초에는 꿈의 세계에 대해서 무관심으로 지냈지만, 남편이 꿈 연구를 한다고 하니까 자기 암시적으로 '꿈에는 무언가 있는 것이로구나' 믿게 되고, 그러다 보니 꿈을 꾸게 되고, 꿈의 예지력에 있어 필자도 놀랄 정도로 정확성을 보여주고 있다.
　이처럼 꿈의 예지는 연령의 차이뿐만 아니라, 성별의 차이, 나아가 많이 배우고 못 배운 학력의 고하를 구분하지 않고 이루어지고 있다. 어린 아이가 꾼 꿈도 예지력에 있어서는 성인과 별 차이가 없다. 다만 예지적인 꿈보다는 잠재의식적인 심리표출의 꿈을 많이 꿀 수가 있음을 고려할 수는 있을 것이다.
　사례로, 아침에 일어난 5살 난 딸아이가 "어젯밤 돼지가 집에 들어왔는데 못 보았어?"라고 말하는 꿈 이야기를 듣고 호기심에 구입한 복권이 당첨된 사례가 있다. 또한 일반적으로 여성이 남성보다 꿈에 대한 관심이 높지만, 이는 꿈의 예지능력이 남성보다 뛰어나다는 말은 아니다. 꿈의 세계에 대하여 보다 적극적으로 관심을 보여주고 있을 뿐인 것이다.

덧붙이자면, 꿈꾼 시간이나 장소도 크게 중요하지 않다. 새벽녘에 꾸었건, 낮잠을 자다 꾸었건, 잠깐 졸다가 꾸었건 중요하지 않다. 마찬가지로 호텔에서 꿈을 꾸었건, 길가에서 몸을 드러내놓고 노숙(露宿)하다가 꾼 꿈이건 간에, 중요한 것은 꿈이 얼마나 생생하냐에 달려있는 것이다.

신문 기사나 뉴스 보도에서 흔히 쓰이는 육하원칙인 '누가(who), 무엇을(what), 언제(when), 어디서(where), 왜(why), 어떻게(how)' 를 꿈의 세계에 그대로 적용시켜볼 때, 가장 중요한 것은 '꿈이 생생하냐 생생하지 않느냐' 의 '어떻게(how) 꾸었느냐' 가 가장 중요하다고 하겠다. 참고로, '왜(why) 꿈을 꾸게 되었는가' 에 대한 것은 장차 자신이나 자신의 주변사에 대한 미래예지 및 위험의 일깨움, 심리표출 등 꿈의 세계는 다양하게 전개되고 있다고 하겠다.

• 6개의 로또 숫자가 모두 보이는 꿈으로 1억 당첨

2004년 2월 24일 새벽에 정OO(33세,충남)씨는 인터넷 전자복권인 억만장자 1억원에 당첨되었다. 정씨는 당첨되기 전에, 6개의 로또 숫자가 모두 보이는 기가 막힌 꿈을 꿨는데, 미처 로또 복권은 사지를 못했다.

"혹시나 하며 토요일 추첨방송을 보는데 놀라서 입이 안 다물어 지더군요. 꿈에서 봤던 숫자가 바로 1등 당첨 숫자이지 뭡니까? 그땐 정말 발을 구르며, 아까워했지만 이미 지나간 일이니 어쩔 수 없는 일이지요. '로또는 물건너 갔으니 이제 어쩔 수 없고, 평소 자주 사던 인터넷 즉석복권에라도 기대를 해보자' 하면서 복권을 긁었는데, 글쎄 1억원에 당첨되었다는 화면이 뜨더라구요."

• 로또번호 6개가 나오는 꿈

2006년 9월 25일 매직스핀 1등 누적상금 18,040,250원에 당첨된 황OO(경기,46세)씨의 꿈체험담이다.

"사이트에 접속해, 조금은 여유로운 마음으로 매직스핀을 구입했는데, 처음 구입한 세 장중 세 번째 복권이 1등 당첨이지 뭡니까? 당첨화면을 보고 처음엔 얼마나 놀랐던지요. 사실은 제 아들이 로또번호 6개가 나오는 꿈을 꾸었다기에, 그 번호로 로또복권을 샀었는데 모두 낙첨이었습니다. 그런데 매직스핀에서 1등에 당첨되고 보니, 아무래도 아들의 로또 꿈이 영험한 것 같네요."

• 꿈속에서 1자와 7자가 어른거린 꿈

이 경우에 복권을 구입한 후 복권에 당첨된 사례가 있는데, 어찌 보면 1자는 복권에 1등 당첨, 7자는 행운의 숫자 및 복권의 1억원 당첨에 따른 실수입 7천만원의 머리 숫자가 아닌가 생각해서 복권을 산 것이 적중되었다고 생각할 수도 있으나, 이런 경우 거의 우연에 가까운 일이 일어났다고 볼 수 있다.

다만, 미래투시적인 꿈에 있어서 꿈속에 나타난 숫자가 실제로 복권 당첨번호와 일치하게 되는 경우도 있을 수가 있다. 혹 꿈에서 어떠한 문자나 숫자가 떠오른 경우, 개꿈이라고 여기기보다 사실적이거나 어떤 상징적인 뜻이 있다고 생각해 볼 수 있다. 이 경우 숫자 그대로 보다는 확장이나 축소의 의미도 지닐 수가 있다. 예를 들어 3이란 숫자가 3개월, 3년, 30년을 뜻할 수도 있다.

• 자신이 선택한 번호 10개가 다 맞는 꿈

인터넷 전자복권 스피드로또 5분 키노에서 1등 4억원에 당첨된 A○○(45세)씨의 꿈 체험담이다.

"당첨되기 3일 전에 키노복권 선택번호 10개가 다 맞는 꿈을 꾸었습니다. '평소 키노복권을 자주 구매하다 보니, 꿈에도 나타나는구나' 싶었는데, 3일 후에 1등에 당첨이 되었네요. 당첨된 날도 무엇인가 좋은 일이 일어날 것 같은 느낌이 계속 들곤 했습니다. 그날도 평소와 같이, 한 회차 5천원 어치를 구매를 하고 있었는데, 당첨화면의 숫자가 많아서 자세히 보니 400,000,0000이라고 나와 있었습니다. 사실 아직도 잘 믿어지지가 않습니다."

• 로또에 당첨되는 꿈을 꾼 경우

우리 모두가 로또 당첨 등을 꿈꾸고 있다. 하지만 800만분의 1이라는 확률을 뛰어넘어 당첨된다는 것이 그 얼마나 힘든 일이고, 하늘이 낸 사람만이 가능한 일이라는 것을 우리 모두 잘 알고 있다. 그러한 우리가 오늘밤 꿈속에서 로또당첨되는 꿈을 꾸었다면 어떤 일이 일어날 것인가?

앞에서 로또 숫자 6개가 보이는 꿈, 복권에 당첨되는 꿈으로 실제 당첨되고 있는 바, 이처럼 꿈속에서 복권에 당첨되는 꿈은 사실적인 꿈으로나 상징적인 꿈으로나, 모두 좋은 길몽의 꿈이다. 꿈은 결코 반대가 아닌 상징의 이해에 있는 바, 다음과 같은 실현이 가능하다.

첫째로, 프로이트는 꿈을 억눌린 잠재의식적인 소망의 표현이라고 말하고 있으며, '꿈에 본 내 고향'이란 말이 있듯이, 복권당첨에 대한 자신의 간절한 바람이나 혹은 돈으로 인한 스트레스가 있다면, 이렇게 꿈속에서 복권에 당첨되는 꿈을 꿈으로써 대리만족을 얻게 하는 경우가 있다. 이 경우에는 재물운으로 이루어지지는 않으며, 현실에서 아무런 일도 일어나지 않게 되는 심리표출의 꿈으로 볼 수 있다.

둘째로, 사실적인 미래투시의 꿈이라면, 실제 꿈에서 본 그대로 이루어지거나 유사한 일로 실현되니 아주 좋은 꿈이다. 특히 꿈속에서 숫자 6개 등이 나타나는 경우, 그것을 그대로 기억했다가 다른 어떤 좋은 일로 실현될 때까지, 꾸준하게 로또 번호로 사용해보는 것도 좋다. 엄청난 일에 대한 미래예지일수록 오늘 꾸고 내일 일어난다기 보다는, 마음의 준비를 충분히 하게 한 후인 몇 달 뒤에 일어나고 있다. 태몽꿈의 경우 평생을 예지한다고 보면 틀림이 없다.

셋째로, 대부분의 과장되고 황당한 전개의 꿈이라면, 상징적인 꿈으로 이루어지고 있다. 이 경우에도 복권당첨 꿈은 좋은 꿈이다. 상징적인 꿈에서 복권은 실제의 복권, 재물, 문서, 증서, 방도, 권리, 이득 등을 의미하고 있다. 따라서 복권에 당첨이 되는 꿈은 실제 복권당첨이 아니더라도, 복권으로 표상되는 것을 획득하거나 권리 등을 부여받게 되는 일로 실현될 수 있다. 또한 경쟁의 일에서 승리를 거두게 되거나 임명장을 받게 되는 등의 좋은 일로 실현 가능하다. 이 경우 당첨금액의 규모가 클수록 자신의 소원의 경향에 부합, 만족하게 될 일로써 실현이 될 것이다.

인터넷 이용자의 복권 낙첨의 체험사례를 살펴본다.

• 선인이 나타나서 번호를 알려주는 꿈
 꽤 오래전 이야기입니다. 제가 태어나기 전 이야기죠. 저의 어머니께서 결혼하시고, 어느 날 밤 꿈을 꾸셨다고 합니다. 그런데. 어느 선인 비슷한 긴 수염의 할아버지가 나타나서 무슨 번호를 가르쳐 주더래요. 많은 숫자의 번호를 말이죠. 또 꿈도 굉장히 생생했다고 하십니다. 그래서 꿈이 예사롭지 않아 복권을 한 장 사셨다고 합니다. 그런데 복권의 번호가 그 선인이 말한 숫자와 거의 똑 같은 것입니다. 그런데 맨 뒤의 숫자는 처음 보는 것입니다. 선인이 말해준 숫자보다 한 자리가 많은 것입니다. 기억이 잘 안나는지, 일 자리가 말이죠.
 조마조마 한 마음으로 복권을 보는데 10의 자리까지 다 맞는 것입니다. 그래서 엄청 좋아 하셨는데―, 그런데 끝의 일의 숫자가 틀린 것입니다. 얼마나 안타까워했는지―. 아무래도 어머니는 선인께서 가르쳐 주신 번호 중 1개가 기억이 안 난다고 말씀하시더군요. 정말 아깝습니다. 하지만 10년 전 이야기라, 그 생생하던 꿈도 이제는 기억이 안난다고 하시는 군요.

위와 같이 꿈속에서 조상이나 누군가가 숫자로 계시해주는 경우, 로또나 일반 복권이라도 꿈속의 숫자와 같은 것으로 복권을 구입해보는 것이 좋을 것이다. 이밖에도 꿈속에서 숫자를 알려준 많은 사례가 있는 바, 현실에서 그 숫자와 관련지어 복권당첨 등이 실현되고 있음을 알 수 있다.

• 숫자를 거의 맞춘 꿈, 숫자 일부만 기억한 꿈
오래전 화살로 쏘아 당첨을 결정하던 주택복권 당시에, 꿈에 관심이 많은 독자가 대구에서 보내온 편지를 전재해서 살펴본다.
 저는 좀 기이한 꿈이다 싶으면 무조건 복권을 샀었죠. 물론 하나도 당첨되지 않았습니다. 그리하여 꿈에 대해서는 그리 믿음을 가지지 않았었습니다. 얼마 전 꿈속에서, 나는 복권번호를 TV를 보면서 맞추고 있었습니다. 번호가 만약 456789 번이라면 저는 끝번호만 틀리고 456788 다 맞추었죠. 너무 기뻐서 소리를 질러 댔죠. 다음날 그 꿈을 꾸고 난 후, 마침 일요일 오후 복권번호를 맞추는데, 1등 복권번호가 전부 1자리씩만 틀리는 거였습니다. 위 번호를 예를 들어 456789번(1등 당첨복권)이라면 567890 이런 식으로 한자리씩 숫자가 올라갔죠. 너무 허탈해 하면서도 이상했죠.

좀더 구체적으로 번호가 생각나는 복권 꿈은 얼마 지나지 않아 또 꾸게 되었습니다. 꿈속에서 3조 477.... 까지는 기억나는데, 그 이상은 기억나지 않았습니다. 은행가는 길에 꿈 생각이 나서, 복권 가판대 앞에 서서 살려고 해도, 아무리 생각해도 3조 477 이상 생각이 나지를 않았습니다. 그래서 그냥 아무 복권이나 7장 샀는데... (물론 가판대에는 3조 477...로 시작되는 번호는 없었습니다.)

다음날 다시 다른 볼일이 있어 시장에 가는 중에, 버스 정류장 복권 가판대를 지나치는데, 그 번호 3조 477...이 눈에 띄는 것이었습니다. 나는 그냥 돈도 모자라고 바빠서, 그냥 지나쳤습니다. 설마 하고 생각했죠. 그 일을 바로 잊고 있다가, 며칠 후 신문을 보며 산 복권을 맞추다가 또 한 번 놀라서 어쩔 줄 몰랐습니다. 1등 당첨번호 3조 477... 이게 꿈인지 생시인지... (앞으로는 꿈을 지나치지 않기를) 나는 그날 이후 다짐했죠. 다시 한번 번호가 기억되는 꿈을 꾸었으면... 하는 기대를 가지며, 그 이후로 나는 잠을 자면서 항상 필기구와 메모지를 옆에 두고 잠자리에 듭니다. 복권번호 꿈, 아니 다른 꿈이라도 꼭 적어두기로 말이죠.

사실적인 미래투시의 꿈에서는 앞으로 현실에서 일어날 일을 그대로 꾸게 된다. 예를 들어 꿈속에 보았던 장소나 사람을, 그후 현실에서 가보게 되거나 만나게 되었다는 꿈이야기는 많은 사람들이 공통적으로 경험하고 있다. 외국의 사례이지만, 복권의 당첨 번호가 떠오른 것을 기억하여 복권을 산 사람이 당첨된 사례가 있다. 숫자와 관련된 이러한 사실적 미래투시의 꿈의 경우에 있어서, 가볍게 지나치기 보다는 꿈의 의미에 관심을 가지고 대하여 할 것이다.

참고로 [edaily] 기사에서 발췌한 로또복권 당첨 분석 통계치에 따르면, 숫자꿈이 7.2%를 차지하고 있다. 작년 한 해 로또복권 1등 당첨금을 지급한 250명의 당첨자를 대상으로 복권구입과 관련해 설문조사한 결과, 당첨자 250명중 44%인 111명이 복권 당첨과 연관이 있는 꿈을 꿨고, 그 꿈 중에서는 돌아가신 부모 등 조상과 관련이 있는 꿈이 19.8%로 가장 많았다. 이외에 '돈'의 대명사인 돼지를 포함한 동물 꿈이 17.1%로 뒤를 이었고, 금이나 돈 등 재물 꿈(9%), 똥꿈(8.1%), 이외에도 대통령과 악수를 했다는 등의 대통령 꿈(6.3%)과 복권에 당첨되는 꿈(4.5%)도 있었다.

성행위, 결혼하는 꿈

성적 욕망은 우리 인간이 가진 욕망 중에, 식욕과 더불어 강렬하게 인간을 지배하고 있다. 부부싸움의 표면적인 이유로, 돈·성격차이·시댁문제 등등을 들고 있지만, 혹자는 근원적인 밑바탕에는 성적인 욕구의 불만족에서 일어나고 있다고 주장하고 있다. 이러한 주장이 100% 맞다고 볼 수는 없지만, 성에 대한 관심이나 애착을 누구나 지니고 있음을 부인할 수 없을 것이다.

이러한 성적 욕망이, 현실에서는 윤리·도덕적 굴레에 묶여 상당한 억제를 받고 있지만, 꿈속에서는 가장 자유롭게 표현되며 황당하게 전개되기도 한다. 따라서 이러한 성행위 관련 꿈은 꿈의 언어인 상징으로 풀이해야지, 현실의 잣대로 보아서는 안될 것이다.

남녀가 합쳐지는 성행위 꿈의 상징적인 의미는 두 대상이 합쳐지는 상징성에서, 재물이나 이권의 획득, 부동산의 매매 계약, 어떠한 일과의 체결 성사, 다른 사람이나 대상과의 관련맺음 등 현실에서 앞으로 일어날 일들을 예지해주고 있다.

따라서, 꿈속의 상대방은 실제 인물이 아니라, 상징적으로 표상된 어떤 일거리나 대상을 상징하고 있다. 성행위하는 꿈은 그 어떤 대상에 관련을 맺고 빠져 들어가고 몰두하는 것을 의미하고 있는 바, 처한 상황에 따라 부동산 매매체결, 어학공부, 노름, 주식, 낚시 등등 어떠한 대상과 관련을 맺는 일로 실현되고 있다. 이때도 꿈속의 정황과 일치하여 이루어진다. 마음에 드는 이성과 성행위하는 꿈이라면, 현실에서도 이러한 대상과의 관련맺음에 있어 흡족한 결과로 이루어지고 있다.

성행위를 하는 꿈은 프로이트 식으로 보자면, 억눌린 성적충동이 꿈으로 나타난 소망표현의 심리표출 꿈이라고 볼 수가 있다. 이 경우에 몽정(夢精)을 하게 된다든지 하여 실현되고 있기도 하다. 이러한 몽정을 수반하는 성행위의 꿈은 장차 일어날 일을 보여주는 상징적인 미래예지 꿈이라기 보다는, 몽정을 효과적으로 이루어내기 위한 잠재의식의 정신활동에서 빚어지는 표상이기에, 굳이 꿈의 의미를 부여할 필요는 없다.

1) 기분 좋은 성행위 꿈

• 아내가 아닌 다른 여자와 정사를 즐기는 꿈

「복권세계」에 소개된, 주택복권 1098회차 추첨에서 1·2등 3억 6천만원에 당첨된 김00씨의 꿈사례를 요약하여 살펴본다.

"참으로 민망한 꿈을 꾸었어요. 아내가 아닌 다른 여자와 정사를 즐기는 꿈이었으니까요. 그런 꿈은 잠깐으로 끝나는게 보통인데, 이건 얼마나 길기도 했는지…. 그런데 이게 복권 당첨을 안겨다 줄 것을 어떻게 알았겠습니까?

전날은 사업구상을 하느라, 이곳저곳을 돌아다녔는데 무척 피곤했습니다. 그래서 일찍 잠에 들었는데, 새벽녘인가 희한한 꿈을 꾸기 시작했어요. 그것도 평소에 조금도 마음에 두지 않았던, 전에 다니던 회사 근처 식당의 뚱뚱보 아줌마랑 말입니다. 게다가 얼마나 성행위가 화끈했던지, 잠에서 깨서도 아주 생생했어요"

꿈에서 깨고 나서, 기분이 아주 묘했던 김씨는 친구의 사무실에 나가면서 아내한테 꿈이야기를 해줬더니, 성화는커녕 "필시 예사 꿈이 아니다"며 반색을 했다. 그리고는 꿈해몽 책을 뒤져보더니, 사정을 했는 지 안했는지를 물어보더니, 집에 올 때 복권을 꼭 사가지고 오라"는 당부를 잊지 않았다.

피식 웃고만 김씨는 저녁 무렵 귀가 길에 가끔 복권을 사기도 했던 복권판매소에 들렀다. 토요일이라 팔다 남은 복권은 딱 3장, 그저 심심풀이하는 셈치고 사서는 주머니에 집어 넣었다. 추첨일 다음날 "신문으로 끝번호부터 맞춰보는데, 만단위 십만단위 마지막으로 조번호까지 정확히 일치했습니다. 정말 꿈인지 생시인지 분간이 가지 않았습니다."

재미있는 복권 당첨 꿈사례이다. 사정을 하고 안하고가 중요한 것이 아니라, 얼마나 기분좋게 성행위를 했느냐가 중요하다. 하기야 남자의 입장에서 통쾌한 사정을 하는 꿈이야말로, 흡족한 성행위가 될 것이다. 사정을 하고자 했으나 상대방의 거절로 하지 못했다면 흡족한 성행위라고 볼 수 없기에, 현실에서도 성사·체결 등 무언가 이루어지려다가 어긋나는 일로 이루어질 것이다.

누차 언급하지만, 꿈해몽은 반대가 아닌 상징의 이해에 있다. 오래 오래 기분좋게 하는 성행위가 현실에서 아주 좋듯이, 꿈속에서도 기분좋은 성행위를 하는 것은 아주 좋은 꿈으로써, 흡족한 실현 결과로 이루어지고 있다. 일반적으로 대부분의 성행위 꿈은 결합·성사·체결과 관련지어 실현되고 있으며, 부동산을 구입하거나 어떠한 기관·단체·일거리나 대상과 관련을 맺는 일로 이루어지고 있다. 꿈속에서는 여자를 강제로 강간하는 꿈이라도, 본인의 기분만 흡족하면 아주 좋은 꿈이다. 일반적으로 강간하는 꿈은 현실에서는 어떠한 단체·기관이나 부동산 등 본인이 주도적이고 강압적으로 추진하여 성사시키는 일로 실현될 것이다. 마찬가지 다른 예로, 꿈속에서는 마음에 드는 어떤 물건을 훔쳐오는 꿈도 좋은 꿈이다. 현실에서는 적극적으로 성취하는 일로 이루어진다. 이처럼 꿈의 언어인 상징의 세계를 일상의 도덕관념이나 판단기준으로 보는 것은 어리석은 일이며, 꿈해몽은 꿈의 언어인 상징의 세계를 이해하는 것에 달려 있다.

인터넷 사이트에 올려져 있는, 성행위 꿈으로 복권에 당첨된 유사한 체험사례를 살펴본다.

• 정사 꿈으로 인터넷 즉석복권 50만원 당첨

꿈속에서 낯 모르는 여자와 정사를 나눴습니다. 나름으로 만족했어요. 그 여자는 자신의 성기에 이상하게 생긴 피임 장치를 하고 있더군요. 나와의 관계 후에, 그 피임 장치들을 떼어내는 것을 보며 잠에서 깨어났어요. 다음날 점심시간에 심심풀이로 인터넷으로 즉석 복권을 긁었는데, 50만원 당첨! 눈이 번쩍 뜨입니다. 제 수준에 횡재죠. 즉시 전화하니 화면을 복사한 것과 주민등록증 사본을 팩스로 보내라더군요. 세금을 떼고 삼십 얼마 받았네요. 그 이상한 장치만 아니었더라도— 하는 아쉬움은 욕심인가요!

상징적으로 성행위시에 상대방이 피임을 하는 꿈이라면, 일반적으로 어떠한 계약 성사나 체결의 단계에서 이루어지기는 하겠지만, 자신의 뜻대로 계약조건이 이루어지지 않고 다소 아쉬운 계약 조건이 된다든지, 자신의 영향력을 완전히 행사하지 못하는 일로 이루어진다고 볼 수 있다. 물론 50만원 당첨도 큰 돈이지만, 아쉬운 당첨 결과라 할 것이다. 앞서의 화끈한 성행위 결과가 3억 6000만원에 당첨된 것과 비교한다면, 아주 사소한 결과로 실현된 것이라 볼 수 있다. 피임장치 등으로 장애를 받았던 성행위의 상징성이 인터넷 즉석복권 추첨의 진행과정에서 아슬아슬하게 몇 개의 번호가 비껴나가서, 이렇게 적은 당첨금에 당첨되는 일로 실현되었다고 보아야 할 것이다.

하지만 앞서 언급한 바 있지만, 성행위 꿈이 반드시 복권 당첨으로 이루어지지는 않는다. 대부분 부동산 매매 체결 등으로 이루어지고 있는 바, 필자의 경우 '성병이 있으면 어떻게 하지' 걱정하면서 유부녀와 성행위하는 꿈은 유부녀로 상징된 집을 구입하는 일로 이루어졌다. 성병의 유무는 구입하게 될 부동산의 하자의 유무로 상징되어 나타났다고 보아야 할 것이다. 마찬가지로 상대방이 피임하는 꿈의 결과 역시 흡족한 실현으로 이루어지지 않는다는 좋은 실증사례로 보아야 할 것이다.

• 남편이 모르는 여자와 성행위하는 꿈

필자의 '홍순래 박사 꿈해몽 사이트' (http://984.co.kr)의 꿈체험기 란에 올려진 글을 전재하여 살펴본다.

지난달인가 꿈해몽 요청을 하였었는데, 아이 아빠가 모르는 어떤 여자랑 성관계를 하였고, 해몽은 부동산 매매와 관련지어 성사된다는 요지의 답변을 해주셨습니다. 정말 해몽 받고 3일 후에 아파트를 분양 받았고, 저와 아이 아빠는 참 신기하게 생각하고 있으며, 요즘 꿈을 꾸게 되면 이 사이트 이용을 많이 하게 되더군요.

현재 필자의 사이트는 2007년 7월부터 회원 가입 없이도 모든 자료를 검색할 수 있도록 무료 제공 중에 있으니, 많은 이용 바란다. 참고로 다음이나 네이버 등의 포털사이트에서는 현재 하루 검색 이용에 삼천원의 요금을 받고 있으며, 꿈해몽 자료도 실증자료가 아닌, 점쟁이 식의 구름잡는 단편적인 꿈해몽의 나열에 불과하며, 자료도 빈약한 편이다.

• 여자를 소개받아 침대에서 성행위를 하는 꿈
오래전의 꿈동호회 모임의 회원이었던 분이 성행위 꿈을 꾸고 일어난 실증사례를 소개한다.

꿈의 배경은 어느 건물의 복도, 확실치는 않지만 아마 이층이었던 것 같으며, 내가 꿈속에서 늘 익숙한 어느 남자 친구로부터 여자를 소개 받는다. 그리고 그 여자와 좀 어두운 방안으로 들어가 옷을 벗고 침대에서 성행위를 했다.
꿈을 꾸었을 당시, 나는 어느 분야에 관한 자료를 수집하고자 했는데, 자료를 어디에서 구하고 어떻게 수집 정리할지 몰라서 안타까워했습니다. 그런데 그 꿈을 꾼 지 이틀 후, 생각지도 않았던 학교 후배에게서 전화가 와서, 만나기로 했습니다. 어느 카페(분위기가 어두움)에서 만났는데, 그 후배는 친구 한 명과 같이 나왔습니다. 그래서 셋이 여러 이야기를 나누던 끝에, 그 후배와 같이 온 친구가 내가 모으고자 했던 자료를 많이 가지고 있고, 그 분야에 관심도 있다는 것을 알게 되어 많은 도움을 받았습니다.

상징적으로 여자는 여자가 아닌, 자신이 알고자 했던 어떠한 대상이나 자료를 뜻하는 바, 성행위로까지 나아갔기에 현실에서는 많은 자료를 얻는 일로 실현되었다. 참고로, 성행위에 대한 한건덕 선생님의 상담 글을 살펴보기로 하자.

• 어떤 처녀와 성교를 하는 꿈(상담사례)
[회사원 K씨의 꿈] 어떤 방에 한 처녀가 비스듬히 누워 있었다. 불현듯 그녀의 육체가 탐이 나서 손을 잡아 이끄니, 순순히 따라왔고 그녀와 더불어 만족할 만한 성교를 끝냈다.
[답변] 계획된 일 무난히 성취
이 꿈은 자기가 계획하고 성취시키려는 새로운 일거리가 무난히 성취될 것을 예지한 꿈이다. 꿈속의 처녀는 새로운 일거리의 상징물이며, 남이 아직까지 손을 댄 일이 없는 사업의 대상물이다. 어떤 방은 그 일거리가 취급되는 사업장소이고, 그녀가 비스듬히 누워 있음은 그 일거리가 한동안 침체되어 있었음을 표현해 준 것이다. 욕정이 생기는 경우에 이 성욕을 해소시키지 못하면, 현실에서 불만이나 불쾌, 재수 없는 일을 체험하게 된다. 손을 잡아 이끌었음은 형제적인 사람과 연합 또는 결연을 할 것을 뜻하는데, 그 일거리를 위탁받은 사람과 계약이 성립될 것이다. 그녀가 순순히 따라온 것은 그 일의 성취가 무난히 이루어질 것을 뜻하며, 성교가 만족하게 끝났으니 그 일은 만족스럽게 성취될 것이다.

고(故) 한건덕 선생님의 상담사례를 다듬어 소개하였다. 필자 또한 성교·성행위하는 꿈에 대해서는 누차 글을 써서 올린 바 있다. 보다 자세한 것은 필자 사이트 내의 집중 분석의 '성(性)에 관한 꿈'을 읽어보시기 바란다. 처녀로 표상된 어떤 사람이나 사물·사업·대상과 좋은 결과를 얻게 될 것을 예지해 주고 있다. 그 대상은 처녀인 만큼 아직 때묻지 않은 순수함을 가지고 있을 것이며, 기분좋은 성행위를 한만큼 좋은 결과로 실현될 것이다.

다만 이런 꿈의 해석은 상징적인 미래예지 꿈으로 볼 경우이다. 자신의 성욕(性慾)을 어찌지 못해 고민하는 노총각이 이러한 꿈을 꾸었다면, 프로이트 식의 자신의 억눌린 성적충동에서 이러한 꿈을 꾸게 되었다고 볼 수 있는 것이다. 즉, 꿈을 통해 대리만족을 하게 해주고 있는 것이다. 이런 경우 몽정(夢精)이 수반되면서 이루어지고 있는 것이다.

또한 꿈이 사실적인 미래투시의 꿈으로 이루어진다면, 장차 꿈속에 본 것과 똑같은 상황에서 처녀와 성행위하는 현실로 일어날 수도 있는 것이다.

• 어머니와 性交(성교)한 '줄리어스 시이저'의 꿈
'줄리어스 시이저'가 어머니와 성교하는 꿈을 꾸었다는 이야기가 전해졌는데, 이 꿈을 당시의 해몽가들은 '시이저'가 대지(大地)를 소유하게 될 길몽이라고 해석했다. 상징적인 미래예지 꿈의 입장에서, 어머니는 어떤 일거리·대지·고향 등을 상징할 수 있고, 성교는 일의 성패 여부를 상징하므로 '시이저'가 장차 커다란 대지나 큰 권리를 소유하는 현실로 실현될 것이기 때문이다.

이렇게 현실에서 일어날 수 없는 황당한 전개를 보이는 꿈이 상징적인 미래예지 꿈의 특성이다. 성행위(성교)의 상징적인 의미는 결합·연결·관련 맺음으로, 꿈속에 나타난 대상으로 상징된 권리·이권·재물·사람 등을 얻게 될 것을 의미한다.

2) 결혼하는 꿈

결혼하는 꿈의 상징의미는 어떠한 두 대상간의 결합·성사·관련맺음을 뜻한다. 결혼식이 화려하거나, 결혼 상대방이 마음에 들수록, 좋은 기관·단체·일거리·대상과의 결합이나 성사가 이루어지는 일로 이루어진다.

• 엄마가 대통령과 결혼하는 꿈
필자 사이트(http://984.co.kr)의 jyhcello 이용자의 결혼 꿈 관련 체험 사례를 소개한다.

"4년 전에 커피숍을 하기 위해 계약을 하러 가는 날이었다. 그런데 꿈에 엄마가 혼자 사시는 집이 보였다. 마당에는 사람들이 웅성웅성 모여 있었고, 방에는 김대중 대통령과 엄마 친척들이 모여 있었다. (결혼하는) 엄마는 소녀처럼 다소곳하게 앉아 계시며 행복해 하셨다.

꿈을 꾸고 아무 생각없이 계약을 했다. 그리고 몇 달 후에, 여기 꿈사이트에 해몽을 의뢰하였다. 어머니의 집의 상징은 앞으로 더 큰 가게를 할 것이고, 대통령과의 결혼은 계약을 의미하고, 장사는 대박이 날거라며 축하한다는 말까지 하였다. 말 그대로 대박이었다. 손님이 자리가 없어서 계속 나가는 일이 벌어졌다. 가족들은 "커피숍에 자리가 없어 나가는 건 처음 본다고들 하였다."

어머니가 대통령과 결혼하는 꿈에서, 어머니는 실제의 어머니가 아닌, 어머니로 상징된 어떠한 대상이나 가게 등을 상징하고 있다. 최고 권력자인 대통령과 결혼하는 꿈은 대통령으로 상징된, 부귀·권세·명예와 관련을 맺게 될 것을 예지해주고 있다. 이 경우, 행복한 표정의 꿈속의 상황 또한 중요하다. 꿈속의 상황이 정겹고 행복할수록, 현실에서도 좋은 결과로 이루어지고 있다.

• 애인과 결혼하는 꿈

49회차 더블복권으로 3억원에 당첨된 유OO씨의 꿈사례이다. 복권을 사기 얼마 전에, 여자 친구와 결혼하는 꿈을 꾸었다. '머리 속이 결혼 생각으로 꽉 차 있어서, 이런 꿈도 꾸지 않았겠는가' 생각했던 유씨는 이 꿈이 길몽이었던 것 같다고 말하고 있다.

상징적으로도 아주 좋은 꿈이다. 결혼하는 꿈은 어떠한 대상과의 결합·성사·체결을 상징하고 있다. 이 경우 결혼 상대자가 마음에 들었다면, 꿈의 실현 결과는 더더욱 좋게 이루어진다. 따라서 실직자가 결혼하는 꿈을 꾸면 어떠한 대상·단체와 관련을 맺게 되며, 시험을 치른 경우에는 당연히 합격하는 결과로 이루어진다.

• 아가씨와 결혼하라는 꿈

정씨(61세)는 간밤에 꿈자리가 뒤숭숭했다. 3년 전에 세상을 떠난 어머니와 형, 역시 이미 고인이 된 사돈이 꿈에 나타나서, 어렸을 때 한동네 살았던 아가씨를 들먹이며 결혼을 하라고 했다. 2년 전부터 신장이 나빠 온몸이 부어있기도 했던 정씨는 자신이 곧 죽게 되는 꿈으로 생각을 했다. 석달 전부터 아파트 경비 일을 보고 있는 그는 개운치 않은 기분으로 출근을 했다. 그날 정씨는 아는 사람 일을 도와주고 예기치 않게 받은 1만원으로 경비실 앞 슈퍼마켓에서 자치복권을 샀다. 결과는 자치복권(6회차)에서 1천만원에 당첨되었다.

결혼하는 꿈은 어떠한 대상과 결합·성사·체결이 이루어지는 꿈이다. 아가씨로 상징된 어떠한 대상과 관련을 맺게 될 것을 보여주고 있는 바, 예쁜 아가씨의 경우 상징적으로 사람들이 바라는 선망의 대상을 상징하고 있다. 또한 이 경우 자치복권의 그림에 예쁜 아가씨 사진이 들어가 있는 경우도 있을 수 있다. 하늘에서 말 5마리가 끄는 마차가 내려오는 꿈을 꾸고, 말이 그려진 복권으로 당첨된 사례가 있다.

시체와 관계된 꿈

일러스트 : 박은경 기자

복권 당첨자 가운데에는 시체를 보고 당첨된 사례가 상당수 있다. 어느 영화감독의 꿈에 길가에 시체가 즐비한 것을 본 후에, 제작된 영화가 대박을 터뜨린 사례가 있다. 이처럼 시체는 성취된 업적이나 작품·재물·유산을 상징하며, 또한 사건의 진상, 비밀스런 일, 거추장스런 일, 부채, 증거물 등을 상징한다.

따라서 일반적으로 이러한 시체를 맞아들이거나 걸머지고 오면 소원이 성취되고 재물이나 이권 등이 생기게 되며, 시체를 내다버리면 모처럼 얻은 일의 성과나 재물을 잃게 된다. 마찬가지로 시체가 되살아나면, 성사시킨 일이 수포로 돌아가거나 사업자금을 되돌려 주게 된다. 또한 꿈속에서 죽은 시체를 화장해 버리는 것은 어떤 일에 대한 성과나 업적을 소멸시켜 버리는 일로 실현되고 있다.

주택복권 시절에 시체 꿈을 꾸고 당첨된 사례를 살펴본다.

• 4구의 시체를 본 꿈

4구의 시체를 보는 꿈을 꾸고 다음날 복권 10장을 샀는데, 그 중 하나가 당첨되었다.

알려진 꿈의 사연이 지나치게 간단하여 구체적인 해석은 불가능하지만, 시체는 업적이나 사업성과·작품성과·재물·이권을 상징하는 표상물이다. 4구의 시체는 넷과 관련된 4백만원이나 4천만원·4억원 등의 당첨금을 상징하거나, 장차 당첨금을 4분할 일이 있을 것을 나타낸다. 이처럼 꿈속에 나타난 숫자도 어떠한 상징적인 뜻을 지니고 있으며, 꿈속에 표현되는 모든 표상은 그 나름대로 의미를 지니고 있다.

대체적으로 꿈속에서 시체를 보는 꿈을 꾸고 나서는 좋은 일로 실현되고 있다. 하지만 이 역시 꿈이 어떻게 전개되었는가에 따라, 달리 실현되고 있다. 예를 들어 시체에 불이 활활 붙어 타는 꿈도 좋지만, 불은 나지 않고 연기만 나는 꿈은 흉몽에 속한다.

참고로 복권과 관련된 시체 꿈의 낙첨된 실증적인 사례를 살펴본다. 꿈속에서 시체를 일으켜 세웠다는데, 딱딱해진 시체를 겨우겨우 일으켜 세워놓고 문을 나서는데, 시체가 다시 쓰러졌다고 한다. 꿈을 꾼 후에, 주택복권을 사다놓고 추첨 중계를 보았는데, 번호가 조단위, 10만 단위부터 딱딱 맞아들어가 숨이 멎을 지경이었는데, 제일 마지막 숫자에서 그만 틀려지는 일로 실현된 사례가 있다.

• 땅에서 시체가 불쑥 튀어 오르는 꿈

684회 주택복권에 당첨된 K군의 꿈사례이다. 복권을 구입하기 전날 밤 꿈에, 땅을 파는데 10원짜리 동전부터 500원짜리까지 차례로 나오더니, 나중엔 시체가 불쑥 튀어 올랐다. 꿈의 실현은 주택복권 2장을 구입, 그 중 1장이 1등에 당첨되는 행운으로 이루어졌다.

꿈은 결코 반대가 아닌 상징의 이해에 있는 것이다. 무언가 얻는 꿈은 그 얻는 물건으로 상징된 그 무엇을 얻는 일로 실현되고 있다. 또한 꿈속에서 보는 꿈만으로도 소유·획득의 의미를 지니고 있다. 예를 들어 연못속의 잉어를 보는 꿈만으로, 잉어로 상징된 재물이나 명예를 얻는다든지, 가임여건에서 태몽으로 실현되고 있다. 시체는 어떠한 업적이나 성과물·재물이나 이권의 상징으로, 이렇게 꿈속에서 시체가 튀어오르는 것을 보는 것같이 황당한 전개의 꿈은 상징적인 미래예지의 꿈으로써, 현실에서 꿈의 실현이 반드시 이루어지는 특징을 지니고 있다.

• 죽은 형수가 되살아났다가 다시 죽는 꿈
주택복권 당첨자의 꿈이야기이다.

> 죽은 형수를 묶어 염(殮:죽은 이의 몸을 씻긴 후에 옷을 입히는 일)을 했다. 그런데 되살아나서 횡포를 부리다가, 돈을 공중에 던져 탁구 라켓으로 쳐서 돈이 모두 땅에 떨어졌다. 나는 얼른 그 중의 하나를 라켓 위에 올려놓았다. 그랬더니 다시 형수는 죽었다.

현실에서는 복권 추첨 광경을 지켜보는 가운데, 아슬아슬하게 자기 번호가 빗나갈 뻔하다가 당첨되는 일로 실현되고 있다. 형수가 죽어 염(殮:죽은 이의 몸을 씻긴 후에 옷을 입히는 일)을 했으니 당첨이 확실하다.

하지만 '죽었던 사람이 다시 살아나는 것'은 성취된 일이 수포로 돌아감을 뜻한다. 그런데 살아난 사람이 다시 죽었으니, 2차적인 행위에 의해서 그 일이 마침내 성사되는 것을 뜻한다. 이런 사연으로 본다면, 어떤 일이 한때는 성사되었으나 수포로 돌아가고, 어려운 난관이 있은 다음 간단한 수속절차에 의해서 일이 다시 성사되는 일과 관계된 꿈이다. 예를 들어 복권 추첨과정에서 불발이라든지 걸려서 나오지 않다가, 번호가 뽑힌다든지 해서 힘들게 복권에 당첨될 것을 예지해주고 있다.

또한 다른 해석도 가능하다. 복권 당첨은 1차적으로 형수가 죽었을 때 실현되는 것으로 본다면, 나머지 꿈은 복권 당첨후의 결과를 예지해주고 있는 것으로 보아, 당첨금으로 어떤 일을 성사시켰으나 절차의 착오로 수포로 돌아갔던 것을 다시 성사시킬 일과 관계된 꿈이다. 즉 형수가 복권추첨 사업이나 어떠한 일거리나 대상을 표상할 수도 있겠다. 예를 들어 죽은 자를 염하여 놓는 것은 계약에 의해서 성취시켰음을 뜻하는 것이고, 그녀가 되살아나 횡포를 부린 것은 조약상의 하자가 발견되어 문제가 생길 수가 있음을 보여주고 있다. 물론 이 경우 다시 죽었으니 문제점이 해결되어 성사되는 일로 이루어진다.

죽은 형수가 꿈에 나타난 것에 대해서는 조상이 꿈에 나타나는 것과 같이 영령이 실재한다기 보다는 꿈의 상징기법 중의 하나이며, 단지 형수가 살아 생전에 많은 은혜를 입어 도움을 주는 상징 표상물로 선택되어 나타났을 수도 있겠다.

• 시체더미에 불 지르는 꿈

2008년 1월 개봉된 '우리 생애 최고의 순간'은 2004년 아테네올림픽에서, 비인기 종목의 설움을 딛고, 혈투 끝에 아쉽게 결승에서 최강 덴마크에 석패한 여자핸드볼 국가대표선수들을 다룬 감동 실화다. 배우 조은지는 영화 촬영이 본격적으로 들어가기 전, 다른 배우들과 함께 진짜 핸드볼 선수가 되기 위한 3개월간의 혹독한 훈련 과정을 거쳤는데, 어느 날 밤 이상한 꿈을 꾸었다.

"판자 집 같은데서 내가 걸어 나가는데, 눈앞에 열을 잘 맞춘 시체들이 끝도 없이 펼쳐져 있더라. 왜 그랬는지는 모르겠지만, 내가 시체들에 불을 지르기 시작했다. 시체들이 불타기 시작하는데 정말 장관이었다."

한편 배우 문소리도 큰 태극기에 '우생순 대박'이라고 쓰는 꿈을 꿨다며 "예감이 심상치 않다"고 말하고 있다. '우리 생애 최고의 순간'은 상하이 국제영화제 메인 경쟁부문에 초청됐으며, 임순례 감독의 뛰어난 연출력과 배우들의 호연이 어우러져 2008년 상반기 흥행돌풍을 일으켜, 408만명의 관객을 동원하는 대박을 터뜨렸다.

- 홍순래 박사 꿈해몽 http://984.co.kr(유선), 984+접속버튼(핸드폰)

자신이 죽는 꿈

현실에서의 죽음이란 두렵고 숨이 막히는 일이지만, 꿈속에서의 자신의 죽음은 재생이요 부활로 낡은 껍질을 벗고 새롭게 태어나는 최고·최대의 길몽에 속한다. 즉, 현재 자신은 사라지고 새롭게 태어날 것을 꿈속에서는 자신이 죽는 것으로 표현하고 있는 것이다.

어느 육군 대령의 꿈으로, 자신의 목이 뎅겅 잘리우는 꿈을 꾸고 나서, 장성으로 진급하게 되었는 바, 이전의 육군 대령은 사라지고 새롭게 장성으로서의 인생으로 살아가게 될 것을 꿈에서는 자신이 죽는 상징으로 보여주고 있는 것이다.

총을 맞아 죽는 꿈의 경우에 총소리가 크게 난다든지, 피를 온통 뒤집어쓰고 죽는 꿈은 더욱 좋다. 총소리가 크게 난다는 것은 널리 알려지게 되는 것을 뜻하며, 피는 진리·사랑·교리·재물·생명력·감화력·돈 등을 상징하여 꿈에서 피를 덮어쓴다는 것은 이러한 영향력을 받게 되는 것을 뜻한다. 다만, 자기 몸에서 피가 나면 정신적·물질적인 손실이 있게 될 수도 있으며, 꿈속의 자기가 일의 상징일 때는 남에게 사상적 감화를 줄 수 있게 된다.

한편, 종교적인 의미에서의 죽음은 신(神)앞에 자기가 지은 죄를 회개하고 그 심령이 거듭남을 뜻한다. 다만 위의 이러한 말들은 상징적인 의미에서 살펴볼 때이다. 꿈속에서 다른 사람이 죽는 것을 본 꿈이 사실적인 미래투시의 꿈인 경우에는, 실제로 주변의 누군가에게 사고가 일어날 수 있는 것이다.

죽는 꿈을 꾸고 주택복권에 당첨된, 오래전에 있었던 실제 사례를 들어 살펴본다.

• 불에 타 죽는 꿈

일러스트 : 박은경 기자

5조 165701. 나의 생활에 갑자기 엄청난 행운을 안겨준 주택복권 1등 당첨 번호이다. 복금이 자그만치 7백만원이었다.(시대상황을 염두에 두시기 바란다) 때는 1972년 5월 25일. 그날 새벽따라 생각지도 아니했던 끔찍스런 꿈을 꾸었던 것이다.

내 분수에 맞지도 않게 영업용 택시를 대절하여 안양에 있는 큰댁으로 달리는데, 사전에 분명히 운전사에게 한강 인도교를 넘되 영등포 구청 쪽으로 해서 구 도로에 접어들어야 한다고 일렀거늘, 잠깐 졸다 깨니 택시는 이미 동작동 국립묘지를 지나서 경부고속도로를 신나게 달리고 있었다.

당황한 내가 이 길이 아니라고 아무리 고함쳐도 그는 막무가내였다. 무뚝뚝한 그 사나이의 하는 짓에 일말의 불안을 느낀 나는 엉겁결에 핸들을 잡은 운전사의 등뒤로부터 힘대로 그의 두 어깨를 눌렀다.

순간 차체가 붕 뜨는 듯싶더니 섬찟한 기분은 찰나뿐, 보기좋게 논바닥에 거꾸로 박히면서 와지끈 부서지는 소리와 함께 이내 화염에 싸이더니, 나의 온몸에 불길이 붙는 것을 보고는 질겁을 하여 비명을 지르다가, 눈을 뜨니 꿈이었다.

참으로 괴상한 꿈이었다. 이 꿈을 꾼 다음에는, 형님 댁에 무슨 불길한 일이라도 생긴 것일까? 미국에 사는 조카로부터 무슨 언짢은 기별이라도 온 것일까' 하며 불안해했다.

일찍 출근한 나는 집에서 갖고 나온 당첨 공고를 펼쳐 놓고, 서랍에서 주택복권을 꺼내 대조해 갔다. 그 13매 중에는 5백원 짜리가 넉 장이었는데, 나는 끝자리 숫자부터 맞추지 않고 대뜸 위에서 내려 훑어갔다. 그러다가 별안간 내 눈알이 휘둥그래졌다. 5조에 165701. 7백만 원에서 원천과세를 떼니 그래도 5백 6만원. 나는 그 돈으로 안양 근교에 평당 460원씩 주고 야산을 널찍하게 장만했다.–주택복권 1등에 당첨될 꿈/ 시인 이기진

자신이 불에 타 죽는 꿈으로 1972년 당시 주택복권 1등에 당첨되었음을 밝히고 있는 사례이다. 뜻밖의 주택복권 1등에 당첨되어, 삶에 커다란 변화를 가져오게 될 것을 자신이 불에 타 죽는 꿈으로 예지해주고 있다. 또한 꿈속에서 안양에 있는 큰집으로 달리는 꿈 내용에서, 장차 안양부근에 땅을 매입하게 될 것을 보여주고 있기도 하다.

• 전복된 차 위에 승용차 두 대가 덮치는 꿈

주택복권 3억원 당첨!

정OO(59세)씨가 복권을 산 것은 순전히 뒤숭숭한 꿈 때문이었다. "화물차를 운전하다 차가 전복됐어요. 그 차 위에 승용차 2대가 덮치는 꿈을 꾸고는 놀라서 깼어요"

평소 꿈이 없던 정씨는 생각만 해도 끔찍한 이 꿈을 떠올리며, 안산 외환은행 앞 복권판매소에서 991회차 주택복권 4장을 구입, 그중 1장이 3억원에 당첨된 것이다.

차가 전복되고, 두 대의 차가 덮쳐서 깔려 죽는 꿈을 꾸고 새로운 탄생의 인생길을 걸어가게 되었다고 볼 수 있겠다. 한편 정씨는 '덮친 2대의 승용차는 1등의 2매 1세트에 당첨되려고, 그런 꿈이 꾸어진 것 같아' 라고 말하고 있는 바, 일리가 있다고 해야 할 것이다.

• 헬기를 타다 죽는 꿈으로, 1억 당첨

　　인터넷 주택복권에서 9번째 억만장자 1등 1억에 당첨된 최OO(경기,32세). 헬기를 타고 어딘가를 가던 최OO(경기,32세)는 폭파와 함께 추락하며 죽는 꿈을 꾸었다. 식은 땀을 흘리며 꿈을 깨고 난 후, 평소 긍정적으로 사는 낙천적인 성격인지라, '꿈은 반대일거야…'라고 생각했고, 평소 즐겨 긁던 복권이 놀랍게도 1등에 당첨되자, 비로소 '아~하! 그 꿈이 1등 당첨 꿈이었구나! 꿈의 신비함을 깨닫게 되었다.

꿈은 반대가 아닌 상징의 이해에 있다. 죽는 꿈의 상징의미는 새로운 탄생·부활에 있기에, 인터넷 전자복권에서 1등에 당첨되는 일로 실현되고 있다.

• 총을 맞고 죽는 꿈

마지막 한 발의 권총 탄환을 이마에 맞고 죽는 꿈을 꾸고, 주택복권에 당첨된 오래 전의 꿈사례를 살펴본다.

　　낯선 사나이가 군중 속에서 권총을 높이 쳐들고 "여기 단 한 발의 총알이 있는데 누구를 쏠까? 하면서 총을 마구 휘둘러 댄다" 모두들 무서워 뿔뿔이 흩어졌고, 나도 총을 피하기 위해 안간힘을 써서, 간신히 땅바닥에 머리를 대고 피했다. 잠시 후 조용하여 주위를 살펴보기 위해 고개를 드는 순간, '탕' 하는 소리와 함께 내 이마 한가운데에 총알이 맞았다. 그 순간 놀라 잠을 깨었다.

이 꿈은 복권에 당첨되기 전, 복권 5장을 사놓고 며칠 후 꾼 꿈이다. 꿈속에서 자신이 죽는 꿈이 최대의 길몽임을 이 꿈은 여실히 보여주고 있다. 하지만 죽는 꿈이 반드시 복권당첨으로 이루어지지는 않는다. 막대한 재물이나 이권을 얻게 된다든지, 낡은 껍질을 벗고 새로운 세계로 나아가는 등 처한 상황에 따라, 새로운 탄생 부활의 길로 나아가고 있는 것이다. 죽는 꿈을 꾸고 새로운 인생의 길을 걸어가고 있는 두 사례를 살펴본다.

• 노회찬 의원 죽는 꿈으로 당선

2004년 6월 15일(화) [굿데이] 신문기사를 요약해 살펴본다.

> 민주노동당 노회찬 의원은 지난 13일 자신의 팬클럽인 행노들(행복을 배달하는 노회찬과 친구들) 모임에 참석했다. 국회 의원동산에서 열린 행사가 끝난 뒤 한강 고수부지에서 간단한 뒤풀이 자리가 있었다. 이 자리에서 노의원의 당선몽이 잠시 화제가 됐다.
> 한 회원이 "노무현 대통령이 지난 연세대 강연에서 내 사주가 괜찮더라는 말을 했다"며 "노의원도 당선 전에 길몽이 있었느냐"고 물었다. 그러자 노의원은 "내가 꾼 꿈은 아닌데, 다른 사람이 그 비슷한 꿈을 꿨다더라"고 말했다. 다른 사람은 이호웅 열린우리당 의원의 아내 박인혜씨다. 박씨는 노의원의 아내 김지선씨와 여성의 전화에서 같이 활동하는 동지이자 언니·동생하는 사이다. 노의원은 "총선 전에 이의원 부인이 아내에게 '당신 남편 죽는 꿈꿨다'며 꿈은 반대라고 하니, 길몽일 것이라고 말한 적이 있다"고 사연을 소개했다.
> 동석했던 노의원 아내 김지선씨가 "그것 말고도 사실 꿈이 하나 더 있었다"고 말을 받았다. 총선 전에 꿈을 꿨는데, 집안에 구더기 비슷한 벌레가 가득 나오더라는 것이다. 김씨는 "꿈속에서는 '손님이 오실 텐데 벌레가 나와서 어쩌냐' 하고 걱정했는데, 꿈에서 깨보니 느낌이 나쁘지는 않았다"며 "어머니께 말씀 드리니, 길몽이라고 하시더라"고 말했다. 김씨는 꿈 이야기를 남편에게도 하지 않았다. 이 말을 들은 노의원은 "그거 나도 처음 듣는 소리"라고 혼잣말을 했다.

정신능력의 활동이 활발한 사람은 꿈꾸는 예지능력이 탁월하여, 다른 사람에게 일어날 일을 대신 꿈꿔줄 수가 있다. 노회찬 의원이 2004년 국회의원에 당선될 것을 죽는 꿈으로 언급하고 있는 바, 꿈은 반대가 아닌 상징의 이해에 있다. 죽는 꿈의 상징의미는 새로운 탄생으로 새로운 인생길이 열리게 됨을 예지해주고 있다. 또다른 꿈이야기인 '손님이 오실텐데, 집안에 구더기 비슷한 벌레가 가득 나오는 꿈' 역시 좋은 꿈이다. 무엇보다 손님이 온다는 것이 손님으로 상징된 많은 사람들이 찾아오게 될 것을 예지해주고 있으며, 구더기 같은 벌레가 가득 나오는 꿈 역시 유명세로 인하여 구더기로 상징된 많은 사람들이 들끓게 될 것임을 예지해주고 있다. 새로 개업을 앞두고, 식당의 바닥을 아무리 쓸어도 구더기 같은 벌레가 솟아 나오는 꿈을 꾼 식당주인의 유사한 꿈사례가 있다. 꿈의 실현은 개업 후에 많은 손님들이 넘쳐나는 일로 실현되었다.

- **총에 맞아 가슴에 구멍이 뻥 뚫린 꿈**

주택복권 당첨 꿈사례이다. 배관기술자인 송씨는 20년째 꾸준히 복권을 사오고 있었다. 매번 복권을 다섯 장 정도 구입하였다. 그러다가 추첨 당일 새벽 꿈을 꾸었다.
"누군가 함께 길을 가는데, 일행 한 명이 총을 맞았는데, 가슴에 커다란 구멍이 뻥 뚫렸어요. 깜짝 놀라 잠이 깼어요"

예사롭지 않다는 생각은 했지만, 미처 복권과는 관련짓지는 못하였다. 추첨 다음 날 신문에서 복권 번호를 맞춰보다가 당첨된 사실에 놀라움을 금치 못하였다.

죽음은 새로운 탄생, 부활의 의미를 지닌다. 필자도 14여년 전에 첫 번째 책인 『破字(파자) 이야기(학민사,1995)』 책을 출간하기 한 달 전에, '총을 맞고 죽는 꿈'을 꾸었다. 그후 필자도 낡은 껍질을 벗고 새롭게 태어나, 새로운 인생 길을 걸어가고 있다. 꿈을 꾼 이후로, 재작년에 출간한 『꿈으로 본 역사(중앙북스,2007)』를 포함하여 그동안 9권의 저서를 출간하였으며, 꾸준히 학문에 정진하여 2005년 박사학위(단국대, 한문학과)를 받았으며, 평범한 고교국어교사에서 나아가 방송 출연, 신문 연재 활동 및 대학 등에 강의를 하게 되었고, 인터넷과 무선인터넷 등에 '홍순래 박사 꿈해몽' 사이트를 개설하여 꿈에 대한 연구와 정리를 해나가는 새로운 인생 길을 걸어 나가고 있다. 14여년 전 필자의 꿈은 다음과 같다.

• 총 맞고 죽는 꿈

1995년도 『破字(파자이야기)』 책을 출간하기 위해 준비하고 있을 때였다. 어느 날 밤 꿈에 친구와 함께 어느 곳에 있었다. 그 때 어떤 사람이 나타나서 총으로 먼저 친구를 쏘는데, 총소리의 '빵' 소리가 얼마나 큰지 놀랄 정도였다. 이어 나 자신에게도 총을 겨누더니 '너도 죽어야 한다'고 했다. 나자신은 "안 죽어도 된다"고 했더니, '픽' 하는 앞의 '빵' 소리에 비해 훨씬 소리가 적은 총을 맞고 죽었다.

꿈에서 죽는 것은 아주 좋은 꿈이다. 낡은 껍질을 벗고 새롭게 태어나는 재생의 의미를 지니고 있다. 이 때 총소리가 크게 날수록 좋은 것이다. 얼마뒤 다시 풍선이 여기저기 터지는 꿈을 꾸었는데, 역시 널리 이름이 알려지는 좋은 꿈이라 하겠다. 친구가 먼저 총을 맞고 죽었는데, 친구에 대해서는 실제 친구이거나 친구로 상징된 연관을 맺고 있던 사람, 또는 꿈에서는 변형·굴절되어 나타나기 때문에 바로 필자 자신의 분장된 자아일 수도 있겠다.

• 암에 걸려 피를 토하며 죽는 꿈

오래 전 주택은행 사보에 실린 복권 당첨자들의 꿈이야기를 요약하여 해설을 덧붙여 살펴본다.

평소 꿈을 거의 안 꾼다는 이복수씨였다. 하지만 복권이 당첨되기 얼마 전에 꿈을 꾸었다. 자신이 암에 걸려 피를 토하며 죽는 꿈이었는데, 어머니께

일러스트 : 강역민 기자

물어 보니 좋은 꿈이라고 했다. 이복수씨에 있어서 복권은 생전 처음 사 본 것인데, 자신도 알 수 없는 힘에 이끌린 기분이었다. 차를 몰고 가다 갑자기 멈추고 싶어졌고, 멈춘 곳은 복권 가판대가 있어 15회차 자치복권 2장을 사게 됐다. 이복수씨는 아무래도 처음 긁어 보는 복권이라, 직원들의 도움까지 받아 맞추어 보았다. 평소 요행을 바래본 적이 없는 이복수씨는 믿기지 않았다. 딱 2장 산 복권이 2천만원에 당첨된 것이다.

현실에서 죽음은 나쁘지만, 꿈의 상징의미로 죽는 꿈은 새로운 탄생이요, 낡은 껍질을 벗고 새롭게 태어나는 재생의 길임을 누차 언급한 바 있다. '암에 걸려 피를 토하며 죽는 꿈'으로써, 장차 새로운 운명의 길이 펼쳐질 것임을 예지해주고 있다. 사족이지만, 꿈의 상징적 미래예지 꿈의 의미를 알았다면, 당시에 자치복권을 구입할 것이 아니라, 더 커다란 액수의 당첨가능한 복권을 구입하는 것이 더 나은 방법이 될 수 있었을 것이다.

황당하게 전개되는 특징을 띠고 있는 상징적인 미래예지 꿈은, 꿈의 예지대로 현실에서 반드시 이루어지는 특징이 있다. 새롭게 또다른 꿈을 꾸지 않는 한, 꿈의 예지대로 현실에서 이루어지고 있으며, 커다란 일의 예지일수록 꿈의 실현기간이 길게 이루어지는 특징을 지니고 있다. 따라서 죽는 꿈을 꾼 경우 새로운 운명의 길이 열리게 됨을 기정사실로 받아들인다면, 자치복권을 구입하기보다는 보다 커다란 액수의 당첨금이 걸려 있는 로또복권 구입을 시도해 보는 것이 좋을 것이다.

현재 사법고시 공부에 매진하고 있는 대학생 아들의 태몽으로, 구렁이 꿈을 꾼 어느 어머니의 실증적인 상담 사례이다. 몇 년 전에 좋은 꿈을 꾸었는 바, 아들 태몽 때 보았던 것과 같은 황금빛 구렁이가 금빛 누각을 타고 올라가는 꿈을 꾸었다. 꿈은 아주 좋으며, 구렁이로 상징된 인물이 뜻을 이루게 되는 성취·성공의 상징적인 예지꿈으로 실현될 것임을 보여주고 있다. 이러한 상징적인 미래예지 꿈의 실현은 새롭게 꿈을 꾸지 않는 한, 반드시 꿈대로 이루어지게 되어있다. 다만, '구렁이의 상징하는 인물이 누구인가'에 대해서는 절대적이지 않다. 태몽때 꾼 아들의 상징의미로 보는 것이 가장 타당하겠지만, 꿈을 꾼 자신이 구렁이의 상징물로 등장되어 나타났을 수도 있겠다. 실제로 그 꿈을 꾼 얼마 후에 시의원에 출마할 기회가 있었으며, 실제로 당선될 수도 있었으나, 어머니로서 장차 자식의 고시합격을 바라는 마음에서, 구렁이의 상징의미가 자식으로 실현되기를 바라는 마음에서, 시의원 출마를 포기한 사례가 있다. 머지않아 황금빛 구렁이로 상징된 아들의 힘찬 비상을 기대해본다.

- **돌아가신 아버님이 죽지 않겠느냐고 묻는 꿈**

  복권추첨 전날 밤 꿈이다. 돌아가신 아버님께서 나타나서, "죽지 않겠느냐"고 물으셔서, '죽으면 어떻게 하나' 안간힘을 쓰며, 집안과 자녀 걱정을 하다 잠을 깨었다.

돌아가신 아버님이 죽으라고 하는 꿈의 실현이 천만뜻밖에 막대한 당첨금을 타는 일로 실현되고 있다. 꿈의 상징의미에 대해서 알고 있었더라면, '죽는다'는 것이 실제의 죽음이 아니라, 낡은 껍질을 벗고 새로운 운명의 길로 나아가는 성취와 부활을 예지하는 것임을 알 수 있었을 것이다.

- **자기가 죽어서 온 집안이 통곡을 하고 있는 꿈**

삼형제 중에 막내의 꿈으로, 실제로는 맏형이 복권에 당첨되고 있다. 자기는 어떠한 사업체나 일거리·작품·기타 성취시켜야 할 일의 대상이고, '죽었다'는 것은 그 일이 성사되고 성취되었음을 뜻한다. 그리고 그 일로 인해서 온 집안 식구가 통곡한 것은 모든 가족이나 모든 회사원이 크게 기뻐하고 만족하며 소문을 낼 일을 상징하고 있다.

현실에서 꿈은 동생이 꾸고 복권은 맏형이 당첨되고 있는 바, 태몽꿈의 경우와 같이 자신과 관계된 사람의 꿈을 대신 꿈꾸어 준 경우로 볼 수 있겠다. 매몽이라고하여 꿈을 산 후에 복된 일이 자신에게 돌아오는 경우가 있는 바, 이 경우에도 굳이 꿈을 샀기에 좋은 일이 일어난 것이 아니라, 애시당초 자신에게 좋은 일이 오게 될 것을 예지하는 꿈을 대신 꿔준 것이며, 그것이 현실에서는 꿈을 사고 파는 매몽의 절차를 거쳤다고 보아야 할 것이다. 특히 이 경우 김유신의 누이동생 꿈사례에서 볼 수 있듯이, 같은 집안 식구끼리는 더욱 두드러지게 나타나고 있다. 나아가 같은 직장 동료가 대신 꿈꾸어 줄 수도 있다.

"어젯밤에 돼지가 집안에 들어 왔는데 못 보았느냐"는 나이 어린 딸의 꿈을 믿고, 복권을 산 어머니가 당첨된 꿈사례에서 찾아 볼 수 있듯이, 어린 딸의 돼지꿈을 의미 있게 받아 들였고, 또한 그러한 꿈의 말을 듣고 실행에 옮긴 어머니가 당첨되고 있다. 하지만 이 경우에도 상징적인 꿈의 경우에는 반드시 실현되기에 군이 복권가게에 가서 복권을 사지 않더라도, 우연한 계기로 복권을 사거나 얻게 되어 당첨되는 일로 이루어지고 있다.

이처럼 꿈속에서 자기가 죽거나 남이 죽은 것을 보거나, 시체와 관련된 꿈은 좋은 결과로 실현되고 있다. 죽음과 관계된 꿈을 꾸고 복권에 당첨된 많은 사례가 있기에, 이런 죽음과 관련된 꿈을 꾸고 기대하는 일이 재물운 밖에 없다면 일단 복권을 사보는 것도 바람직하다고 하겠다. 일반적으로는 죽음의 꿈은 승진·성취·성공의 일로, 현재의 자신에서 새로운 탄생을 가져오는 일로 이루어지고 있다.

• 4명이 죽고, 본인이 죽을 차례인 꿈

복권 당첨된 사례로, 꿈이야기가 상세하지는 않지만, 절에 갔다 오는 도중에 네 사람이 죽고 자신도 죽게 될 차례에서 잠이 깨었다고 한다. 이 경우 꿈속에서 자신이 죽는 꿈이 보다 확실한 실현으로 이루어진다. 하지만, 연못 속에 잉어를 본다든지, 누군가 참새구이를 해서 앞에 놓아 준 것을 보는 것만으로도 소유의 개념이 적용될 수 있듯이, 직접 죽지 않는다 할지라도 죽게 될 차례가 다가온 것만으로도 죽음으로 성취되는 모든 것을 뜻하고 있다고 보아야 할 것이다.

이밖에도, 주먹 만한 땅벌이 머리 정수리에 침을 한방 퍽 쏘아 피가 나온 꿈으로, 복권에 당첨된 사례가 있다.

- 홍순래박사 꿈해몽 사이트. http://984.co.kr , 984 + 접속버튼(핸드폰)

죽이는 꿈에 대하여

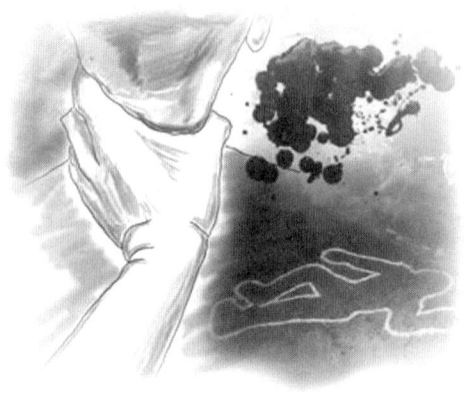

꿈은 상징의 이해에 있다. 사람이나 동물을 죽이는 행위는 현실에서는 금기시되고 있는 것이지만, '죽인다' 는 꿈의 상징의미는 상대방에 대한 정복, 굴복, 복종시킴을 뜻하고 있다. 예를 들어 남편이 아내를 죽이는 꿈을 꾸었을 경우에, 현실에서는 실제의 아내이거나 아내로 상징된 어떤 일거리나 대상이 남편의 뜻에 순종하는 일로 이루어지고 있다. 호랑이를 죽이는 꿈의 경우라면, 호랑이로 표상된 어떤 사람이나 대상을 굴복시켜, 자신의 뜻대로 이루어질 것을 예지해주고 있는 것이다.

이러한 꿈의 상징 언어는 일상의 관습적인 언어의 사용과 밀접한 관련을 띠고 있다. "너 옷벗고 싶어" 는 "너 직장에서 짤리고 싶냐" 라는 의미로 쓰이고 있듯이, 꿈속에서 옷을 잃어버리는 꿈을 꾸게 되면, 현실에서는 실직하는 일로 이루어지고 있다. 마찬가지로, 일상의 관습적인 언어에서 "너 죽을래" "죽여버릴꺼야" 라는 의미는 실제로 죽인다기보다는, 복종과 굴복을 강요하는 관습적 언어의 상징으로 쓰이고 있다고 보아야 할 것이다.

사람이나 동물을 죽이는 꿈을 꾼 후에 재물의 획득이나 성취 성공으로 이루어진 4가지 실증 사례를 살펴본다.

1) 중환자와 싸워 목을 눌러 죽여버린 꿈

중환자가 부득부득 방으로 들어오려고 해서, 결국 그의 목을 누르며 싸우다 목을 눌러 죽였으니, 중환자로 상징된 어떠한 대상이나 사람을 제압하거나 굴복시키고 성취하는 일로 이루어질 것을 예지하고 있는 바, 현실에서는 복권에 당첨되는 일로 실현되었다. 중환자는 상대하기에 벅찬 막강한 대상임을 상징하고 있으며, 꿈속에서 싸워서 이기고 마침내 죽여버렸기 때문에, 가장 어려운 대상을 굴복시키고 뜻을 이루어 성취하게 될 것을 예지해주고 있다.

2) 집안 어른을 칼로 찔러 죽인 꿈

집안 어른 한 분이 아무 말씀도 하지 않고, 내 방안에 들어와 그냥 앉아 계셨다. 나는 이렇다 할 이유도 없이 집안 어른께 고함을 지르다가, 군인들이 쓰는 단검을 손에 쥐고, 그 어른의 왼쪽 가슴을 깊이 찔렀다. 칼이 찔린 곳에서는 짙은 피가 흘러 나왔고, 나는 '큰 일을 저질렀구나' 하고 생각하다 당황한 마음으로 잠을 깨었다. - 운몽.

'집안 어른'의 상징의미는 집안으로 상징된 회사나 기관·단체에서 막중한 책임을 맡고 있는 윗분을 뜻하고 있다. 이러한 집안 어른을 죽인다는 꿈은 현실에서는 그로 상징된 인물을 굴복시키고 제압하여, 자신의 뜻대로 성취시키는 일로 실현될 가능성이 높다. 실제 현실에서의 실현된 결과를 글쓴이의 글을 직접 인용하여 살펴본다.

당시 나는 고등학교 핸드볼 팀의 주장 선수였으며, 서울에서 열리는 전국체육대회에 참가하게 되었는데, 기대 이상으로 우승을 하고 돌아오게 되었다. 지금은 대수로운 일이 아닐지 모르지만, 당시는 지방에서 서울로 운동경기를 하러 간다는 것 자체만 하더라도 대단한 것이었는데, 이 승낙도 학교의 예산관계로 처음에는 거부당했다가, 교장 선생님께 내가 직접 조르기도 하여 나중에 번복을 했었던 것이다. - 운몽.

3) 호랑이를 죽인 꿈

대학 입시 결과 발표 하루 전날이었다. 내가 개 한 마리를 데리고 산으로 소풍을

나갔는데, 갑자기 호랑이를 만났다. 나는 잭나이프를 쥐고 호랑이와 격투를 하게 되었는데, 결국 내가 호랑이를 죽이고 말았다. 그리고 그 잭나이프로 벌렁 자빠져 있는 호랑이의 고환을 잘랐더니, 그 자리에서 피가 벌겋게 배어 나오고 있었다. 나는 통쾌한 기분으로 잠을 깨었다. - 운몽

호랑이를 죽이는 꿈은 호랑이로 상징된 벅찬 상대나 일거리 대상을 제압·굴복·복종시키는 일로 실현되고 있는 바, 현실에서는 자신이 간절히 바라던 대학의 1차 지망학과에 합격되는 일로 실현되고 있다.

4) 남편이 큰 구렁이(뱀)을 잡아 죽인 꿈

오래 전의, 필자 아내 꿈 이야기이다. 남편인 필자가 산을 오르는데, 어디선가 커다란 알록달록한 구렁이가 남편의 등을 타고 오르더란 것이었다. "어머나! 저 구렁이를 봐!" 순간 장면이 바뀌더니, 남편인 필자가 커다란 도끼를 들고 나타나 구렁이를 네 토막을 내어 죽이고, 이어 아내인 자신이 껍질이 약에 좋다며, 따끔따끔 구렁이 껍질에 찔리면서도(꿈속에서의 구렁이는 가시같은 것이 있었다고 함) 껍질을 벗기고 있는 또렷하고 생생한 꿈이었다.

필자는 처음 이 꿈이야기를 아내에게 듣고 엄지를 치켜올리면서, "상징적인 미래에지 꿈으로 아주 좋은 꿈이다. 구렁이로 표상된 어떤 권리나 재물·이권을 획득하게 될 꿈이다(죽였으니까). 뱀 껍질을 벗기는 꿈은 그러한 재물이나 이권을 얻게 되는(획득하

는) 것을 표상한다."고 말해주었고, 필자 자신도 꿈의 실현을 믿었기에 몹시 기뻐했다.

그후 꿈의 실현은 필자가 방송활동 및 유무선 인터넷에 꿈해몽 사이트를 개설하게 되는 일로 이루어졌으며(알록달록한 구렁이가 방송활동 및 인터넷 화면상에 펼쳐지는 화려한 색채를 상징적으로 보여주는 것으로 볼 수 있겠다), 꿈정보 제공 등으로 인하여 얻게 되는 얼마간의 수익은 아내의 통장으로 입금되는 일로 실현되었다. 뱀의 껍질을 벗기는데 가시에 찔리는 어려움이 있었듯이, 아내에게 세금계산서 작성 등 다소 번거로운 즐거운 비명의 일거리가 생겨났었다. 이렇게 꿈은 자신의 일뿐만이 아니라, 가족이나 주변사람에게 일어날 일 등을 대신 꿔주기도 한다.

- 홍순래박사 꿈해몽 사이트 http://984.co.kr, 984 + 접속버튼(핸드폰)

상제가 된 꿈, 문상가는 꿈

• 상제가 된 꿈(상복 입은 꿈)

꿈에는 여러 가지가 있다. 예를 들어, 자신이 상복을 입은 상제가 되거나 문상가는 꿈은 사실적인 미래투시의 꿈인 경우라면, 실제 가까운 현실에서 상(喪)을 당하게 되어 꿈에서 본 그대로의 일로 이루어질 수 있기에 나쁜 꿈이다. 하지만 우리가 꾸는 대부분의 상징적인 꿈에서, 자신이 상제가 되거나 문상가는 꿈은 아주 좋은 꿈이다.

자신이 상제가 되는 꿈은 죽은 사람으로 상징된 어떠한 대상이나 일거리에서, 정신적·물질적 자산의 제 1 승계자가 됨을 의미한다. 구 소련에서 권력을 잡고 있던 공산당 서기장이 죽었을 때, 서방세계에서는 '장차 누가 장례의원장으로 나설 것이냐'를 주시하게 된다. 즉, 권력을 승계할 사람이 바로 장례의원장으로 등장되기 때문이다.

따라서, 꿈속에서 누군가 죽어서 자신이 상제가 되어, 흰옷을 입거나 베옷을 입고 시신 앞에 곡을 하는 것은 어떤 일이 이루어져 정신적 또는 물질적인 유산을 상속받게 됨을 뜻한다. 이 경우 많은 상제 중에 자기가 맏상제라고 생각하는 꿈은 자신이 제1의 권리를 차지하게 된다.

문상가는 꿈도 상징적으로는 아주 좋다. 자신이 문상가서 시체 등에 절을 하는 꿈은 재물운이나 자신이 바라던 소원을 이루게 된다. 네 가지 실증적인 사례를 살펴본다.

1) 상제가 된 꿈으로 승진시험 합격

10여년 전에 독자가 보내온, 실증적인 꿈사례를 간추려 살펴본다.

저는 경기도 지방 경찰청 교통과에 근무하는 현직 경찰관입니다. 평소 꿈에 대해 많은 관심과 흥미를 가지고 있었습니다. 그 이유는, 제가 꾼 꿈이 하도 기이하고 현실과 들어맞는데 대해서 신기함을 느끼고서부터입니다.

1984년 제가 순경에서 경장 진급시험을 볼 때입니다. 당시 경기도경이 인천에 있었기 때문에, 인천에 하루 전에 도착해서 여관을 잡고 하루를 묵을 때입니다.

당시 제가 꾼 꿈은 너무도 생생하였습니다. 아침에 시험장으로 가면서, 저는 베로 된 상제 옷을 입고 승용차를 운전하고, 시험장소인 인천 남부중학교 운동장으로 들어간 후, 다시 교실 시험장에 가서 책상에 앉아 각 과목시험을 치르고, 베로 된 상제옷을 그대로 입은 채 나오는 꿈을 꾼 것입니다. 그 후 책 등에서 꿈해몽 풀이를 보았는데, 공무원이 상제 옷을 입고 시험을 치르는 것은 승진 등 관복이 있는 것으로 나와 있더군요.

그래서 저는 승진시험 합격을 은근히 기대했었습니다. 며칠후 합격자 발표가 있었는데, 합격하여 정말 너무 신기하다고 느꼈습니다. -1997년 8월 24일.

2) 친구 아버님의 초상집에 문상 가는 꿈으로 복권 당첨

또또복권 제66회 2차 추첨(2001.11.25)에서 또또복권 사상 최고액인 10억원에 당첨된 송 할아버지(대전시, 65세)는 당첨되기 며칠 전, 10년 전 돌아가신 친구 아버님의 초상집에 문상 가는 꿈을 꾸었다.

"방안에는 혼자밖에 없었고, 시신을 저 혼자 물끄러미 바라보다 꿈에서 깨어났어요. 10년전 임종하신 어른의 모습이 얼마나 선명하게 보이던지, 꿈에서 깨어나 며칠 동안 머릿속에서 떠나질 않아 이상하다고 생각했는데, 그 꿈이 이런 큰 행운을 몰고 올지 정말 몰랐습니다."

문상을 가서 방안에 혼자밖에 없었던 데서, 자신에게만 물질적 자산의 승계자로서 재물이나 이권의 성취가 이루어질 것을 상징하고 있다. 이처럼 생생한 꿈은 꿈으로 예지된 일이 반드시 실현되고 있으며, 또한 꿈으로 예지된 일이 아주 중대하고 엄청난 일로 이루어짐을 알려주고 있다.

3) 문상가서 시체에 절하는 꿈으로 소원성취

필자의 꿈이야기로, 서울로 대학원(박사과정)을 다니던 1998년 11월의 어느날, 어느 여관에서 꾼 꿈이다. 당시 필자는 인터넷 PC통신인 넷츠고에 꿈해몽 싸이트를 개설한 후, PC통신의 타통신사에 개설을 추진하고자 할 때였으나, 까닭모를 어려움으로 개설에 곤란을 겪고 있던 터였다.

무슨 운동 모임이 끝나고 식사하러 간다고 어느 식당으로 들어서는 순간, 장면이 바뀌어 아버님에게 이끌리어 어느 집으로 문상을 들어가는 것이었다. 그런데 들어가려는 순간, 신발 한 쪽이 벗겨지지가 않는 것이었다. 수차례 애를 쓴 끝에 간신히 신발을 벗고, 마루로 올라섰다. 중앙 제단에는 관이 놓여 있었다. 관을 향하여 절을 하려는데, 관에서 흘러나온 피고름 물줄기가 두 갈래로 흘러내리고 있었다. 꿈속에서도 그 피고름 물을 피하면 상주가 싫어할 것으로 생각하고, 무릎에 묻히면서까지 재배를 하고, 이어 상주와 절을 하고는 순간 깨어났다.

 꿈이 너무 생생하여 한참이 지난 후에야, 비로소 필자 자신이 여관방에 있다는 사실을 알 정도였다. 필자는 문상가서 관에 절한 꿈의 상징의미를 생각하고는, 상징적인 미래예지 꿈으로써, 필자 자신이 간절하게 바라던 타 통신사에 사이트를 개설하게 될 것을 확신했다. 그후 필자가 생각했던 대로, 한 달 뒤에 필자의 뜻대로 이루어졌.

 신발이 쉽게 벗어지지 않았던 것처럼, 어느 정도의 시일이 걸리고 쉽게 일이 진척되지는 않을 것이나, 관에서 흘러나오는 피고름 물을 묻히면서까지 문상을 한 꿈의 결과는 필자 자신의 소원이나 성취가 이루어지는 꿈으로 실현될 것을 믿어 의심치 않았던 것이다.

 꿈은 반대가 아닌 것이다. 어느 집에든지 문상을 가서 뺨맞는 법이 없으며, 상주는 문상을 온 사람에 대해서 평생의 고마움을 간직하고 있다. 이처럼 죽은 사람에게 절을 하는 꿈은 장차 자신의 바람이나 청원이 이루어지는 일로 실현되고 있다.

4) 절에 가서 다섯 번 절하는 꿈으로 복권 당첨

 2004년 3월 3일, 인터넷 전자복권 메가밀리언 1천만원에 당첨된 박OO(34세,부산)의 꿈사례를 인용해 살펴본다.

 "어젯밤 꿈속에서 절에 가서 다섯 번 절하는 꿈을 꿨는데요. 절을 한 횟수가 선명하게 기억되는 꿈이었습니다. 저는 불교신자인데요, '어젯밤 같은 그런 꿈은 특별한 암시를 주는 것이 아닐까' 하고 무언가에 은근한 기대를 갖게 되더라구요. 그런데 복권에 당첨되고 보니, 꿈에 대해 확신을 갖게 되었습니다.
 평소와 같이 출근해서 간단하게 아침 업무를 정리한 후였는데요. 문득 어젯밤 꿈 생각이 나기에, 평소 이용하던 사이트에 접속해서 복권을 샀습니다. 당첨이라야 1천원 정도밖에 본 적이 없어서, 처음에는 1천원에 당첨된 줄 알았습니다. 그런데 한 번도 못 보던 팝업이 뜨더라구요. 1천만원에 당첨되었다는 화면을 보고서야, '정말 당첨되었구나' 하고 생각했습니다.

한번도 이런 행운을 가져본 적이 없어서 도무지 믿기지를 않습니다. 1천만원 당첨을 확인하고 놀라서, 나도 모르게 '헉' 하는 소리를 냈습니다. 그 소리에 주변 동료들이 무슨 일인가 몰려와서는 복권 당첨 화면을 보더니, 환호성을 지르며 축하해 주었습니다. 다들 어젯밤 꿈 덕분이라며 부러워들 하더군요."

밝고 풍요롭고 아름다움의 꿈

꿈은 현실과 반대라는 속설은 잘못된 것이다. 꿈은 반대가 아닌 상징 표상의 이해에 있다. 따라서 밝거나, 아름답거나, 정겹거나, 풍요로움이 펼쳐지는 꿈을 꾸게 되면, 장차의 현실에서 반드시 좋은 일로 실현된다. 이 경우 꿈을 꾼 사람이 각자가 처한 상황에 따라서, (로또)복권당첨 등의 재물을 얻거나, 승진·합격, 소망성취, 권세, 명예, 이권 획득 등 좋은 일로 이루어진다.

• 도라지꽃이 예쁘게 만발한 언덕을 누비는 꿈

경남 창원에서 택시 운전을 하는 강모씨(45)는 도라지꽃이 만발한 언덕을 누비는 꿈을 꾸었다. 얼마나 고왔던지 한참을 넋을 잃고 바라보다가, 꿈에서 깼다. 다음날 자치복권을 10장 샀는데, 그중 한 장이 2000만원에 당첨되었다.

"꿈에서 온통 도라지꽃이 피어 있는 언덕을 보았습니다. 반짝거리는 보랏빛 꽃이 얼마나 곱든지, 그저 넋을 잃고 바라보는 꿈이었지요. 꿈에서 깨고 나니, 아주 좋은 기분이 들더군요. 그래서 자치복권을 열장이나 샀지요."

아름다움과 풍요로움의 꿈이 복권당첨으로 실현된 경우다.

• 집 마당 나뭇가지에 열린 호박을 따는 꿈
98년 10월, 월드컵복권 3억6000만원에 당첨된 사례이다.

"우리집 마당 나무 사이에 호박이 하나 열려 있기에, 뚝 따서 가슴에 푹 안는 꿈을 꾸었습니다. 마음이 뿌듯해지는 꿈이었지요."

꿈을 꾼 다음날, 시내에 나간 김에 주머니에 있던 단돈 2000원으로 월드컵 복권 2장을 구입한 후에, 거액의 행운을 안았다. 일반적으로 가임여건에서 태몽으로 실현될 수도 있다.

• 호박이 무지하게 많이 열려 있는 꿈
집 텃밭에 여러 군데 큰 호박이 주렁주렁 열린 것을 보는 꿈 등은 횡재수로 장차 재물이 들어오게 될 것을 예지해주고 있다. 관습적 언어로 '호박이 넝쿨채 굴러왔다'를 연상해 보시기 바란다.

현실에서는 사고를 당해 이미 보상금을 받은 상태였으나, 호박이 주렁주렁 열린 꿈을 꾸고 나서, 사건 브로커로부터 연락이 와서 "당신이 받은 보상금은 너무 적으니, 더 받도록 해 주겠다"며 알선하여, 뜻밖의 소송을 해서 추가 보상금으로 800여만원의 돈을 더 받게 되는 일로 실현되었다.

• 전날 나락을 안고 집으로 들어오는 꿈
서울 김모씨(40)의 아내는 복권 추첨 3일 전에, 나락을 안고 집으로 들어오는 꿈을 꾸었다. "집집마다 굴뚝에 밥을 짓는 연기가 피어오르는 시골 모습이 떠오르고, 저는 나락을 한 다발 안고 집으로 들어오는 꿈을 꾸었는데, 너무나 정겨운 풍경이었습니다."

꿈의 실현은 3억원의 복권에 당첨되었는 바, 나락을 한 다발 안고 들어오는 꿈이 나락으로 상징된 재물의 획득으로 실현되었다.

- 창문 너머로 눈부시게 밝은 햇살이 들어오는 꿈

  "어제 친구들과 맥주 파티를 하고 늦게 잠들었다가, 하루 종일 잠만 잤어요. 그런데 꿈에 침대 창문 너머로 눈부시게 밝은 햇살이 들어오고, 그 가운데로 부모님이 제게로 다가오시는 거예요."

이 꿈의 실현은 기업 복권 5장을 구입했다가, 그중 2장이 1등에 당첨되어 4000만원을 타게 되었다. 꿈은 반대가 아닌 상징의 이해에 있는 바, 무언가 밝고 희망찬 일이 일어날 것임을 꿈을 통해 예지해주고 있는 것이다.

- 고향집에 온가족이 빙 둘러 앉아 있는 꿈

정모씨(43)는 여느 고액 당첨자들처럼 당첨 전에 꿈을 꾸었다. 전라도 무안군 고향집에 온가족(7남매와 부모님)이 빙 둘러 앉아 있는 꿈이었다. 이처럼 가족이 한자리에 모여 앉아 있는 정겨운 꿈의 실현은 더블복권(81호차) 3억원에 당첨되는 일로 이루어졌다.

- 암벽등반을 했는데 바위전체가 여자 젖가슴이었던 꿈

젖가슴인 '풍만한 유방'이 선망의 대상이듯이, 앞에서 살펴본 풍요로움과 아름다움을 표상하고 있다. 또한 아기 낳는 꿈이 좋듯이, 아기를 먹여 살리는 젖가슴 또한 좋은 표상으로 등장하고 있음을 알 수 있겠다.

- 꽃비 내리는 길을 연인과 함께 걷는 꿈

  "눈이 억수로 내리는 거리에, 웬 남녀 둘이서 손을 꼬옥 잡고 길을 걸어가지 않습니꺼. 어디서 꽃 향기가 풍겨 나오는데, 앗따 눈이 아니라 꽃인 기라예. 그건 그렇다치고 그 남자 얼굴이 희미하게 보이기 시작하는데, 얼마나 놀랐는지 바로 나 자신인기라예"

주택복권 제840회 추첨으로 1억 5천만원의 행운을 얻은 경상도 사나이 오모 씨의 당첨 사실을 알기 전날 밤 꿈이야기로, 실감나게 하기 위하여 꿈이야기를 그대로 옮겨 적었다. 꿈에서 깨어나서 가슴이 설레고 마음이 뒤숭숭해, 뜬눈으로 밤을 지새웠다고 한다. 꽃비 내리는 아름다운 자연 속을 연인과 함께 손잡고 거니는 광경을 연상해 보시기 바란다. 그 얼마나 아름답고 감미로운 데이트가 될 것인지를—. 이렇게 아름다운 광경이 펼쳐지는 꿈은 좋은 현실로 나타나고 있다.

또한 이처럼 우리가 꾸는 대부분의 꿈의 경우에 있어서, 꿈속에 나타난 상징적인 표상물만 보더라도, 또는 꿈을 꾼 사람이 꿈속에서 느끼는 정황에 따라서 꿈의 길흉을 느끼고 있다. 따라서 꿈의 상징기법에 대한 이해만 있다면, 자신의 꿈을 가장 잘 해몽할 수 있는 사람은 바로 자신인 것이다. 필자에게 꿈 해몽을 부탁한 분들의 꿈이야기를 듣고서, 솔직한 나 자신의 해몽을 말씀드리면 "선생님 생각도 그렇지요"라고, 꿈을 꾼 자신이 어느 정도 꿈의 의미를 알고 있음을 보여주고 있다.

• 정갈하게 단장된 무덤을 보는 꿈
저희 시댁 종가에서 시제를 지내야 해서, 남편이 출발해야 하는 날 새벽이었습니다. 꿈에 산 중턱을 오르는데 무덤들이 여럿 보이더라구요. 햇살이 환하게 무덤위로 쏟아지는데, 무덤들이 아주 정갈하고 깨끗하게 단장이 되어 있었습니다. 무덤이 보여서 얼핏 무서울 수도 있었겠지만, 이상하게 포근하니 느낌이 좋더라구요.

인터넷 전자복권에서 1등 1,800만원에 당첨된 꿈이야기로, 꿈을 꾸고 나서 좋은 느낌이 있었다는 것을 밝히고 있다. 무덤은 기관·단체·은행 등을 상징하고 있는 바, 햇살이 환하게 무덤위로 비추는 밝은 전개의 꿈에서 햇살로 상징된 밝음의 좋은 일이 일어날 것을 예지해주고 있다.

• 아름다운 집을 보는 꿈
어느 날 전에 없이 깜박 낮잠이 들면서 꿈을 꾸었다. 꿈속에 시골 큰댁 옆 뜰에는 그보다 더 좋은 양옥 기와집이 지어져 있고, 뜰에는 꽃과 새들로 가득 차 있으며, 그곳에서 막내아이가 환히 밝게 웃고 있었다. 바로 그 집이 자신의 집이라는 것이다.

이 꿈을 꾸고 나서 복권에 당첨되는 일로 이루어진 바, 이 경우의 꿈에 있어서 미래투시적인 꿈으로 실현될 수도 있다. 즉 복권 당첨금으로 집을 장만하게 되었을 때, 꿈속에 나타난 집이나 자연환경과 일치되는 현실로 실현될 수가 있다고 하겠다. 또한 상징적인 꿈으로 생각해본다고 할지라도, 꿈속에 펼쳐진 정경이 밝고 아름답기에, 무엇인가 좋은 일이 일어나게 될 것을 예지해주고 있다. '미래투시적인 꿈이냐, 상징적인 꿈이냐'의 구별은 꿈속의 정황이 황당하다고 여겨지는가의 여부에 달려 있다. 황당한 전개의 꿈인 경우, 상징적인 미래예지 꿈이다.

하지만 이 꿈의 경우에 있어서는 현 상황에서 미래예지적인 꿈과 상징적인 꿈 모두 가능성이 있다고 보여진다. 꿈의 예지는 반드시 실현되지만, 그것이 언제 어떻게 실현될 지에 대해서는 우리 인간의 영역 밖으로 존재하고 있다. 마치 우리 인간이 죽음을 피하지 못하듯이, 신(神)은 우리 인간으로 하여금 신의 영역에 들어오기를 거부하고 있는지 모른다.

또한 프로이트 식의 '꿈은 소망의 표출'이라는 심리표출의 면에서의 해석으로는 어려운 환경에서 이러한 꿈을 꾸었을 때, 단지 현실에서 이루지 못한 바람을 꿈을 통해 꿈속에서 충족시켜 본 꿈이라고 보고 있다. 물론 때로는 그렇게 단순한 소망의 표현으로 나타날 수도 있다. 하지만 상징적인 꿈의 경우에는 밝은 표상의 전개에서 장차 재물을 얻게 되는 행운이 있게 될 것을 예지하고 있으며, 우연한 기회에 복권 한두 장을 구입하게 되어 복권에 당첨되게 되어 있다. 또한 복권에 당첨이 되지 않았더라도, 먼 친척의 유산을 물려받게 된다든지, 엄청난 횡재수를 만나게 된다든지 해서, 현실에서 좋은 일이 일어나도록 예정되어 있다.

  꿈의 상징을 다시 살펴보면 '뜰에는 꽃과 새들로 꽉 차 있다'는 것은 그의 사업과 집안 운세의 전망이 융성하고 영화로와짐을 예지해주고 있다. 또한 그곳에서 활짝 웃고 있는 막내아들을 통해, 밝은 앞날이 펼쳐질 것을 예지해주고 있다.

- 깊은 동굴 속에서 깊고 맑은 물을 발견한 꿈

    깊은 산중을 가는데, 동굴이 나왔다. 동굴 속으로 걸어 들어갔다. 막다른 곳까지 가자, 땅 밑으로 깊고 파란 물이 흐르는 것을 보다 깨었다.

이와 유사한 꿈사례로 계곡의 맑은 물을 가두려고 애쓴 꿈으로 로또에 당첨된 사람이 있는 바, 이처럼 맑은 물은 재물의 상징으로 자주 등장되고 있다.

- 며칠 전부터 잘 자란 무가 집안 가득히 들어차 있는 꿈

똑같은 사흘간이나 연속해서 꾸고, 복권에 당첨되고 있다.

- 잉꼬새가 부화시킨 새끼가 무지개 색을 띠며 노래를 부르는 꿈

풍요로움과 함께 아름다움이 나타나 있으며, 이렇게 꿈속에서 아름다운 경치나 사물을 보는 것은 현실에서도 복권 당첨 등 좋은 결과로 실현되고 있다.

- 행복했던 어린 시절의 고향 풍경을 꿈속에서 생생히 보는 꿈

  "우리집 앞 개울에 시냇물이 졸졸 흐르고, 쪽밭에 알타리 무가 마치 칼로 쭉 자른 모양으로 자라고 있었어요. 그런데 갑자기 물이 밭으로 들어오더니, 무들이 산더미처럼 커지는 거예요."

돼지꿈을 좋은 꿈으로 보는 상징의미의 하나는 쑥쑥 커가는 성장성에 있다. 마찬가지로 불꿈 또한 크게 일어나는 상징의미를 지니고 있다. 이 꿈에서도 아름다운 정경 속에 밭에 심어져 있는 무들이 산더미처럼 커지는 꿈의 전개에서, 아름다움과 풍요로움의

상징이 함께 나타나고 있다. 따라서 장차 좋은 일이 일어날 것을 예지해주고 있는 바, 현실에서는 복권당첨으로 실현되고 있다.

유사한 사례로, 며칠 전부터 잘 자란 무가 집안 가득히 들어차 있는 똑같은 꿈을 사흘간이나 연속해서 꾸고 복권에 당첨된 사람이 있는 바, 이렇게 반복적으로 꿈을 꾼다는 것은 꿈으로 예지된 일이 중대한 일이며 반드시 실현될 것임을 보여주고 있다. 이러한 현실에서  일어날 수 없는 황당한 전개로 이루어지는 상징적인 미래예지 꿈의 결과는, 실현시기의 차이만 있을 뿐 현실에서 반드시 이루어지고 있다.

• 집 앞 마당에 풀이 소복하게 돋아나는 꿈

아무것도 없던 마당에 갑자기 한 무더기의 풀이 솟아난 것을 보는 꿈은 풍요로움의 상징표상으로 넘쳐나고 있다. 현실에서는 꿈이 이상해서 복권을 산 후 복권에 당첨되고 있는 바, 이 경우 복권에 당첨되지 않더라도, 꿈을 꾼 자신이 처한 상황에 따라 사업의 번창, 승진·취직·합격 등등의 좋은 일로 실현될 것이다. 유사한 사례로 추첨 전날 부인의 꿈에, 새장 속의 앵무새가 알을 수없이 낳아 집안 가득 날아다니는 꿈으로 복권에 당첨되고 있다.

독자가 보내온 풍요로움이 넘쳐나는 꿈의 다른 실현사례를 살펴본다.

"며칠 전부터 꿈이 참 좋더라구요. 풍요롭고 좋은 것만 보여요. 맑은 강물에 물고기들이 떼지어 다니고요. 채소밭에 상추와 배추가 풍성해요. 상추도 따먹을 수 있고, 배추도 김치를 담글 수 있게끔 크더라구요. 그러더니 어제는 우리 아기 아빠가 자기가 대리로 승진하게 될 것 같다고 하는 거예요. 꿈은 참 신비하고 이상해요."

꿈속에서 풍요로움이 보이는 꿈들은 현실에서는 횡재수, 승진, 합격, 사업의 성공 등 좋은 일로 실현되고 있다. 복권당첨자들의 꿈사례 중에서 많이 나타나고 있기도 하다.

- **돌아가신 어머니가 집으로 들어오는 광채나는 구슬을 가리키며, 빨리 주워 담으라고 채근해서 정신없이 퍼담는 꿈**

  조상이 나타나서 좋은 일이 일어날 것을 계시해주는 꿈으로 볼 수도 있으며, 집안으로 들어오는 광채나는 구슬로 상징된 재물이나 이권 등을 얻게 될 것을 예지하고 있는 바, 복권당첨으로 실현되고 있으며, 이 꿈 역시 풍요로움이 넘쳐나고 있다.

- **딸기를 샀는데, 거스름돈을 주머니가 넘치도록 받은 꿈**

  현실에서는 옆 사람의 꿈 얘기를 듣고 단돈 1백원에 이 꿈을 산 뒤, 체육복권을 구입하여 7천 5백만원의 당첨금을 타는 일로 실현되었다. 하찮은 거스름돈이지만 주머니가 넘쳐나도록 받았다는 데서, 이 꿈 역시 풍요로움의 상징을 보여주고 있다. 매몽(꿈을 사고 파는 것)에 대해서는, 남이 자신에게 일어날 일을 대신 꿔준 것으로 볼 수 있겠다.

- **끝없이 펼쳐진 들판 가득히 자신이 만든 옷가지가 온 들녘에 널려 있는 꿈**

  이는 추첨이 있기 전날, 당첨된 사람의 부인 꿈이다. 꿈속의 옷가지는 돈을 주고 사고 파는 재물이나 이권을 상징하고 있으며, 풍요로움의 상징이 넘치고 있음을 잘 알 수가 있겠다. 복권에 당첨되기 전날 이러한 꿈을 꾸었다고 밝히고 있는 바, 대부분의 경우에 있어서는 엄청난 일의 예지일수록 꿈의 실현도 일정한 시일이 지난 뒤에 이루어지는 것이 보통이다. 덧붙인다면 꿈은 미래를 예지하는 것으로, 만약 복권 당첨 뒤에 이러한 꿈을 꾸었다면, 복권 당첨이 아닌 다른 좋은 일로 다시 실현될 것임을 예지해주고 있다.

- **떠오르는 달을 한아름에 잡으려고 달려간 꿈**

  달은 사업체·권리·명예·부귀 등을 상징한다. 떠오르는 달은 사업이 시작되거나 명예·권리가 주어짐을 뜻하는데, 그것을 잡으러 달려갔으니 조만간 어떤 일에 성공할 것임을 뜻한다. 보름달의 경우 풍요로움의 표상이 넘쳐나고 있다. 꿈이 좋아 복권을 샀으며, 실제로 꿈의 예지대로 당첨으로 실현되고 있다.

• 잘 다듬어진 큰 우물에서 물을 많이 퍼냈는데, 부엌에 가보니 독과 함지박과 기타의 물그릇 등에 물이 가득히 담겨져 있는 꿈

맑은 물은 재물의 상징으로 많이 등장되고 있는 바, 이 꿈 역시 풍요로움이 넘쳐나고 있음을 볼 수 있다. 우물은 커다란 기관이나 단체의 상징으로 복권을 담당하는 은행을, 부엌은 자신의 집을 상징하고 있으며, 집안 곳곳에 물이 가득 담겨 있는 꿈은 장차 막대한 재물을 확보하게 될 것을 예지해주고 있는 바, 현실에서는 복권 당첨으로 이루어지고 있다.

우물에서 여러 번 두레박질을 해서 한 동이의 물을 채우는 것으로 꿈이 끝났다면, 어떤 기관이나 단체와 거래하여 여러 번 이익이 나게 되어, 한 동이에 해당되는 하나의 은행에 저축을 하게 되는 일로 실현될 수 있겠다. 하지만, 물을 여러 번 운반했다는 기억이 없음에도 불구하고, 가져온 물이 여기저기 가득했기 때문에, 풍요로움이 넘쳐나는 막대한 재물을 얻게 되는 복권 당첨으로 실현되고 있다고 보아야 할 것이다. 덧붙인다면 이 꿈을 꾼 사람이 그후에 대변을 뒤집어 쓴 꿈이야기가 나오고 있는 바, 장차 재물을 얻게 될 것을 상징하는 유사한 꿈이 반복적으로 꾸어짐으로써, 꿈이 재물과 관련지어 좋은 일이 일어날 것을 예지해주고 있다.

맑은 물의 꿈

복권당첨자들의 사례를 살펴보면, 맑은 물꿈으로 복권에 당첨된 사람들이 상당수다. 맑은 물이 재물의 상징으로 실현된 경우이며, 처한 상황에 따라 승진이나 합격 등 좋은 일로 이루어지고 있다. 하지만 물이 맑지 않은 흙탕물인 경우에, 우환이라든지 사업의 지지부진 등으로 실현되고 있다. 사례를 살펴본다. '문학은 시대상을 반영한다' 라는 말이 있는 바, 꿈에 등장되는 주요 상징물 또한 시대의 변천을 반영하고 있다. 복권 당첨자들이 자주 꾸는 꿈에 있어서 돼지꿈·불꿈·대변꿈은 줄어가는 반면에, 물꿈·숫자꿈이 많이 등장되고 있다.

• 계곡에 고인 물이 새나가려는 것을 막는 꿈

2003년도에 65억7천만원짜리 로또에 당첨된 경기도 남양주시에 사는 40대 남성인 K씨는 물꿈을 꾸고 당첨되었다. "당첨을 예감하는 꿈을 꾼 적이 있느냐"는 질문에, "용꿈이나 돼지꿈은 꾸지 않았지만, 복권을 산 뒤 계곡에 고인 물이 새나가려는 것을 막는 꿈을 꾸다 새벽에 눈을 뜬 적이 있다"고 말하고 있다. 이처럼 맑은 물이 재물의 상징으로 실현되고 있다.

이밖에도 꿈의 상징에서 재물을 상징하는 것들로 쌀, 소금, 된장, 나무, 물고기 등등을 들 수 있는 바, 이러한 것을 가져오는 꿈이나 얻는 꿈은 현실에서 재물을 얻는 일로 이루어지고 있다.

• 물이 넘치는 꿈으로 메가밀리언 5억 당첨

낮잠을 자다가 집에 물이 넘치는 꿈을 꾸고, 혹시나 하는 마음에 구입해본 인터넷 전자 복권에서 5억에 당첨된 부산에 사는 K씨(49세)의 꿈사례이다.

저녁에 일을 나가게 되어 낮잠을 자는데, 수도꼭지가 고장이 나서 온 집안에 물이 넘치는 꿈을 꾸었습니다. 그날따라 부엌의 수도가 잘 잠기지 않아서 이상하다고 생각하고 있었는데, 꿈까지 그렇게 꾸게 되어 막상 당첨이 되고 보니, 물과 관련된 꿈이 복권 꿈이란 말이 맞는 것 같습니다.

은행 일도 볼 겸 인터넷에 접속해서 메가밀리언 10장을 사게 되었는데, 모두 낙첨이 되어 '그럼 그렇지' 하며 마지막 10장 째를 긁는데, 세상에 5억원에 당첨되었다고 나오더라구요. 너무 놀라서 화면을 인쇄하기까지 하고, 당첨기록을 몇 번을 봤는지 모릅니다.

온 집안이 물로 넘쳐나는 꿈으로 인터넷 전자복권에 당첨되고 있는 바, 풍요로움의 표상이 덧붙여져 있으며, 유사한 사례로 자신이 본 소변이 방안에 가득차서 온 집안 사람이 둥둥 떠다니는 꿈으로 복권에 당첨된 사람이 있다.

• 바닷물이 넘실대는 황홀한 꿈

2006년 2월 인터넷 전자복권인 메가밀리언에서, 2등 5백만원에 당첨된 금○○(33세, 대구)씨는 넘실대는 바닷물을 보는 꿈으로 당첨되었다.

"꿈에 본 광경이 지금도 잊혀지지 않네요. 제가 바닷가에 서 있었는데, 넘실넘실 파도치는 모습이 파~랗게 너무 황홀한 광경이었습니다. 얼마나 멋져 보였으면, 꼭 바닷물에 빠져들것 같더라구요. 안 빠지려고 안간힘을 썼는데, 그 느낌이 너무 생생했습니다. 혹시 꿈속에서 바닷물에 아예 빠졌다면, 1등에 당첨되지는 않았을까요? 정신을 차리고 보니 문득 그런 생각도 드네요. 아무튼 그런 꿈은 처음이라 당연하게 복권을 샀는데, 오늘 따라 소액에도 당첨이 잘되더라구요. '징조가 좋구나' 싶었는데 5백만원 당첨이라지 뭐예요? 너무 놀랍고 기뻐서 말이 다 안나오네요."

생생한 꿈일수록 현실에서 중대한 일로 실현되고 있음을 보여주고 있다. 물꿈과도 관계되지만, 넘실대는 파란 바닷물을 보는 것은 아름답고 풍요로움의 표상과도 연관이 있는 꿈이다. '꿈속에서 바닷물에 아예 빠졌다면, 1등에 당첨되지는 않았을까' 라는 생각도 옳은 의견으로 볼 수 있다. 그냥 단순히 파란 아름다운 바닷물을 보는 꿈보다는, 파란 아름다운 물속에 빠진 표상이 보다 더 영향권 안에 들어갈 수 있다고 볼 수 있기 때문이다.

하지만, 일반적인 꿈의 상징에서는 물속에 빠지는 꿈이 교통사고 등으로 이루어진 사례가 있다. 이 꿈의 경우에서처럼 파란 황홀하기까지 한 아름다운 바닷물의 상징이었기에 재물의 획득으로 이루어졌을 뿐, 혼탁한 물이라든지 일반적인 물의 경우에는 빠지는 표상은 물로 상징된 어떠한 영향권 안에 들어감을 상징하고 있다. 세 아이가 호숫가 물에 빠졌는데, 한 아이는 호숫가로 나오고, 한 아이는 호숫가에 걸쳐져 있고, 한 아이는 물속에 있었던 꿈의 실현이 교통사고로 인하여 한 아이는 사망, 한 아이는 중태, 한 아이는 무사한 일로 실현된 사례가 있다.

● 계곡물에서 때를 씻어낸 꿈
다음은 필자 사이트의 꿈체험기란에 올려진 sijs님이 쓴 글을 요약해 살펴본다.

최근의 경험담입니다. 식구들과 함께 산으로 놀러 가서, 계곡이 흐르는 곳에서 목욕을 하는데, 때가 죽죽 밀리는 것이, 한참을 씻었는데, 웅덩이 가득 제 몸에서 나온 때가 칼국수마냥 둥둥 떠있어서, 창피하기도 해서 물을 퍼버렸지요, 무척 많이요. 겨우 웅덩이 물이 깨끗해졌는데, 아래를 내려다 보니 계곡물이 너무 많이 흐르는 거예요.

깨어나서 꿈에 대한 기대를 하고 있는데, 이른 아침에 우편배달부가 벨을 누르더군요. 그동안 이웃들과 동네 재개발문제로 다툼이 있어서, '뭐 고소를 하네' 하고 패싸움으로까지 번진 일이 있었는데, 그 문제가 해결되었다고 편지가 왔더라구요. 사실은 그보다 더 좋은 일을 기대했었는데, 뭐 그 일도 꽤 귀찮았으니까, 시원하기는 했어요. 그런데 실현이 되어도, 불과 몇시간 후에 너무 금방 실현이 되니까ㅡ, 맑은 물이 꽤 풍부했는데, 재물복은 아니었어요.

계곡물에서 몸의 때를 씻어버리는 꿈이 그동안 쌓여왔던 고민이 해결되는 일로 이루어지고 있다. 꿈의 상징은 '마음의 때' 인 근심거리나 걱정을 '몸의 때' 로 상징적으로 나타내주고 있는 바, 때를 밀어서 깨끗히 했기에 근심 해소로 이루어지고 있다. 비교적 사소한 일의 예지는 꿈꾸고 빨리 실현되며, 중대한 일일수록 일정 기간이 지난 후에 이루어지고 있다.

불이 활활 타는 꿈

불이 활활 타고 있는 꿈은 불길의 치솟음에서, 사업의 번창이나 확장을 상징하고 있으며, 복권 당첨 등의 재물이나 이권의 획득 또는 사업의 발전 등으로 이루어지고 있다.

1) 불이 나는 꿈(복권 당첨)

• 집에 불이 나는 꿈

제1219회차 주택복권(2001.5.13 추첨) 1등 3억원 당첨자인 이모씨(62세)는 큰 딸이 011 전자복권 서비스로 구입한 주택복권에서 3억원에 당첨되었다.

어느날, 이상하게도 이씨 내외는 같은 날 똑같은 꿈을 꾸게 되었다. 지금은 이미 돌아가신 이씨의 어머니가 꿈에 나타나, "집에 불이 났으니 빨리 집에 가보라"고 알려 주었다고 한다. 같은 날 이씨 아내도 집에 불이 나는 꿈을 꾸고 큰딸에게 꿈이야기를 하니, 큰딸은 그 자리에서 아주 좋은 징조라며 아빠 휴대폰을 빌려가서 휴대폰으로 주택복권 5장을 구입했다.

불꿈의 예지는 주택복권 1등으로 실현되었다. 이처럼 부부가 같은 꿈을 꾼다는 것은 꿈으로 예지된 일이 중대한 일이며, 불꿈은 크게 번창하는 상징 의미를 지니고 있다.

• 처제가 꿔준, 집에 불나는 꿈

처제가 대신 꿔준 꿈으로 54회차 「체육복권」에 1천만원 당첨된 김00(36)씨의 사례이다. 공무원으로서 아침에 일찍 일어나 조깅을 하고 약수를 떠온 후 출근 준비를 하는데, 처제에게서 전화가 왔다. "언니 집에 불이 나는 꿈을 꿨는데 아무 일 없냐"는 안부전화였다.

출근한 그에게 면사무소 건너편에 있는 우체국에 복권이 남았으니, 사 가기를 권유하는 홍보물이 눈에 들어왔다. 복권애호가인 김씨는 동료와 각각 1만원씩 투자해 54회차 체육복권을 샀다. 그 자리에서 긁는데 첫번째 장에서, 세로로 상어 그림 3개가 나란히 나온 그림으로, 일천만원에 당첨되는 행운을 낚았다.

처제의 꿈에서 언니 집에 불나는 꿈으로 복권당첨을 예지하고 있는 바, 처제가 언니네 집에 재물복이 있게 될 것을 꿈으로 예지해주고 있다. 이렇게 가까운 일가친척이나 직장 동료 등이 꿈을 대신 꿔주기도 하며, 이 경우에 현실에서 사고파는 매몽의 절차를 거치기도 하는 바, 굳이 사지 않았더라도 자신의 꿈이 아닌 다른 사람의 꿈을 대신 꿔준 것에 불과하다. 예를 들어 시어머니가 태몽꿈을 꾼 경우 며느리가 굳이 꿈을 사지 않더라도 시어머니가 애를 낳게 되는 것은 아니다. 하지만 며느리의 꿈을 대신 꿔준 것이 아닌, 시집간 자신의 딸의 꿈을 대신 꿔준 것일 수 있기에, 현실에서 매몽의 절차를 거치면 보다 안전하게 자신의 꿈으로 만들 수 있는 안전장치가 마련된다고 볼 수 있다.

• 압력솥 폭발에 집집마다 불나는 꿈

2006년 3월 인터넷 전자복권 메가밀리언 2등 500만원에 당첨된 윤○○(34세)의 꿈체험담이다.

어젯밤에 정말 희한한 꿈을 꿨습니다. 제가 밥을 하고 있는데, 갑자기 굉음을 내며 압력솥이 폭발하더라구요. 너무 놀라서 아이의 손을 잡고 허겁지겁 도망을 치는데, 글쎄 이번엔 골목의 집들이 모두 불에 활활 타고 있지 않겠어요? 더 혼비백산해져서 어찌나 열심히 도망을 쳤던지, 식은땀을 뻘뻘 흘리며 꿈을 깼습니다. 꿈이 하도 희한하여 혹시나 하고 복권을 샀는데, 믿기지 않게도

500만원에 당첨이 되었네요. 직장에서 잠깐 쉬는 시간에 짬을 내서 인터넷으로 복권을 구입했는데요, 당첨되었다는 것을 확인하고 흥분이 가라앉지 않아, 내내 제정신이 아니지 싶더군요.

• 집이 불타버리는 꿈꾸고 3억5천만원 당첨.
　　김00씨는 현재 자신이 살고 있는 집이 홀랑 불타버리는 꿈을 꾸었다. 불길이 걷잡을 수 없이 치솟아, 집이 아예 안 보이는 상황이었다. 발을 동동 구르며 어쩔줄 몰라 하다가 잠이 깨었다. 그 다음날도 끝없이 펼쳐진 넓은 들판에 파란하늘을 보며 한가히 누워있는 꿈을 또 꾸었다. 그런데 마침 남편도 자신의 몸이 불타는 꿈을 꾸었다고 한다. 옆집 친구도 자신의 집 둘레에 벼가 가득히 쌓여있는 꿈을 꾸었다고 하는 말을 듣고, 복권을 구입해 당첨되었다.

집이 불타는 꿈, 자신의 몸이 불타는 꿈으로 복권에 당첨되고 있다. 또한 옆집 친구가 자신의 집에 벼 낟가리로 상징된 재물이 생기게 될 것을 예지해주고 있는 바, 이처럼 주변 사람들의 꿈으로 대신 예지해주기도 한다. 집이 불타는 것을 보는 꿈외에, 파란 하늘을 보며 한가히 누워있는 좋은 꿈을 꾸고 있는 것처럼, 꿈의 예지력이 뛰어난 사람들은 어떠한 큰 일이 있기 전에 여러 가지 꿈을 꾸기도 한다. 이 경우에 하룻밤에 또는 며칠에 걸쳐서 몇 개의 다른 꿈을 꾸지만, 그 꿈들의 상징 의미는 같은 경우가 많다.

• 자신의 공장이 불타는 꿈
　　제 1121회 주택복권 추첨에서 1·2등 3억6천만원에 당첨된 김00씨(남,58세)의 꿈사례이다. 사업을 하다가 어려움을 겪던 어느날, 김씨는 자신의 공장이 불타 버리는 꿈을 꾸었다.

　　"외출을 하고 공장에 돌아오니, 건물 전체가 불길에 휩싸여 이미 손쓸 수가 없을 정도였다. 너무나 기가 막히고 속상하여, 그 자리에 그만 털석 주저앉았는데, 깨어보니 꿈이더라구요."

그 꿈이 어찌나 생생하던지 눈앞에 자꾸만 어른거려 김씨는 며칠동안 밤잠을 이루지 못했다고 한다. 다음날 공장에서 집으로 돌아오는 길에, 그는 문득 버스정류장 가판대의 복권이 눈에 띄어, 난생처음으로 복권 3장을 구입하였다. 귀가하던 버스 안에서도 내내 지난 밤 꿈이 마음에 걸린 김씨는 아내에게 꿈얘기를 모두 털어 놓았고, 아내는 '꿈에서 불은 사업의 번창을 뜻한다는 말을 전에 어디선가 들었다.' 며 몹시 기뻐했다.

결과는 주택복권에 1·2등에 당첨되는 일로 실현된 바, 유사한 사례로 동인천 시장이 활활 타는 꿈을 꾼 후에 복권에 당첨된 사람이 있다. 우연히 복권을 사게 되어 재물복으로 실현되고 있지만, 상징적인 미래예지 꿈은 결국은 꿈대로 실현되는 특징이 있음을 보여주고 있다. 이 경우 복권을 굳이 사지 않더라도, 어느 음식점에서 식사를 한 후에 개업 기념으로 받은 복권이 당첨되는 일로도 일어나기도 한다.

불이 활활 타오르는 것은 번성함, 번창함, 일어남 등의 상징적인 의미를 지니고 있는 바, 집이나 공장이 불타는 꿈을 꾸고 복권에 당첨된 사례를 위주로 살펴보았다. 하지만 불은 타오르지 않고 연기만 난다든지, 타고난 재를 보는 꿈은 안좋게 실현되고 있다.

• 대나무 밭을 가꾸고 화롯불을 쬐는 꿈
"고향집 뒤뜰에 무성한 대나무 밭의 잡초를 뽑고 죽순을 가꾸었다. 그곳에 숯 한 덩이가 있어, 그것을 청동화로에 넣으니 불이 활활 붙어 그 불에 손을 쬐었다"

풍요로운 대나무 밭을 돌보는 꿈도 좋은 꿈이며, 숯 한 덩이가 활활 불이 붙어 불을 쬐는 것은 불로 상징된 번창·번영·발전·확장의 혜택을 자신이 받게 된다는 것을 예지해주고 있는 바, 현실에서는 복권당첨으로 실현되고 있다.

• 야광탄을 발사해 화재가 일어난 꿈
야광탄을 발사하는 광경은 어떠한 일의 진행을 뜻하며, 화재가 나는 것을 보았으니, 어떠한 사업이나 일이 장차 크게 융성하게 일어날 것임을 예지해주고 있어, 복권에 당첨되는 것으로 실현되고 있다. 또한 이런 꿈은 복권에 당첨되지 않더라도, 언젠가는 승진·취직·부동산 매입 등등 좋은 일로 실현되게 된다. 사람들은 꿈을 꾼 그 당시에 그런 일이 일어나지 않으면 꿈을 믿지 않으려 하나, 꿈의 실현은 2~3일에서 몇 달 뒤에 일어나는 것이 보통이며, 태몽꿈의 경우에는 길게는 20~30년 뒤에도 이루어지고 있음을 볼 수가 있다.

2) 불나는 꿈(번창, 성취)

• 불붙은 시신이 쫓아온 꿈

제천시에 사는 김필례 주부께서 오래 전에 보내온 편지를 그대로 전재하여 살펴본다.

선생님! 꿈에 관한 기이한 체험을 수집한다고 하시기에, 선생님에게 편지를 보냅니다. 저는 36세 주부입니다. 수없이 꿈체험이 많지만, 제일 잊을 수 없는 무서웠던 꿈, 희귀한 꿈 이야기를 하려고 합니다.

그 때가 87년, 전 재산을 들여 점포 10여평 되는 곳에, 조그만 식당(분식점)을 개업하던 날 밤의 꿈입니다. 꿈속에서 상여가 지나가는 꿈인데, 저의 가게 앞에서 쉬어간다고 멈추더니, 갑자기 시신을 꺼내서 불을 붙이는 겁니다. 나는 너무 무서워서 멀리 도망치려는데, 그 불붙은 시신은 저를 막 따라왔어요. 끝까지 따라오기에, '식당에 들어와서 문을 잠그면 되겠다' 싶어 식당으로 들어 왔는데, '아니 이건 또 한 번 크게 놀랄 일'. 저보다 불붙은 시신이 먼저 들어와 있더군요. 놀라 깼는데 꿈이었습니다. 그 뒤로부터 아이들도 잘 자라고, 모든 일이 순조롭게 풀리면서, 3년 장사 끝에 6세대가 살고 있는 미니 3층 주택을 마련했습니다.

그러던 어느 날 다시 똑같은 꿈을 반복해서 꾸었는데, 이번에는 시신에 불이 붙지 않고 연기만 하늘을 덮더니, 저희 식당 집을 에워싸는 것이었어요. 그 뒤부터는 도둑이 들어 반반한 물건은 다 가져갔고, 오토바이 두 대 도난 당하고, 남편 교통사고, 종업원 교통사고, 아들 녀석 다리 한 쪽 3도 화상으로 피부 이식수술, 저도 교통사고, 종업원 가스사고로 숨지는 사고까지 겹쳐, 도저히 헤어날 길 없어 끝내 가게를 정리했습니다. 돈도 무진장 없어지고, 마음 고생 몸 고통에 두 번 다시 상상도 하기 싫은 기억들입니다.

똑같은 꿈을 반복해서 두 번 꾸었다는 것이 지금도 이상할 뿐입니다. 처음에 불붙은 시신은 저를 따라 다니다가 식당으로 들어 왔는데, 그 뒤 3년 후의 꿈은 시신에 불은 붙지 않고 연기만 하늘과 저희 식당 집을 에워 쌓더니, 생활에는 이렇게 큰 변화가 생기더군요.

불붙은 시체가 쫓아온 꿈, 불은 붙지 않고 연기만 났던 시체의 꿈사례에서 알 수 있듯이, 사업의 흥망이 꿈으로 예지된다는 사실에 대해 여러분께서 믿기지 않는 이야기일 수도 있다. 하지만 이처럼 사업을 시작하기 전날이나, 새로 부동산을 구입한 날 장차 앞으로 일어날 사업의 운세나 부동산의 흥망성쇠에 대하여 꿈으로 예지된 수많은 사례가 있다.

앞서, 집이나 공장이 불타는 꿈으로 복권에 당첨된 사례를 살펴본 바 있지만, 시신이 불붙어 활활 타오르는 데서 사업의 성공을 예지해주고 있다. 시신은 어떠한 업적이나 결과물·성취물을 상징하고 있으며, 이 꿈에서는 새로 개업한 분식점을 상징하고 있음을 알 수 있다. 또한 연기만 났다는 데서 그후 사업이 어려워지고 안좋은 일이 일어나고 있다.

이러한 미래예지적인 상징적인 꿈의 경우에는 '결과가 언제 일어나느냐'의 차이만 있을 뿐, 반드시 일어나고 있으며 현실에서 피할 수도 없게 되어 있다. 꿈의 효용은 꿈의 미래예지적인 결과에 대해 어느 정도 추정을 하면서 마음의 준비를 하게 하여, 슬기롭게 대처해 나가도록 해주고 있다.

• 어머니에게 불을 놓은 꿈

이전에 남북 정상회담에 수행, 평양에서 만찬을 차리고 돌아온 요리연구가 한복려씨의 꿈이다. 만찬지원 제의를 맡기 일주일 전에 꿈을 꾸었다고 한다. 동상에 높은 분이 곱게 옷을 입고 서 있고, 한 쪽에는 어머니라 생각되는 여성이 누워 있는데, 자기가 어머니에게 불을 놓는 꿈이었다.

• 황산벌 개봉 전에 꾼 박중훈 어머니의 불꿈

영화 황산벌 (씨네월드, 이준익 감독) 개봉 직전, 박중훈의 어머니가 꾼 꿈이다. 박중훈의 어머니는 아궁이 두 개에 불을 열심히 지피고 있었다. 두 개의 아궁이에서는 연기도 없이 시뻘건 불이 피어올랐다. 한편 이준익 감독은 큰 거북이가 품에 안기는 꿈을 꾸었다. 제작사 씨네월드의 원정심 마케팅팀장은 꿈에, 하늘에서 무언가 떨어지기에 앞치마를 폈더니, 금괴가 수북이 쌓였다고 한다. 이같은 꿈이야기는 황산벌 개봉 성공 자축 파티 자리에서 알려졌다.

세 사람의 꿈 모두 좋은 꿈들이다. 두 개의 아궁이에서 불이 활활 타오른 것은 두 가지 영역이나 대상에서 크게 번성하고 일어날 꿈으로, 아들이 촬영한 영화에서 큰 호평을 받게 될 것을 예지해주고 있다. 꿈의 상징 표상은 한 치의 오차도 없는 것인 바, 또다른 하나의 대상이나 영역에서 좋은 일이 일어날 것을 보여주고 있다. 거북이가 품에 안기는 꿈도 역시 좋은 꿈이다. 가임여건에서 태몽이 될 가능성이 가장 높지만, 거북이로 상징된 이권이나 재물을 얻게 될 것을 예지해주고 있다. 앞치마에 금괴가 수북이 쌓이는 꿈 역시, 꿈은 반대가 아닌 상징이기에 아주 좋은 꿈으로써, 재물적 이익이 생기게 될 것을 예지해주고 있다.

영화 황산벌은 660년 황산벌에서 일어났던 신라와 백제간의 피 말리는 전투를 코미디 형식을 빌려, 재미있게 흥미를 가지고 볼 수 있도록 재탄생 시킨 영화로, 2003년도 개봉 11일 만에 171만 명을 넘어설 정도로 인기를 누렸다.

한편 2003년 최고의 화제작 '살인의 추억' 관계자는 개봉을 앞두고 사무실에서 불이 나 강남 일대가 온통 '불바다' 가 되는 꿈을 꿨으며, 첫주 전국 45만명이라는 쾌조의 출발을 보인 '바람난 가족' 은 임상수 감독이 판자에 불을 붙이는 꿈을 꿨다.-중앙일보 기선민 기자 2003.08.24

• 정민태 선수 장모님의 불나는 꿈 - MVP 영예를 예지

지난 2003년 한국시리즈 선발 3승, 7차전 완봉승으로 MVP라는 영예를 이루어냈던, 현대 프로야구 정민태 선수와 관련된 꿈이야기이다. 한국시리즈 7차전 선발로 등판하기 하루 전날 밤, 정민태의 장모 김영구씨가 꾼 꿈이다. 갑자기 집에 큰 불이 나서 온갖 가재도구를 홀라당 태우더니, 잠시 뒤에는 어디서 흘러 왔는지 인분 덩어리가 집안을 가득 채우더라는 것이다.

활활 불타는 꿈의 예지대로 활약상을 크게 떨쳐 7차전 완봉승으로 MVP에 올랐으며, 보다 유리한 조건으로 연봉 협상에 임하게 되어, 인분으로 상징된 재물운이 크게 일어날 것을 예지해주고 있다. 이와 똑같은 사례로 2005년 프로야구에서 손민환(롯데)은 최우수선수(MVP)에 오른 뒤, "어머니(김영자 씨)가 불이 나는 꿈을 꿨다. 어머니 꿈 이야기를 듣고 MVP를 탈 것으로 예감했다"고 밝히고 있다.

• 불꿈과 시체꿈을 꾼 영화 '투사부일체' 의 정준호

영화배우 정준호는 2005년 12월 영화 '투사부일체' 의 촬영 현장 공개 후에, 기자 간담회에서, 법정스님과 제주도 한라산 곤지암에 타종식을 하러 가는 중에, 불꿈과 시체꿈을 동시에 꾸었다고 밝히고 있다.

"어마어마하게 큰 산에 불이 나서, 도망을 가는 꿈이었어요. 한참을 도망가다 웅덩이에 뛰어들어 불을 피했어요. 그리고 나서 잠시 후 택시에서 잠이 다시 들었는데, 온 산에 시체가 널브러져 있었어요."

앞서 살펴본 바, 불꿈은 번성·발전·확장의 상징의미를 지니고 있기에, 장차 그가 출연한 영화가 대박을 터뜨릴 것임을 예지해주고 있으며, 온 산에 시체가 널브러져 있는 꿈 또한, 시체로 상징된 업적이나 성과물이 넘쳐나게 될 것을 예지해주고 있는 상징적인 미래예지 꿈이다.

정준호는 이후 서울 최고의 명당 터에 위치한 집을 사는 행운이 생겼고, 영화와 CF 제의가 쏟아져 들어왔으며, 대박 꿈의 예지대로 2001년 개봉해 350만 관객을 동원한 '두사부일체'의 속편 격인 '투사부일체'는 전편보다 뛰어난 관객동원 612만을 기록했다.

3) 문학적 상징의 불타는 꿈

꿈의 상징에서 불이 활활 타고 있는 꿈은, 불길의 치솟음에서 사업의 번창이나 새로운 탄생으로의 확장·발전을 의미하고 있다. 현실적으로 우리의 주변에서, 도박으로 망한 사람이나 극도로 불우한 처지에 있는 사람이 불을 싸지르는 방화를 하였다는 것을 들은 적이 있을 것이다. 이는 괴롭고 고통스러운 현실에서 벗어나, 활활 타오르는 불처럼 자신도 강렬히 일어나고 싶은 욕망을 잠재의식적으로 드러내고 있음을 알 수 있다.

문학작품에서도 불의 상징의미는 꿈의 상징적 의미와 같게 사용되고 있다. 예를 들어, 주요한의 '불놀이'에서는 실연을 당한 한 젊은이의 고뇌를 불꽃이 활활 타오르는 것으로 승화시키고 있다. '오호 사르라! 사르라!'의 시구를 연상해 보시기 바란다. 또한

'불놀이'를 망국의 한(恨)을 노래한 것으로 보기도 하는데, 이 경우 조국 광복에 대한 염원과 갈망을 불길이 활활 타오르듯이 힘차게 일어날 것을 문학적으로 상징화시켜 나타내고 있다.

다시 현진건의 '불'에 대한 단편소설의 예로 살펴보자. 어린 나이에 시집살이에 대한 어려움과 미처 성(性)에 눈뜨지 못해 밤마다 고통을 겪던 주인공인 순이가 집에 불을 싸지르는 행위로써 끝을 맺고 있다. 또한 나도향의 '벙어리 삼룡이'에서의 마지막 결말 부분, 최서해의 '홍염(紅焰)'의 마지막 결말 부분에서도 타오르던 불을 통해 자신의 억눌린 욕구, 잠재의식적인 억눌림을 승화시키는 결말의 구조로 사건이 끝맺고 있음을 볼 수 있다.

소설은 꾸며낸 이야기이지만, 아무렇게나 거짓말로 엮어내는 것이 아니라, 현실에서 일어날 수 있는 보편타당한 일을 바탕으로 이야기를 전개시켜 나아가고 있다. 따라서 문학작품 속에 불이 활활 타오르는 이야기가 펼쳐지는 경우는 크게 일어나는 번창·번성의 심리표출과 억눌린 감정의 폭발 등, 불이 활활 타오르는 상징적인 표상과는 관련이 있다.

우리 정신능력이 주체가 되어 펼쳐내는 꿈속의 상징적 표상물은 현실에서 시인이나 소설가가 펼쳐내는 비유·상징·암시의 문학적 상징과 밀접한 관련을 맺고 있음을 볼 수 있다. 이런 점에서 볼 때 종래의 꿈을 한갓 미신적으로만 여겨져 왔던 태도에서 벗어나, 꿈의 표상재료를 문학적인 비유·암시·상징 등과 관련지어 해몽하는 태도는 올바르다 할 수가 있겠다. 따라서 무속인이나 역술가보다는, 필자와 같이 문학적 재능이 뛰어나거나 문학적 표현의 의미를 잘 알고 있는 사람이, 객관적이고 실증적인 꿈사례에 토대를 두어, 꿈의 상징의미에 대한 분석을 통해 꿈해몽 연구를 해나가는 것이, 지극히 당연하다고 해야 할 것이다.

- '홍순래박사 꿈해몽' http://984.co.kr(인터넷), 984+접속버튼(핸드폰)

돈, 귀한 물건을 얻는 꿈

꿈은 반대가 아닌 상징의 이해에 있다. 많은 액수의 돈이나 황금덩이, 귀한 물건을 받거나 얻는 꿈은 현실에서도 복권당첨 등 큰 재물이나 이권을 얻는 일로 이루어지고 있다. 다만 꿈에도 여러 가지가 있는 바, 현실에서 경제적으로 쪼달리는 경우에 꿈속에서 이러한 꿈을 꾸게 됨으로써, 꿈을 통한 대리만족을 얻게 되는 심리표출의 꿈이 있을 수 있다. 또한 돈이나 물건을 얻는 꿈의 경우에도, 적은 액수여서 불만족을 느낀 경우의 꿈은 현실에서도 좋지 않게 실현되고 있다.

꿈속에서 돈이나 상품권을 얻는 꿈, 복권이나 경품에 당첨된 꿈, 돈다발을 발견한 꿈, 채무를 상환하는 꿈 등등, 이러한 꿈을 꾼 경우에는 현실에서 재물을 얻게 될지 모른다는 기대감을 갖게 한다. 이런 경우, 굳이 꿈을 해몽할 필요도 없이, 구입한 복권이 당첨되는 등 재물을 얻는 일로 이루어지고 있다. 필자가 주장하는 "꿈은 반대가 아닌, 상징의 이해에 있다."를 여실히 보여주고 있다.

1) 돈을 얻는 꿈

• 오락기에서 동전과 상품권이 쏟아지는 꿈

제 1313회 주택복권 추첨 4일 전에, 김씨는 돈벼락을 맞는 꿈을 꾸었다. "길가에 있는 오락기에서 동전과 상품권 등이 마구 쏟아져서, 양손으로 받았는데도 계속 흘러 넘쳤어요."

잠에서 깨어난 김씨는 길몽이라는 생각에 주택복권을 구입하였는 바, 5장 중에 2장이 1등과 2등, 총 4억원에 당첨되고 있다.

동전과 상품권 등을 얻는 꿈은 현실에서도 재물을 얻게 되는 행운으로 이루어지고 있음을 알 수

있듯이, 꿈은 결코 반대가 아닌 상징의 이해에 있음을 여실히 보여주고 있다. "계속 흘러 넘쳤어요."처럼, 어떠한 사물이나 자연물이 넘쳐나는 풍요로움의 표상은 복권 당첨 등 재물운으로 실현되는 주요한 상징 표상 중의 하나이기도 하다.

• 낯선 사람한테서 돈다발을 한아름 받아 안는 꿈

1996년 45회차 더블복권에서, 3억 200만원에 당첨된 최모씨(42세)의 꿈사례이다. 최씨는 가구 영업을 해오고 있었다. 차에 가구를 가득 싣고 가던 중, 복권 판매대가 눈에 띄어 차에서 내려 더블복권 8장을 샀다. 며칠이 지나서 올림픽 축구경기를 보고 새벽녘에야 잠이 든 그는, 다른 사람의 돈다발을 한아름 받아 안는 꿈을 꾸었다. 그 다음날, 집에 물이 새어 보수공사를 하던 최씨는 며칠 전에 산 복권 생각을 떠올렸다. 신문을 찾아 당첨번호를 맞추어 보니, 자신이 산 8장의 복권 중에 1등 3억원에 당첨되었을 뿐만 아니라, 다른 한 장은 1등과 조번호가 다른 번호에게 주는 아슬아슬상(200만원)까지 당첨되었다.

• 돈을 가져오라는 꿈

자치복권「2천만원」에 당첨된 꿈사례이다. 용산전자상가 컴퓨터 전문점의 채00씨는 어느날 특이한 꿈을 꾸었다. 같이 일하는 직원 홍대리(26세)가 1,200여만원을 실은 트레일러를 운전해 와 주차를 시키고 있었다. 그런데 그 직원이 주차 후에 차에 실린 돈을 꺼내오지 않기에, "왜 돈을 안 가져오냐"고 하다가 잠에서 깼다. 잠에서 깨어난 채씨는 집 베란다에서 담배를 피우면서, '복권을 사야겠다'고 마음 먹었다.

낮에 사무실에서 지난밤 꿈 얘기를 하자, 사람들이 그건 바로 복권을 사라는 꿈이고, 복권은 반드시 꿈속의 그 직원이 사러가야 한다고 했다. 채씨는 홍대리에게 5만원어치의 복권을 사오라고 시켰다. 이에 홍대리가 같은 전자상가 2층에 있는 은행에서 복권을 사왔고, 이를 채씨가 긁기 시작했다. 채씨의 꿈얘기를 듣고 아는 사람이 계속 2장만 달라고 했음에도 불구하고, 그는 혼자서 계속 긁었다. 한 3분의 1을 긁을 즈음에「1,000만원」당첨이 나왔다. 좋아서 정신이 없던 채씨. 복권을 자주 사지 않아 그는 9회차 자치복권 1등 상금구조가 연식인 것을 모르고 있었다. 그 다음 장을 긁는데, 또다시 나온

「1,000만원」 당첨!

　꿈속에서 1,200만원의 실린 돈을 가져오라는 꿈으로 재물을 획득할 것을 예지해주고 있는 바, 1,200만원을 실은 차로 나온 것처럼, 당첨금은 2천만원이지만 실제로 세금 및 축하 회식 등 기타 비용을 제하고 나면, 손에 들어온 돈은 1,200만원이 될 수 있겠다.

• 만원 권 뭉치를 받는 꿈

　박00씨는 만원 권 뭉치를 받는 꿈을 꾼 후에, 2~3일이 지나 친구로부터 우연히 선물받은 또또복권(제24회차) 한 장이 1억원에 당첨되었다.

　이처럼 꿈속에서 만원 권 뭉치 돈을 받는 꿈은 장차 재물이나 이권이 생기게 될 것을 예지해주는 좋은 꿈이다. 이러한 상징적인 미래예지 꿈의 실현은 좋은 꿈이거나 나쁜 꿈이거나 꿈의 예지대로 진행되며, 우리 인간이 피하거나 벗어날 수 없음을 여러 꿈사례에서 입증되고 있다. 이 경우에 본인이 사지 않았지만, 우연찮게 선물 받은 복권이 당첨되기도 한다. 예를 들어, 점심 식사하러 들른 식당이 때마침 개업을 한 집으로, 그날 온 손님들에게 복권을 한 장씩 서비스로 주는 것을 받아 당첨될 수도 있다. 또는 핸드폰을 사거나 어떠한 행사에 참여한 경우, 복권을 나누어 주는 것을 우연히 받아 당첨된 사례가 있다.

• 누군가 5천원 권을 주어 받는 꿈

　빚 보증을 섰는데, 누군가 5천원 권 지폐를 상당히 많이 주는 것을 받았다. 꿈속에서 많은 지폐를 얻는 것은 현실적인 금액을 소유할 수 있거나, 어떤 문서류를 얻는 경우에 표현된다. 그렇기 때문에 복권 1등에 당첨되어, 그만한 돈을 받을 것을 예지한 꿈이라고 볼 수 있다.

　'빚 보증을 섰다'는 현실에서는 다른 사람의 차용증서에 서명 날인하는 것은 약속에 대한 책임을 지는 것이지만, 꿈에서는 자기 위주로 생각하는 경우가 많으므로 자기과시(자기 이름을 썼기 때문)와 자기 소유권의 주장을 하는 것을 표상한다고 볼 수도 있겠다.

• 집에 돈이 들어오는 꿈

2004년 3월, 인터넷 전자복권 사상 최고액 당첨금인 1등 5억원의 메가밀리언에 당첨된 40대 부부의 꿈사례이다.

"남편이 어젯밤 꿈에 집에 돈이 들어오는 꿈을 꾸었다며, 뭔가 좋은 일이 있을 것만 같다고 했습니다. 사업을 하기 때문에 막연히 '좋은 일이 있으려나' 생각을 했었는데, 복권 당첨이라고는 상상도 하지 못했었습니다. 심심하던 차에, '복권이나 한두 장 긁어볼까' 하는 마음으로, 남편과 함께 인터넷을 접속해서 복권을 긁어보던 중이었습니다. 근래 새로 나온 메가밀리언이 끌리기에 20장 정도 구입했던 것 같은데, 갑자기 화면에 '오억원' 이라고 나타나는 겁니다. 저는 당황해서 아무 생각도 못하고 있는데, 남편은 뛸 듯이 기뻐하며, 기념으로 모니터 화면을 사진으로 찍고, 기록도 다시 한번 확인하고 또 확인했답니다."

• 즉석복권을 긁어 2,000만원이 나오는 꿈

서울 종로구에서 회사원으로 근무하고 있는 양○○씨(28세)는 즉석복권을 긁는 꿈을 꾸었다. 500원짜리를 긁으니 또 500원짜리가 나왔고, 또 한 번 긁으니 2,000만원이 나오는 꿈이었다. 다음날까지도 꿈이 생생해서 지하철 역에서 즉석복권을 몇장 구입했다. 꿈은 예상과 빗나가긴 했지만, 체육복권으로 노트북 PC에 당첨되었다.

"꿈대로라면 2,000만원에 당첨이 되야 하는데, 조금 섭섭합니다."

이 경우 사실적인 미래투시의 꿈이라면, 실제 2,000만원에 당첨되는 일이 일어나게 된다. 현실에서 노트북 당첨으로 이루어졌다면, 상징적인 꿈으로 실현되었다고 보아야 할 것이다. 2,000만원 액수의 당첨 꿈의 상징표상에서, 현실에서 무언가 좋은 일이 일어날 것을 예지해주고 있다.

• 돈다발을 발견하는 꿈

인터넷 전자복권의 5분 키노에서, 1등 2천만원 당첨의 오○○씨(40세, 서울)의 꿈사례이다.

"제가 평소에는 꿈을 잘 꾸지 않는 편인데요, 웬일인지 돈다발을 발견하는 꿈을 꾸었습니다. 아주 선명하게 기억나지는 않지만, 난생 처음 꿈속에서 현금 다발을 보았기에, '나쁜 꿈은 아니다' 싶고 해서 복권을 샀는데, 1등에 당첨이 되었네요."

이 밖에도 하려는 일마다 술술 잘 풀리는 꿈으로 제78회 찬스복권으로 1등 1억원에 당첨되고 있으며, 부인이 돈다발을 주워 호주머니에 집어넣는 꿈으로 복지복권 2,000만원에 당첨된 사례가 있다.

• 동전 두 개를 줍는 꿈

동전 2개를 줍는 꿈으로, 즉석식 복권인 3회차 관광복권에서 1천만원에 당첨되고 있다. 동전 꿈의 상징이 재물에 있어 엄청난 것이라기보다는 사소한 것이기에, 현실에서는 천만원 당첨으로, 그것도 친구 사이었던 두 사람이 나누어 갖는 일로 실현되고 있다.

• 금빛의 새 동전을 많이 줍는 꿈

금전은 재물의 상징으로, 금빛이 나는 새 동전(인적자원이나 일에 대한 방도·지식의 단편 등을 상징)을 많이 주웠다는 데서, 앞으로 그러한 재물을 획득하게 될 것을 예지해주고 있다.

• 꿈속에서 채무를 상환하는 꿈

서울시 중구에서 자영업을 하는 40대인 K씨의 꿈이다. 꿈속에서 채무를 상환하는 꿈을 꾸고는 너무 기뻐, 지방에 있는 아내에게 "여보 빚을 다 갚았으니 직장 그만두고 빨리 올라와" 라며 힘들게 지방에서 맞벌이를 하고 있는 부인에게 전화를 하는 꿈을 꾸게 되었다.

결과는 주택복권에 1등과 2등으로 4억원이 당첨되었는 바, 장차 채무를 갚는데 사용하게 된다면, 꿈에서 본 그대로 이루어지는 사실적인 미래투시의 꿈으로 볼 수도 있겠다.

2) 귀한 물건을 얻는 꿈

• 노란 금반지를 받는 꿈
노란 금반지를 받는 꿈으로, 기업복권(10회차)에서 쏘나타 경품에 당첨된 김씨의 꿈 사례이다.

> "꿈속에서 거래처의 여직원이 노란 금반지를 주기에 받았어요. 꿈이 하도 생생해서, 뒷날 그 여직원에게 '혹시 선물할 것 없냐'고 묻기까지 했어요. 그리고는 그냥 잊고 지냈죠. 복권을 살 때도 꿈 생각은 전혀 못했어요."

열흘 뒤 김씨는 쏘나타Ⅲ에 당첨되는 일로 실현된 바, 일반적으로 금반지를 받는 꿈은 남녀 간에 연분을 맺는 일로 많이 실현되고 있기도 하다. 하지만 금반지에서 '반지'가 아닌, '금'의 상징에 의미를 부여한다면 이렇게 재물을 얻는 일로 실현되고 있다.

• 탐스런 감 두 개를 따오는 꿈
즉석식 「자치복권」으로, 라노스 승용차에 당첨된 꿈사례이다.

> "복권은 아이 아빠가 샀지만, 꿈은 제가 꿨어요. 고향집에 갔더니, 감이 주렁주렁 너무나 탐스럽게 열려 있었습니다. 그 중에서도 아주 탐스런 것으로 두 개를 따오는 꿈을 꿨는데, 2번째 칸에서 당첨이 됐지요"

이 경우 일반적으로는 꿈이 아주 생생한 경우에, '감 두 개를 따오는 꿈'은 태몽으로 장차 두 자녀를 두게 되는 일로 실현되기도 한다. 이 사례에서는 탐스런 감으로 상징된, 재물적인 이익이 생기는 일로 실현되고 있다. 유사한 사례로 아파트 베란다에 감나무에 감이 주렁주렁 달려있는 꿈을 꾼 사람이 있었다. 이러한 황당한 전개의 상징적인 미래 예지 꿈은 꿈의 예지대로 실현되는 특징이 있는 바, 그후 주식에서 엄청난 수익을 얻는 일로 실현되었다.

• 예쁜 도자기 두 개를 품에 안는 꿈

레간자 승용차에 당첨된 꿈사례이다.

"복권에 당첨되기 얼마 전에 꿈을 꾸었다. 멋있는 도자기들이 널려 있는 곳에서, 가장 희고 예쁜 도자기 두 개를 품에 안고, 집으로 와서 거실에 장식을 하는 꿈이었다. 'TV쇼 진품명품에 나가야지' 라는 생각도 할만큼 생생한 꿈이었다."

예쁜 도자기를 가져오는 꿈으로 승용차에 당첨되고 있는 바, 도자기가 재물적 상징으로 실현되고 있다.

• 돌아가신 시아버님에게 도자기를 받은 꿈

어느 50대 주부의 꿈사례이다. 어느날 꿈에 어떤 노인이 나타나서, 예쁜 도자기를 주는 꿈을 꾸었다. 나중에 사진을 통하여 알고 보니, 생전에 한 번도 뵌 적이 없는 시아버님이셨다. 며칠 후에 누군가 문을 두드려 나가보니, 시청에서 나왔다며 "남편이 가지고 있던 땅으로 길이 나게 되었다" 면서, 토지 수용에 관한 통보를 하러 온 것이었다. 큰 길이 나게 되어 땅값이 폭등하게 되었고, 일부 땅을 보상을 받고 내주고서도, 새로 난 대로변에 4층 건물을 짓는 일로 실현되었다.

• 1억 6천만원짜리 보약을 먹는 꿈

백발노인이 나타나 보약을 사 먹으라고 한다. 값을 물으니 1억 6천만원이라고 한다. 노란 황금색 약을 받아 쥐고, "이게 무슨 1억 6천만원 짜리가 되냐" 면서, 그냥 입에다 툭 털어 넣었다.

약은 어떤 일에 대한 방도, 능력, 영향력을 행사하는 자본이나, 재물・성과 등을 상징하는 표상물이다. 이러한 귀한 약을 먹었으니, 약값으로 상징된 이권이나 재물을 얻게 될 것을 예지해주고 있는 바, 복권 당첨으로 실현되었다.

• 길가에 떨어진 황금덩이를 주운 꿈
복권 1등 당첨을 예지한 꿈사례이다.

> 친구들과 여럿이서 길을 걷는데, 황금덩이가 눈앞에 나타났다. 누군가가 '먼저 줍는 사람이 임자'라고 말해서, 잽싸게 내가 뛰어가 줍고 보니, 딴 사람은 보이지 않고 나 혼자 남아 있었다.

복권 5장을 구입하고 복권 추첨날, 친구들과 술잔을 기울이다 깜빡 잠든 사이에 꾼 꿈이다. 혼자 있었던 꿈에서, 재물운이 자신에게 최우선적으로 주어질 것을 예지해주고 있다.

• 4개의 백금시계, 1개의 황금시계를 빌려 팔뚝에 찬 꿈
백금시계·황금시계는 명예·권리·이권·좋은 작품 등을 상징하는 것으로, 값이 고가이니 막대한 이권이나 재물을 상징하고 있으며, 이러한 것을 빌려서 팔에 찼다는 것은 자신의 소유로 했음을 뜻한다. 꿈속에서는 무엇인가를 얻거나 빌리거나 빼앗거나, 심지어 훔쳐 가지는 꿈도 좋다. 현실에서는 적극적으로 행동하여 이루어지는 일로 실현되고 있다.

• 바닷물에 죽어 있는 많은 소를 건져낸 꿈
바닷물에 죽어 있는 많은 소들 가운데, 70여 마리를 건져낸 꿈으로, 좋은 꿈임을 믿고 복권 7매를 구입하여 복권에 당첨되고 있다. 70여 마리의 죽은 소를 건져낸 꿈은 70마리의 죽은 소로 상징되는 이권이나 재물을 획득하게 될 것을 예지해주고 있다.

• 소를 몰아다 집의 쇠말뚝에 매어 놓는 꿈
'소'는 농사 경영에 있어서 가족처럼 소중한 존재이며, 죽어서는 고기와 가죽뿐만 아니라 꼬리·내장·뼈·피 등 버릴 것 하나 없이, 우리 인간에게 유용한 존재로 값진 동물이다. 그래서 집안식구·협조자·인적자원·집·사업체·재물·작품 따위 등을

상징할 수 있는 표상물이다.

이러한 소를 끌어다 말뚝에 매는 것은 소로 표상되는 어떠한 권리·이권·재물의 획득을 예지하고 있는 바, 현실에서는 복권에 당첨되고 있다. 상징적인 미래예지 꿈이기에, 복권 당첨으로 현실에서 실현되지 않는다 하더라도, 재물의 횡재수 등 좋은 일로 실현될 것이다. 다만 처한 상황에 따라, 재물이나 이권의 표상이 아닌, 소로 표상되는 인물 즉 집안에 며느리나 고용인을 새로 맞아들이는 꿈이나, 태몽꿈으로 실현될 수도 있다.

• 소금과 쌀을 싣고 친정집에 갔다 돌아오는 꿈

이 꿈은 복권 추첨 전날 밤에, 당첨자의 아내가 꾼 꿈이다. 소금과 쌀은 우리 생활에 없어서는 안되는 것으로, 재물을 표상하는 대표적인 상징물이다. 나아가 땔감이나 된장 또한 재물의 상징이다. 아내에게 있어서 친정집은 마음의 고향과 같이 늘 가고 싶은 곳으로, 그러한 곳에 소금과 쌀을 싣고 갔다가 돌아오는 꿈 자체가 어떠한 재물이나 권리의 획득을 예지해주고 있으며, 또한 복권 당첨으로 실현되고 있다.

덧붙이자면, 가정주부들의 꿈에 있어서 친정집은 꿈의 암시적 사연 여하에 따라 실제의 친정집일 수도 있고, 현재 거주하는 자기 집일 수도 있으며, 사업 거래처, 또는 산모의 꿈에 있어서는 산부인과병원을 친정집으로 바꿔놓을 수도 있다.

• 당첨이 된 꿈

통신 이용자의 꿈체험담이다.

"저는 예지몽을 자주 꾸는 사람인데, 제가 겪은 사소한 꿈의 사례를 적어볼까 합니다. 꿈에서 제가 마당에 서 있었는데, 하늘을 보니 네 명의 이름이 써있는 거에요. 그리고 폭죽이 터지면서, 제가 어디에 당첨이라도 된 것 같은 인상을 주는 그런 장면이었어요. 제 이름은 오른쪽 위쪽에 또렷이 보였고, 그 가운데로 어떤 할머니가 있는 거에요.

꿈을 꾸고 나서 예지몽 같다는 느낌에, 내가 어디에 당첨이라도 된 것 같은 예감이 들어서, 컴퓨터를 켜고 당첨여부를 확인했는데, 제 이름이 없더라구요. 그후, 그냥 며칠이 흘렀어요. 그런데 집으로 전화가 왔는데, 택배회사라고요. 나중에 알아봤더니,

홍익미디어에서 주관하는 이벤트에 2등으로 당첨이 되어서, 경품을 받았어요. '꿈이 생생하더니, 결국에는 이루어지는구나' 하고 생각하게 되었죠. 사실 이 꿈을 꾸고 나서, 한 보름쯤 지나고 경품을 받았거든요. 어쩌면 발표는 그보다 더 일찍 나왔는데, 제가 확인을 안 해봐서 몰랐던 거에요."

여러 사람의 이름이 써 있고, 폭죽이 터지는 축하의 꿈을 꾼 후에, 경품을 받는 일로 이루어지고 있음을 밝히고 있듯이, "꿈으로 자신이나 자신의 주변 일, 나아가 국가적·사회적인 일에 대하여 장차 일어날 일을 예지해주고 있다는 사실을 극명하게 드러내주고 있다."

• 별 다섯개가 하늘에서 내려와 이마에 앉는 꿈

제 1126회 주택복권(99.8.1.추첨)에서, 1·2등 4억 2천만원에 당첨된 대구에 사는 박모씨(38세)의 꿈사례이다. 박씨는 전형적인 복권애호가로, IMF로 인해 10여년 동안이나 운영해오던 사업장 문을 닫아야 했고, 부도난 어음과 빚 때문에 매일 매일 채권자들의 빚 독촉에 고달픈 나날을 지내야만 했었다.

그러던 어느 날, 꿈을 꾸었다.

"여름 밤 구름 한 점 없는 하늘에 은하수가 흐르고 있고, 쏟아질 듯 수많은 별들이 빼곡히 차 있는데, 갑자기 별 다섯 개가 하늘에서 내려와 저한테로 오는 것이었어요. 깜짝 놀라 서 있는 동안 별 다섯 개가 제 이마에 내려와 앉았고, 그 순간 잠에서 깨었지요."

박씨는 좋은 꿈을 꾸었다고 생각하고, 대구 지하철 월촌역 앞 가판대에서 복권을 구입했다. 평상시 같으면 조별로 6장을 사거나, 아니면 주인이 주는 데로 그냥 받아오곤 했지만, 그날은 5조에 5장을 연번호로 구입했다고 한다.

드디어 복권당첨을 확인하는 날, 박씨는 긴장된 마음으로 복권을 맞춰보는 순간 놀라지 않을 수 없었다. 총 5장의 복권 중에 1등이 1장, 2등이 2장으로, 당첨금이 무려 4억 2천만원에 당첨되었으며, 꿈이 예사로 여겨지지는 않았지만 정말 복권에 당첨될 줄은 전혀 몰랐던 것이다.

박씨 꿈의 특징은 아름다움과 풍요로움의 표상으로, 새삼 꿈의 신비로움을 느끼게 해주고 있다. 별 다섯개가 이마에 내려와 앉은 표상에서, 다섯이란 숫자와 관련된 일이 일어날 것을 예지해주고 있으며, 실제로 5와 관련된 5조에 5장을 연번호로 구입하여, 복권에 당첨되고 있다. 비슷한 사례로, 말이 수레를 끄는 마차가 하늘에서 내려와 이마에 멈춰선 꿈을 꾼 사람이, 말이 그려진 복권을 산후 당첨된 사례가 있다.

다만, 이러한 좋은 꿈을 꾸었다고 해서 반드시 복권당첨으로 이루어지지는 않는다는 것이다. 꿈을 꾼 사람이 처한 상황에 따라 복권 당첨, 주식으로 인한 엄청난 수익, 산삼을 캐게 되거나, 밍크 고래를 잡거나, 뜻밖의 유산을 물려받게 되거나, 기타 자신이 예상치 못한 엄청난 행운으로 실현될 것임을 꿈으로 예지해주고 있다.

이처럼 꿈은 우리 인간의 보이지 않는 운명의 길을 예지해준다. 요즈음의 필자의 좌우명을 소개한다. "우리 인간에게는 보이지 않는 운명의 길이 있다. 그러한 운명의 길을 조금이나마 어렴풋하게 보여주는 것이 바로 꿈의 세계이다."

필자의 별명중의 하나이자, 인터넷 필명은 '꿈에 살고, 꿈에 죽는다' 의 '몽생몽사(夢生夢死)' 이다. 필자는 이 필명이 너무나 마음에 든다. 필자의 아호는 몽생몽사를 줄인 '몽몽(夢夢)' 이다.

- '홍순래박사 꿈해몽' http://984.co.kr(인터넷), 984+인터넷접속버튼(핸드폰)

물고기, 동물, 곤충에 관계된 꿈

우리의 정신능력이 발현해내는 꿈의 세계에 있어, 꿈의 표상재료는 무궁무진하게 보여주고 있다. 이 경우에 꿈을 꾼 사람의 처한 상황에 따라, 각각의 상징물을 적절하게 등장시켜 활용하고 있다. 동물·식물·곤충에 관계된 꿈의 경우에 있어서도, 꿈의 표상물 전개가 좋게 이루어지고 있음은 물론이다. 대부분 잡거나 얻는 꿈이거나, 친근하거나 좋은 느낌의 밝고 풍요로움의 전개를 보이고 있는 것이 특징이기도 하다.

물고기는 재물을 상징하는 표상물이다. 물고기를 잡는 꿈을 꾸고 나면, 재물이나 이권을 얻는다. 처한 상황에 따라서는 태몽 꿈으로 실현될 수도 있지만, 대부분은 물고기로 표상된 어떤 권리·이권·명예를 얻거나 재물 등을 획득하기도 한다.

또한 지네·뱀같은 것을 잡는다든지, 죽이는 꿈도 좋다. 뱀이 몸에 감기는 꿈도 뱀으로 표상된 어떠한 재물·세력이나 영향력 하에 들어감을 예지해주고 있다. 이러한 꿈은 일반적인 상황으로는, 태몽 또는 애인이 생기게 될 것을 예지해 주고 있는 경우가 많다. 다만, 태몽에 있어서는 등장된 동물을 죽이는 꿈은 유산이나 요절 등 안좋게 실현된다.

1) 물고기 관련 꿈

• 호숫가에서 큰 잉어를 가슴에 안는 꿈

복권에 당첨되고 있는 바, 이처럼 꿈속에서 잉어 등의 물고기를 잡는 꿈은 재물이나 이권의 획득, 태몽 등 좋은 일로 실현되고 있다.

• 팔뚝만한 큰 물고기들이 봇물 위에 떠오른 꿈

고향에서 동네 어른들과 같이 물고기를 잡으려고 봇물을 막아 놓았다. 그리고 봇물을 트니까, 쏟아지는 물 위로 팔뚝만한 큰 물고기들이 하얗게 물을 덮으며 떠올랐다.

복권에 당첨되는 일로 실현되었다.

• 물고기 한 마리를 받은 꿈

961회 주택복권 1등 당첨으로, 1억 5천만원의 행운을 얻은 꿈사례이다.

"복권을 사기 며칠 전, 아내가 꿈을 꿨대요. 거울 같이 맑은 물에서 잉어랑 거북이, 뭔가 알 수 없는 발이 많이 달린 물고기들이 노니는 것을 보고 황홀경에 빠졌답니다. 옆집에 살고 있는 처제가 그중 한 마리를 건져 주기에, 받아 안았대요. 그게 행운의 전조였어요"

아내의 꿈이야기를 듣고 '혹시나' 하는 기대를 하면서, 10장의 주택복권을 샀던 것이 1등(1억5천만원)과 함께 끝자리가 다른 번호로 다복상(100만원)까지 총 1억5100만원에 당첨되고 있다. 꿈속의 전개는 풍요로움이 넘쳐나고 있으며, 물고기 한 마리를 건져주는 것을 받는 꿈으로 물고기로 상징된 재물을 획득할 것을 예지해주고 있다.

• 커다란 물고기(잉어)가 몸속으로 들어온 꿈

2006년 7월 5일, 인터넷 전자복권의 5분 키노에서 1등 4억원에 당첨된 한OO씨의 꿈사례이다.

"몇 년 전부터 제 자동차 번호와 아는 사람 자동차 번호를 조합하여, 매번 같은 번호로 키노와 로또를 구입하고 있었습니다. 뭐 특별한 의미가 있는 번호는 아니고, 문득 생각이 나서 조합해본 번호였는데, 이렇게 당첨이 되고 보니 좀 놀랐습니다.
그날 새벽에 커다란 물고기, 아마 잉어로 생각이 되는데.. 그게 제 몸 속으로 쑥 들어오는 꿈을 꾸었습니다. 처음에는 태몽이 아닌가 하고 의심이 갈 정도로 실감나는 꿈이라서, 뭔가 좋은 일이 있을 것 같더군요. 그래서 평소 구입하는 번호로 2장씩 복권을 사게 되었습니다. 처음에는 400만원쯤 된 줄 알고, 마냥 기분이 좋아져서 숫자를 다시 확인하는데, 세상에 4억이더군요."

꿈은 꿈을 꾼 사람이 처한 상황에 따라 달리 실현될 수 있다. 꿈을 꾼 본인도 태몽이라고 생각했을 정도로, 실제로 이렇게 물고기가 들어오는 꿈이 가임여건에서 태몽으로 실현될 수도 있다. 하지만 이렇게 사고 팔 수 있는 물고기가 재물의 상징으로 이루어지기도 하며, 이 경우 큰 물고기일수록 막대한 양의 재물을 상징하고 있다.

• 큰 물고기를 잡은 꿈

"가파른 언덕을 올라갔다. 정상에서 아래를 내려다보니, 파란 강물이 언덕 밑을 흐르고 있는데, 수많은 물고기가 물 밖에서 뛰어 놀고 있었다. 어느새 가까이 가서, 그 중 제일 큰 물고기를 한 마리 잡았다"

수많은 물고기를 본 것 중에 제일 큰 물고기를 잡는 꿈이었기에, 복권 당첨으로 실현되고 있다. 또한 가파른 언덕을 올라가 언덕의 정상에 오른 것은 난관을 뚫고, 즉 수많은 복권 구입자들의 여러 경쟁을 물리치고 성취됨을 뜻하는 것으로 볼 수가 있겠다.
이처럼 물고기를 잡는 꿈을 꾸고 나서, 대부분 재물이 들어오거나 좋은 일이 일어나고 있다. 단지 2등에 당첨된 것으로 보아, 아주 큰 물고기가 아닌 어느 정도 크기의 물고기를 잡은 것으로 추정된다.

• 작은 물고기 낚는 꿈으로 1천만원에 당첨

2007년 4월 26일, 인터넷 전자복권에서 2등 1천만원에 당첨된 박○○씨(50,경남)의 꿈 사례이다.

"저는 취미삼아 낚시를 종종 즐기는 사람입니다. 그런데 어제 꿈에는 자주 가던 낚시터가 보이더군요. 평소처럼 낚싯대를 던졌는데, 뭔가 무는 느낌이 왔습니다. 그래서 힘껏 당겼는데, 도무지 딸려오지를 않더라구요. '얼마나 큰 놈이길래.' 하며 있는 힘을 다해, 다시 당겨봤지요. 결국 한 마리가 낚였는데요. 생각했던 것보다는 그리 크지는 않더라구요.
그런데 자세히 보니, 생전 처음보는 정말 특이하게 생긴 고기였습니다. 낚시터야

제가 자주 가던 곳이고, 낚시는 평소 취미이니, 물고기 한 마리 잡는 꿈 쯤은 그리 특별하게 생각하지는 않았습니다. 하지만 당첨이 되고 보니, 그 꿈이 복권에 당첨되려는 꿈이었나 봅니다."

생각했던 것 보다는 그리 크지는 않던 꿈의 결과에서, 현실에서도 비교적 적은 액수인 1천만원에 당첨되고 있다. 또한 "힘껏 당겼는데 도무지 딸려오지를 않더라구요"에서 알 수 있는 바 억지로 한 마리 잡았듯이, 현실에서도 인터넷 전자복권에서 어렵사리 애쓴 끝에 당첨되는 일로 실현될 것이다.

• 아름다운 잉어 한 마리가 튀어 올라 따라오는 꿈

"어렸을 적 놀았던 강가에서 수영을 하고 있는데, 바로 제 옆에서 큰 잉어 한 마리가 수면위로 튀어 오르면서, 저를 따라 오고 있는거에요. 투명한 물 사이로 햇빛에 반사되는 잉어가 그렇게 아름다울 수 없었어요"

꿈은 반대가 아닌 상징의 이해에 있음을 알 수 있는 바, 아름다운 잉어가 따라오는 꿈이 현실에서는 즉석식 복권으로 크레도스 승용차에 당첨되는 일로 실현되고 있다.
이밖에도 강에서 물고기 떼가 몰려오는 꿈으로 더블복권 3억원(97.9. 박모씨)에 당첨된 사례가 있으며, 탐스런 물고기를 낚는 꿈으로 3억 6,000만원(16회차 월드컵복권)에 당첨된 사례가 있다. 이처럼, 물고기를 잡는 꿈은 물고기로 상징된 이권이나 재물을 획득하는 일로 이루어지고 있으며, 가임여건에서는 태몽으로 실현될 수도 있다.

2) 동물 관련 꿈

• 뱀(독사)을 여러 마리 잡는 꿈

2003년 2월 5일 찬스복권 두 장으로 1억원에 당첨된 꿈사례이다.
장모씨(30대)는 사각으로 생긴 조그마한 웅덩이에 낚싯대를 집어넣어, 독사를 여러 마리 잡는 꿈을 꾸었다. 평소 잠에서 깨어나면 쉽게 꿈 내용을 잊어버렸지만, 이 날은 오전 내내 꿈 내용이 머릿속에서 떠나지 않았다. 결국 장씨는 복권방으로 발걸음을 옮겨 로또복권을 몇 장 구입하고, 남은 돈으로 찬스복권을 마저 구입한 바, 잠들기 전에 확인한 찬스복권 두 장이 모두 오천만원 총 1억원에, 당첨되는 일로 실현되었다.

이처럼, 꿈속에서 뱀 등 무언가를 잡거나 얻는 꿈은 동물로 상징된 이권이나 재물을 얻는 일로 실현되고 있다. 낚시로 독사를 여러 마리 잡는 꿈으로 1억원에 당첨되고 있는 바, 이렇게 낚시로 뱀을 잡는 황당한 전개의 꿈이야말로, 장차 일어날 일을 상징적으로 보여주는 상징적인 미래예지 꿈의 특징이다. 이러한 상징적인 미래예지 꿈의 실현은 현실에서 반드시 일어나며, 그 결과 또한 피할 수 없음을 여러 사례에서 찾아볼 수 있다.

다만 꿈을 꾼 사람이 처한 상황에 따라 재물이나 이권을 획득하는 것 이외에, 뱀을 잡는 꿈이 이성을 얻게 되거나, 가임여건에서는 태몽 꿈으로도 이루어질 수도 있다.

• 누워 있던 자리에 수백 마리 뱀들이 무리 지어 있는 꿈

제1216회 주택복권에서 4억 2천만원에 당첨된 강○○씨(43)는 주택복권 10장을 구입한 지 이틀 후에, 자신이 누워 있던 자리에 수백 마리 뱀들이 무리 지어 있는 꿈을 꾸었다. '예사롭지 않은 꿈' 이라는 생각에 부인에게만 말하고, 다른 사람에게는 일체 꿈 이야기를 하지 않았다.

꿈의 실현은 주택복권 1·2등 총 4억2천만원에 당첨되는 일로 이루어졌다. 일반적으로 뱀(구렁이)은 크게 세 가지 상징의미를 지니고 있는 바, 재물이나 이권, 이성(異姓)의 상대방, 사건이나 사고 등으로 많이 실현되고 있다. 이 꿈에서는 재물의 상징으로 이루어졌으며, 재물의 상징인 뱀이 자신의 자리에 수백 마리가 무리지어 있는 꿈으로, 장차 재물운이 있게 될 것을 예지해주고 있다. 덧붙이자면, 좋은 꿈을 꾼 경우 여기저기 이야기 한다고 해서, 꿈의 실현이 이루어지지 않는 것은 아니다. 다만, 신비한 꿈의 세계가 어떻게 전개될 것인지 모르기에, 장차 꿈으로 예지된 일이 일어날 때까지 경건한 마음자세를 지닐 것을 강조하는데서, 이런 말이 생기게 되었다고 해야 할 것이다.

• 구렁이가 자신의 몸을 칭칭 감는 꿈

"10년만에 얻은 둘째딸과 똑같은 태몽꿈이었지요. 아내가 '또 딸을 낳느냐'고 하는 것을 이건 '둘째를 점지해 준 삼신할머니가 복을 가져다 주려는 것'으로 생각하고 복권을 구입했는데, 아니나 다를까 구입한 복권이 3억5천만원에 당첨되었습니다.

구렁이의 상징이 재물이나 이권, 태몽꿈이나, 이성의 상대방을 상징하는 표상으로 등장하고 있음을 앞서 말한 바 있다.

• 주머니에 뱀과 지네가 들어있는 꿈

98년 10월, 더블복권 4억원에 당첨된 충주의 김모씨(32) 사례이다.

한번은 배가 갈린 돼지가 붉은 피를 쏟으며 재래식 화장실에 빠지는 꿈이고, 한번은 주머니에 뱀과 지네가 들어있는 꿈이었다. 이후로 더블복권을 연번호로 계속 구입했다가, 1·2등에 모두 당첨되었다.

자신의 주머니에 뱀과 지네가 들어있는 꿈으로 복권에 당첨되고 있는 바, 뱀과 지네가 재물의 상징으로 실현되었음을 알 수 있다. 이 경우 자신의 주머니 안에 있는 표상이기에, 재물의 획득이 장차 있게 될 것임을 예지해주고 있다. 배가 갈린 돼지가 붉은 피를 쏟으며 재래식 화장실에 빠지는 것을 보는 꿈도 또한 좋은 꿈이다. 돼지·피·똥(대변) 모두 재물의 상징으로 자주 등장되고 있으며, 꿈속에서 그러한 상징물들을 보거나 확보하는 꿈의 전개인 경우, 현실에서 재물을 얻게 되는 행운으로 실현되고 있다.

• 뱀에 물린 다리에서 하얀 피가 철철 나는 꿈

2005년 6월 20일 새벽, 인터넷 전자복권 메가밀리언에서 1천만원에 당첨된 이○○(25세)씨의 꿈사례이다.

"며칠 전에 특이한 꿈을 꾸었습니다. 커다란 뱀이 여자 친구를 향해 기어오더니, 다리를 물어 뜯더라구요. 뱀에게 뜯긴 여자 친구의 다리에서는 하얀 피가 철철 흘러 내렸구요. 너무 놀라 식은땀을 흘리며 꿈에서 깬 기억이 아직도 생생합니다."

꿈의 신비함은 우리 인간의 상상을 뛰어넘어 이루어지기도 한다. 꿈의 실현이 1천만 원 당첨으로 이루어진 사례이지만, 다소 운좋게 뱀이 재물의 상징으로 이루어져 실현된 사례이기도 하다. 1천만원의 당첨을 예지해준 꿈이 아닌, 안좋게는 장차 여자 친구의 실제의 다리부분에 어떠한 사고를 당하거나, 여자 친구의 다리로 상징된 어떤 일거리나 대상을 지탱하는 하부적인 부위에 결정적 손실을 입을 것을 예지해주는 꿈으로 실현될 수도 있다.

대부분의 경우에 있어서, 우리가 꾸는 꿈의 상징의미에 대하여 알쏭달쏭하게나마 본인이 깨닫게 해주고 있다. 이 경우 꿈의 전개도 중요하지만, 꿈속에서 느낀 정황이나 마음이 더욱 중요하다. 예를 들어 키스를 하는 꿈이었다고 하더라도, '신선하고 좋은 느낌의 키스꿈이었는가?' '억지로 마지못해 하면서, 냄새나는 키스였는가?'에 따라 꿈의 실현 결과는 달라진다. 따라서 꿈을 꾼 사람이 꿈속의 느낌을 알고 있기에, 꿈의 의미를 가장 잘 해몽할 수 있는 것이다.

일반적인 꿈에 있어서는 뱀에게 다리를 물린 부분에 교통사고나 사고를 예지하는 꿈으로 실현될 가능성이 높다. 일반적으로 뱀의 상징은 어떠한 사람이나 재물, 또는 사고 등 외부적 영향력을 상징하고 있다. 여기에서는 커다란 뱀이 재물이나 이권의 상징으로, 뱀에 물렸다는 것은 그러한 재물적 이익의 영향권 안에 들어가게 되는 것으로 실현되었다고 볼 수 있다.

• 장닭이 손가락을 물은 꿈, 고양이가 새끼를 낳은 꿈
2006.10.22일 인터넷 카페에 올려진 꿈체험기로, 농구 토토 5,600만원에 당첨된 체험 사례를 그대로 전재해 살펴본다.

"안녕하세요. 차돌이라는 닉네임을 쓰는 사람입니다. 저의 꿈체험담을 여러분께 알려 드리려고 글을 올렸습니다. 제가 얼마 전, 농구 토토복권 5,600만원에 당첨이 되었습니다. 제가 복권을 구입한 그날 밤에 꾼 꿈입니다. 시골집이었구요. 제가 서있는데 장닭 한 마리가 저한테 오더니, 갑자기 저의 손가락을 물더라고요. 순간 놀랐지만 아프진 않았구요. 장닭도 저의 손가락을 물고 나서는, 저한테 애교를 부리는데 귀엽

더라고요. 옆에 저의 어머니가 계셨는데, 어머니가 하시는 말씀이 "장닭이 제가 좋아서, 그렇게 애교를 부린다"고 말씀하시더라고요.

그리고는 장면이 바뀌어서 역시 시골인데, 제 앞에 어미 고양이가 새끼 고양이를 출산하는데, 출산한 마리수가 5마리더라고요. 저는 앞에서 어미 고양이의 출산하는 모습을 지켜 봤구요. 그중 한 마리를 제 품에 안았습니다. 너무 귀엽더라고요.

꿈에서 깬 다음날 농구 경기가 있었는데, 제가 스코어를 다 맞추었습니다. 배당이 무려 2800배가 나왔더라고요. 제가 2만원을 배팅했는데 5,600만원 대박이 터진 겁니다. 정말 기뻤습니다. 참고로 저는 스포츠토토 복권을 매일 구입하는데, 이번 말고도 당첨된 적이 몇번 있습니다. 그런데 항상 전날 밤에 길몽을 꿉니다. 그러면 다음날은 100프로는 아니지만, 당첨이 잘 되더라고요. 꿈이 정말 복권 당첨을 예지해주는 것이 맞는 것 같습니다. 감사합니다."

장닭이 손가락을 문 꿈, 고양이가 새끼를 낳은 꿈으로 스포츠토토 복권에서 5,600만원에 당첨되고 있다. 일반적으로는 장닭이 손가락을 문 꿈이 좋은 꿈은 아니다. 꿈 속에서 무섭게 느껴진 닭이 손가락을 문 꿈이었다면, 현실에서는 손가락을 다치게 되거나, 손가락으로 상징된 자신과 관련된 사람이 해를 입는 일로 실현되는 것이 보통이다. 하지만 이 꿈에서는 아프지도 않았고, 무엇보다도 장닭이 애교를 부리는 표상으로 좋은 일로 일어나게 될 것을 예지해주고 있다. 미혼인 경우, 일반적으로는 장닭으로 상징된 사람이 정겹게 다가오는 일로도 실현될 수 있다.

또한 같은 시기에 꾼 고양이가 새끼를 낳는 것을 보는 꿈은 아주 좋다. 일반적으로 출산의 꿈은 어떠한 성취·성공을 이루어내는 것을 상징하고 있으며, 그중 한 마리를 자신의 품에 안는 꿈은 그러한 성취나 성공이 자신에게 이루어질 것을 예지해주고 있다.

• 많은 강아지에게 둘러싸인 꿈
"많은 강아지가 자기 주위에 몰려들어, 뒹굴고 물고 넘어지고 재롱을 떨다가 갑자기 자신에게 달려들어 꿈을 깼다"

복권 구입 전날 꿈을 꾸었는데, 돼지꿈은 아니지만 많은 강아지로 표상된 재물운이 들어올 것을 예지해주고 있다. 당사자의 말을 들어보면, 개에 관한 꿈도 길몽인것 같다고 하면서, "평소에도 자식들이 강아지를 상당히 좋아하는데, 동물을 사랑하는 마음을 하늘도 알았나 봅니다."고 말하고 있다.

하지만 개에 관한 꿈이 좋은 것이 아니라, 꿈속에서 어떻게 표상되어 나타나는가에 달려 있다고 하겠다. 이 꿈에서도 많은 강아지가 좋게 다가온 상징표상에 유의하여야 할 것이다.

- **쓰다듬어 주던 개가 절을 하는 꿈**
인터넷 전자복권 5분키노에서, 2등 2베팅에 당첨된 윤00(27세,충남)의 꿈사례이다.

> "자동선택으로 5분 키노를 구입하게 되었습니다. 그런데 세상에 이런 일이, 2등에 당첨이라네요. 그것도 2베팅이나, 도무지 믿기지가 않아, 확인 전화를 했고, "축하한다"는 말을 듣고서야, '정말로 당첨되었구나' 싶었습니다.
>
> 며칠 전에 꿈속에 개가 나오는 '개 꿈'을 꿨는데요. 평소에는 개를 그다지 좋아하지 않을 뿐더러, 무서워하는 편이었습니다. 그런데 그날 꿈에는 털이 복실복실한 개가 저한테 다가오기에, 무서워하지도 않고 쓰다듬어 주었지요. 그랬더니 저한테 절을 넙죽 하지 않겠어요? '개 꿈치고는 참 희한한 꿈이다' 싶었습니다. '혹시 로또에 당첨되지 않을까' 해서, 로또도 구입해 뒀구요. 그런데 로또는 낙첨이고, 키노에서 행운이 왔네요. 이런 개 꿈이라면 언제라도 환영입니다."

꿈속에서는 산신령도 등장하기도 하면서, 꿈의 표상재료는 무궁무진하게 펼쳐지고 있다. 하지만 그 어떤 꿈이라도 꿈을 꾼 자신은 꿈의 의미를 어렴풋하게나마 알 수 있다. 이는 '꿈은 반대가 아닌, 상징의 이해에 있다.' 라는 사실을 떠나서, 꿈이 밝고 풍요로우면서 기분 좋은 전개를 보이는 꿈인 경우 막연한 기대감을 갖도록 해주고 있다. 그러한 기대감에서 복권을 구입하여 실제로 당첨되고 있음을 볼 때, 꿈의 예지력의 신비함에 감탄을 금하지 않을 수 없다.

참고로 다들 아시겠지만, 우리가 흔히 말하는 '개꿈'이란 개가 나오는 꿈이 아닌, 꿈을 꾼 것 같은데 잘 기억도 안나는 흐지부지의 꿈을 '개꿈'이라고 한다. 개떡, 개살구, 개복숭아 등에서 알 수 있듯이, 접두사로 '하찮은' 의미를 지니고 있다. 이 경우에는 개를 붙여쓰는 것이 올바르다.

• 돼지꿈이나 백조, 호랑이 새끼꿈, 귀인이 나오는 꿈

"약혼녀가 며칠부터 돼지꿈이나 백조, 호랑이 새끼 꿈을 꾸었다면서, 이럴 때는 복권을 사야 한다고 하기에, 퇴근길에 5장을 샀습니다. 당첨 전날은 이회창씨가 꿈에 나와 혹시 낙첨이 되나 걱정도 했는데, 1등은 놓치고 2등을 맞췄으니 꿈대로 된 것 같습니다."

윤씨가 산 복권은 희한하게도 2등(1억3,000만원), 3등(7,000만원)을 맞췄다. 1등의 바로 뒷번호, 전전번호이다.

꿈속에서 동물이 등장하는 경우, 동물이 이권이나 재물의 상징이 될 수 있다. 하지만 이 경우 꿈속에서의 동물에 대한 정황이나 느낌이 무섭다기 보다는 친근하고 부드러운 느낌을 주는 경우이어야 한다. 대통령 선거에서 떨어진 이회창씨가 꿈에 등장되어 1등이 아닌 2등에 당첨되었다고 말하고 있는 바, 이는 올바른 해석이라고 볼 수 있다. 꿈속에 나타나는 인물의 상징성 여하에 따라 현실에서 그대로 이루어지고 있다.

• 거북이 두 마리가 자신의 어항에 담겨있는 꿈

더블복권 제 147회차에서 3억원에 당첨된 꿈사례이다.

복권추첨이 있기 전날, 부인인 이씨는 심상치 않은 꿈을 꾸었다. 새파란 거북이 두 마리가 자신의 어항에 담겨있는 꿈이었는데, 태몽이 아닐까하는 생각을 했다고 한다.

이 꿈의 경우 일반적으로 가임여건에서는 태몽으로 실현될 수도 있다. 이 경우 꿈속에 등장된 동물의 숫자에도 반드시 상관성이 있다. 두 마리의 거북이기에 쌍둥이를 두게 되든지, 장차 자녀 둘을 두게 되는 것으로 실현될 것이다.

현실에서는 3억원에 당첨되고 있는 바, 이 경우에도 꿈속에서 등장된 동물의 숫자의

상징과 일치해야 한다. 거북이 두 마리를 보는 꿈으로 더블복권에 3억에 당첨이 되었다면, 현실에서는 거북이 두 마리로 상징된 1억5천짜리 두 장의 복권을 상징하는 표상이어야 한다. 더블복권의 3억원이 1등 한 장에 3억원인지, 1등이 두 장으로 나누어질 수 있는 것으로 각각 1억 5천만인지 잘 모르지만, 꿈의 표상대로라면, 반드시 둘이란 숫자와 관련되는 것으로 이루어져야 한다.

- **거북이 두 마리가 알을 낳는 꿈**

    "연못에 놀러갔는데, 거북이 세 마리가 한가롭게 연못 속에서 놀다가, 그중 두 마리가 자신이 앉아 있는 물가로 나와, 흙속에다 알을 낳는 꿈을 꾸었다"

앞서 보여준 꿈사례와 마찬가지로, 복권 2장이 당첨될 것을 예지해 주고 있다.

- **자라를 구해주는 꿈**

    "보름달이 세상을 훤히 비추고 있었어요. 숲속을 걷는데 악취가 나는 웅덩이에서, 자라 세 마리가 죽어가고 있더군요. 맑은 호숫가를 찾아, 자라 세 마리를 방생해 주었어요. 그중 한 마리는 불행히도 죽고, 두 마리는 고마운 듯 나를 한번 뒤돌아보더니, 유유히 물살을 가로질러 호숫가 속에 비친 달 속으로 사라지더군요."

꿈을 꾼 후에 복권을 구입한 바, 복권에 당첨되고 있다. 이는 점심 식사후 졸다가 꾼 꿈으로, 그날 장사를 끝내고 가게를 나오다가 복권판매소가 눈에 띄어 또또복권 3장을 구입했다. 그 3장의 복권 중에 2장이 2억 5천만원이 당첨되었는데, 이는 방생해 준 자라 세 마리 중에, 한 마리가 죽고 살아난 두 마리가 살아난 꿈의 표상과 일치하고 있다.

덧붙이자면, 졸다가 꾸거나 깊은 밤에 꾸거나 상관이 없다. 중요한 것은 꿈이 얼마나 생생하냐에 달려 있다.

- **두꺼비와 대화를 나누고 그놈을 선도하는 꿈**

동물로 표상되어 나타난 대상에 대해서 은혜를 베풀면 좋은 일이 일어나고 있으며,

반면에 부탁을 뿌리치는 일로 끝나면 안좋은 일로 실현되고 있다.

두꺼비와 대화를 나누고 그놈을 선도하는 꿈에서, 두꺼비로 표상되는 어떤 사물이나 사업대상, 아니면 두꺼비로 동일시되는 어떤 사람을 선도할 일과 관계된 표현으로 볼 수 있다. 이 꿈사례의 특징은 두꺼비와 어떤 말을 주고 받았는지는 모르나, 그것과 대화를 하였으며 또 그놈의 갈 길을 잘 인도해 주었다는 것이다.

이렇게 동물과 대화를 하고 동물이 말을 하는 것도 꿈의 독특한 표현 수단의 하나이다. 어찌보면 조상이나 산신령님이 나타나서 일러주는 경우와 다름이 없다. 따라서 이런 동물이 등장해서 좋은 내용으로 전개되는 꿈을 꾸었을 때는, 현실에서 좋은 일로 실현되고 있다. 윗 꿈에서도 두꺼비와 대화를 했으며 두꺼비를 선도하였다는데서, 어떠한 좋은 일이 일어날 것을 예지하여 주고 있다고 해야 할 것이다. '두꺼비와의 대화'는 그 일이 행운이나 횡재수로 나아가는 내용이었을 것으로 추정된다.—글: 한건덕.

3) 곤충 관련 꿈

• 거미가 생생이 기어가는 꿈

제 170회차 더블복권에서 3억원에 당첨된 꿈사례이다.

"꿈에 거미를 보았습니다. 평소에도 거미를 보면 손님이 온다고 해서 무척 좋아했었거든요. 그런데 꿈에서 거미가 너무 생생히 기어가는 것을 보고는 바로 복권을 샀지요."

거미를 보고 당첨되었다고 밝히고 있지만, 꿈속에서 거미를 보았다고 해서, 반드시 재물운으로 이루어지지는 않는다. 평상시에 거미에 대한 호감의 여부, 꿈속에 등장된 거미에 대한 정황과 느낌이 중요하다고 할 수 있다. 무섭게 느껴지는 거미였다면, 현실에서는 거미로 상징된 벅찬 사람이나 대상에게 시달림을 받거나, 병마(病魔)에 시달리는 일로 실현될 수도 있다. 이밖에도, 끝이 안보일 정도의 큰 구렁이가 꿈에 나타난 꿈, 잉어와 가재 등을 가슴에 안는 꿈, 친구들과 야유회를 가는데 자신 혼자만이 코끼리를 타고 가는 꿈으로 복권에 당첨된 사례가 있다.

용이나 호랑이와 관련된 꿈

1) 용과 관계된 꿈

용은 권세, 부귀영화, 명예, 이권, 세력가, 기관이나 단체 등 최고의 권위를 자랑하는 사람이나 세력을 상징하고 있다. 좋은 꿈의 전개로 이루어진 경우, 현실에서도 자신이 처한 환경에 따라, 복권 당첨이나 대회 우승·승진·합격 등 좋은 일로 실현되고 있다. 용에게 어깨를 물린 꿈을 꾼 뒤, 시가 4억원짜리 주택을 경매에서 헐값으로 낙찰을 받은 사례가 있다. 용을 부리는 꿈이거나 용을 타고 하늘을 나는 꿈은 아주 길몽이다. 비행기를 타고 나는 꿈 또한 꿈의 상징의미는 유사하다고 하겠다. 하지만 용꿈이라고 다 좋은 것은 아니다. 용이나 비행기를 타고 날다가 추락하는 꿈 등은 성취 일보 직전에 아쉽게 좌절되는 일로 실현되고 있다.

• **새벽녘 꿈에 샘물에서 목욕을 하고, 용과 함께 승천하는 꿈**
꿈속에서 세수나 목욕을 하면 신분이 새로워지는 등의 좋은 일로 실현되고 있는 바, 여기에 덧붙여 용과 함께 승천하는 꿈을 꾸었으니 아주 좋은 꿈이다. 당사자는 결혼한지 꽤 오래 되었는데, 아직 애기가 없던 차에 태몽일 것이라고만 생각했는데, 복권에 당첨되었다고 말하고 있다.

이러한 꿈은 실제로 태몽꿈으로 장차 아기가 태어나는 일로 실현될 수도 있다. 이 경우 용이 승천하는 꿈이 표상하는 바와 같이, 장차 훌륭한 인물이 될 것임을 예지해주고 있다. 이 경우 실제로 복권에 당첨되지 않았더라도, 합격이나 승진 등의 기타 다른 좋은 일로 실현될 것을 꿈으로 예지해주고 있다.

• **용이 자신을 품고 구름위로 올라가는 꿈**
배모씨(62세)는 용꿈으로, 주택복권 제1350회에서 3억원에 당첨되었다.

"시퍼런 용 두 마리가 나를 품고 구름 위로 올라가는 꿈이었어요. 그러더니 새빨간 불을 내뿜더라구요. 깜짝 놀라 깨어났는데, 꿈이 너무도 생생해서 머릿속에서 지워지지가 않더라구요. 내 생전 그렇게 화려한 색깔이 있는 꿈은 처음이었어요."

이처럼 좋은 전개의 용꿈은 꿈을 꾼 사람이 처한 상황에 따라, 권세나 부귀영화를 얻거나, 이권이나 명예를 얻게 되거나, 태몽 등의 좋은 일로 이루어지고 있는 바, 여기에서는 복권에 당첨된 일로 이루어지고 있다. 또한 생생한 꿈일수록, 커다란 일로 실현되는 특징이 있다. 덧붙이자면, 나이 드신 분이 이러한 꿈을 꾸는 경우에는 죽음예지의 꿈이 될 수도 있다.

• 화려한 색깔의 용 한 마리가 튀어 오르는 꿈
기업복권으로 리오 승용차에 당첨된 꿈사례이다. 이모씨(25)는 도서관에서 공부하다 잠깐 잠이 들었는데, 맑은 푸른 바닷물에서 갑자기 회오리 물결이 치더니, 화려한 색깔의 용 한 마리가 튀어오르는 꿈을 꾸었다.

"용꿈을 꿔 본 적도 없지만, 그렇게 큰 용은 그림으로도 못 봤어요"

이런 꿈은 가임여건에서는 태몽으로 이루어질 수도 있다. 어찌보면 화려하고 커다란 용꿈에 비하여, 승용차 당첨으로 이루어진 현실이 빈약한 결과로 이루어졌다고 볼 수 있다. 이런 꿈을 꾼 경우에는 상징적인 미래예지 꿈의 실현을 믿는다면, 사소한 즉석식 복권보다는 로또 당첨에 올인하는 것이 좋을 것이다.

• 용이 여의주를 물고 승천하는 꿈
"신년 초부터 예감이 좋았습니다. 새해가 시작되고 얼마 안되어, 용꿈을 꾸었거든요. 용의 생김새를 자세히 생각해 본 적도 없었는데, 꿈속에서는 아주 생생하더군요. 말 그대로 용이 여의주를 물고 승천하는 꿈을 꾸었지요. 기분이 좋다 못해 두렵기까지 한 꿈이었습니다."

월드컵복권에서 3억원에 당첨된 꿈사례이다. 용이 승천하는 꿈은 용으로 상징된 권세·명예·위엄을 널리 떨치게 될 것을 예지해주고 있다. 이 경우, 꿈속에 등장된 용은 꿈을 꾼 자기 자신의 분장된 자아이기도 하다.

• 용이 자신을 태우고 어디론가 날아가는 꿈
"꿈에 머리가 큰 용이 나타나 우리집 지붕위에서 누군가를 기다리는 거예요. 처음에는 너무 겁이 나서 가까이 갈 수 조차 없었는데, 그 용이 저를 부르는 것 같았어요. 제가 가까이 가니, 태우고는 어디론가 날아가는 거예요. 그러면서 잠이 깼지요."

주택복권 3억원에 당첨된 이씨의 꿈체험담이다. 이씨는 친구가 사준 복권이 1만원에 당첨되어, 다시 주택복권 10장으로 교환했다. 그리고 2주일이 흐른 어느날 밤, 용을 타고 날아가는 꿈을 꾸고 나서, 10장 중 1장이 1등에 당첨되는 현실로 실현되었다.

역시 용꿈은 부귀영화를 상징하는 대표적인 상징표상임을 보여주고 있다. 필자의 사이트에서 용을 검색해보면 알지만, 용꿈의 태몽꿈이나 용이 나타나는 꿈에 있어서 최상의 권세·부귀·명예·재물운 등 좋은 일로 실현되고 있다. 더구나 용꿈의 표상전개에 있어, 용이 부르고 또한 자신을 태우고 어디론가 날아가는 표상에서, 좋은 일이 있을 것임을 예지해주고 있다고 해야 할 것이다. 다만 이 경우에 병석에 있거나 나이 드신 분의 경우라면, 자신의 죽음을 예지하는 꿈으로 실현될 수도 있다.

• 용이 날아오르는 꿈
다음은 원주시에서 최금복씨가 보내온 꿈이야기이다.

"제가 스물 여섯에 남매를 낳고 피임상태였습니다. 어느날 밤 꿈에, 용 한 마리가 소나무 숲을 이리저리 돌아 산 꼭대기까지 올라가 하늘에 붕 뜨며 오르는 것을 보았습니다. 등쪽은 초록색이며, 배는 붉은 주황색이고, 뿔도 있고 다리도 달린 모습을 지금도 잊을 수가 없습니다. 꿈에서 깨어나 사람들에게 물어 보았더니, 태몽이라고 하였습니다. 나는 피임을 하였다고 하였습니다. 그후로 특별한 일 없이 지냈습니다.
그런데 15년이 지난, 내가 41세 되던 93년도 가을 새농민 '독자체험수기'를 응모

하였습니다. 처녀 시절부터 책에서 당선작을 보면 글을 쓰는 사람이 늘 부러웠고, 서울이란 높은데 가서 많은 사람들 모인 가운데서 상을 타보는 것이 꿈이고 희망이었습니다.

그런데 그 꿈이 이루어졌습니다. 원고 보낸 것이 당선작으로 뽑혔다고 전화가 왔고, 난 100만원이란 상금과 서울 농협중앙회에 올라가 시상을 하는 영광을 안았습니다. 앞을 못보시는 시부모님과 20년간 함께 살면서 겪은 이야기가 새농민 93년 10월호에 기재되고 난 후, 3개월이 지난 94년 1월 29일 군심사, 도심사, 서울심사를 걸쳐 삼성복지재단에서 주는 효행상을 수상하는 영광을 안게 된 것입니다. 서울 명동 국제회의실에서 화려한 시상식과 상금 600만원, 경품 12가지의 상품 등등 정말 많은 상을 받았습니다. 그로 인하여 TV 프로 6시 내고향 프로에 주인공이 되기도 하고, 각 방송 뉴스에 한 번씩 보도되는 정말 꿈같은 영광을 안았습니다. 용꿈을 꾼지 15년 만에 이루어진 것입니다."

실제로 용꿈의 경우 가임여성이라면 태몽일 가능성이 높다. 또한 주변에 누군가의 태몽을 대신 꿔주는 꿈이 될 수도 있다. 용꿈이 좋은 꿈이라는 사실은 널리 알려져 있다.

단 이 경우 꿈속에서의 표상이 좋게 나타나 있어야 한다. 피투성이가 되어 하늘을 나는 태몽꿈으로 태어난 음악가 고(故) 윤이상씨의 일생이 순탄치 않았던 것처럼, 용꿈이라 하더라도 하늘을 올라가다가 도중에 떨어지는 상징표상의 용꿈을 꾸었다면, 어떠한 일이 실현되려다가 도중에 이루어지지 않을 것임을 알 수가 있겠다. 예를 들어 회사의 과장 승진 대상에 들었다가 막판에 떨어지게 되고, 주택복권의 경우 다 맞아 가다가 끝에서 한 두 자리가 틀리는 일로 실현될 수 있다.

용꿈을 꾸고나서 15년 뒤, 명예로운 일로 실현되고 있음을 밝히고 있다. 최금복씨의 용꿈 표상은 좋게 나타나고 있어, 장차 현실에서 좋은 일로 실현될 것임을 예지해주고 있다. 단 이 경우, '현실에서 언제 실현되는가'의 문제에 대해서는 그 사람이 처한 상황에 따라 다르게 실현될 수가 있을 것이다. 최금복씨의 경우처럼 드물게는 15년~30년 뒤에 실현되고 있음을 잘 알 수 있겠다. 이 경우 태몽꿈의 경우는 일평생을 예지해주고 있다는 점에서, 꿈의 신비로움에 새삼 경탄하게 한다.

2) 호랑이와 관계된 꿈

호랑이는 동물 중의 왕이요, 영험하고 용맹스럽다고 여겨져 왔다. 따라서 호랑이의 표상을 사람과 결부시켜 본다면, 권세와 명예를 가지는 사람을 상징하고 있다. 또한 사물과 관념의 표상으로써, 최고 최대의 권세·명예·재물운·이권·좋은 작품 따위를 나타내주고 있다. 또한 여기에 별도로 언급하지 않았지만, 사자꿈의 경우에도 호랑이와 같은 해석을 하면 된다.

- 호랑이가 집을 지켜주는 꿈

'호랑이가 집을 지켜주었다'는 부인의 꿈을 들은 남편이 복권을 산 후에 복권에 당첨되고 있는 바, 호랑이가 집을 지켜주는 꿈이 재물운인 복권 1등 당첨으로 실현되고 있다.

- 호랑이, 용, 예쁜 여자를 죽인 꿈

"처음에 호랑이 한 마리가 나타나 물려고 덤비므로, 그 놈과 싸웠다. 어느덧 호랑이는 용으로 변했고, 또 싸우다 보니 용은 예쁜 여자가 되어 애교를 부리는 것을 '너도 마찬가지 적이다'라고 호통쳤더니, 그 여자는 다시 용으로 변해 덤비는 것을 그의 목을 졸랐더니, 그 용이 마침내 죽어 버렸다."

고시 합격자의 꿈이다. 호랑이, 용, 여자 그리고 다시 용이 되어 덤비는 것을 죽이는 꿈이니, 정복·제압·굴복시킴에 있어 여러 단계를 거치는 어려움을 상징하고 있다. 하지만, 완벽하게 제압하였기에, 결국은 용으로 상징된 최고의 권세·부귀·명예를 획득하게 될 것을 예지해주고 있는 바, 꿈을 꾼 사람이 처한 상황에서 가장 절실했던 고시 합격으로 실현되고 있다. 이 경우 주식투자자라고 한다면, 여러 어려움 끝에 엄청난 수익을 얻는 일로도 실현될 수 있다.

• 호랑이가 달려들어 품에 안는 꿈

형수씨의 꿈으로 복권에 당첨되고 있는 바, 일반적으로는 가임여건에서 이런 경우의 꿈은 태몽으로 실현될 가능성이 높다. 하지만 이빨이 빠지는 꿈이 꼭 누군가가 죽는다기 보다는 어떤 대상이나 일거리에서의 좌절로 실현될 수 있듯이, 이처럼 호랑이가 품 안에 달려드는 꿈이 반드시 태몽이 아니라, 백수의 왕인 호랑이로 상징되는 절대 권력·권세나 재물, 이권의 획득으로도 실현될 수 있다.

호랑이를 자기 품안에 안았다는 것은 마치 돼지가 품안에 달려드는 꿈과 같이, 어떠한 이권이나 권리의 획득을 나타내며, 복권당첨으로 실현되고 있다.

• 호랑이와 싸우는 꿈을 꾸고, 복권 당첨

호랑이와 싸운 꿈이라고만 했지만, 아마도 꿈속에서 이겼다고 볼 수가 있겠다. 이 경우 꿈속에서 졌다면 어떠한 권리의 획득함에 실패한 것으로 되기에, 복권에 당첨될 수는 없었을 것이다.

- '홍순래박사 꿈해몽' http://984.co.kr(인터넷), 984+접속버튼(핸드폰)

아기 낳는 꿈

　아기를 낳는 꿈은 아주 길몽이다. 이는 새로운 생명이 탄생한다는 데에서, 아기로 표상된 어떠한 권리나 이권의 획득, 재물의 횡재수 등으로 실현되고 있다. 민속에서도 아기를 낳는 일에 대해서는 모두가 귀하게 여기고 축복해주고 있음은 모두 다 아는 사실이다. 택시 운전사가 자신의 택시 안에서 산모가 아기를 낳으면 실제로는 귀찮은 일이 발생했지만, 이를 내색하지 않고 오히려 장차 좋은 일이 일어날 것으로 믿으면서, 기쁘게 받아들이고 병원에 미역까지 사들고 찾아가고 있다. 생명에의 소중함과 종족보존이라는 절대절명의 과제를 북돋우기 위하여, 우리로 하여금 그러한 생각을 하도록 했는지 모른다.

　이러한 것은 꿈에서도 같은 결과로 나타나고 있다. 동물이나 식물 또는 어떠한 사물을 집으로 들여오는 꿈은 좋은 일로 실현되고 있는 바, 새로운 생명이 탄생하는 꿈에 있어서랴?

　아기 낳는 꿈을 꾸고 현실에서 가임 여건의 상황에 있는 경우, 장차 현실에서 일어날 일을 보여주는 사실적인 미래투시의 꿈이라면, 실제로 아기를 낳는 일로 이루어질 수도 있다. 즉, 사실적인 꿈이라면 실제의 일로 꿈과 같거나 유사한 일을 현실에서 그대로 경험하게 된다. 또한 심리적인 표출의 꿈에 있어서는 임신에 대한 두려움, 불안 혹은 간절한 바람에서 이렇게 아기 낳는 꿈을 꿀 수도 있다.

　하지만 우리가 꾸는 대부분의 상징적인 미래예지 꿈에 있어서 아기를 낳는 꿈은 아주 좋은 꿈이다. 임신하는 꿈은 자신이나 어떠한 일거리, 작품, 사업, 대상 등에서 어떠한 성취의 가능성을 내포하게 됨을 의미하고 있다. 만삭에 가까울수록 성취가 임박하게 다가옴을 의미하고 있으며, 아기 낳는 꿈은 새로운 생명이 탄생한다는 데에서 아기로 표상된 어떠한 성취나 결실을 이루어 내거나, 권리나 이권의 획득, 재물적인 이익을 얻는 일로 실현되고 있다.

　이 경우, 꿈은 상징의 이해에 있는 바, 기형아를 낳는 꿈은 불완전한 성취나 잘못된 결과로 이루어지기도 한다. 쌍둥이를 낳거나 세 쌍둥이를 낳는 꿈 등은 겹경사의 아주 길한 길몽이다. 사실적 미래투시적인 꿈이라면 실제로 쌍둥이를 낳을 수도 있다. 하지만 대부분의 상징적인 미래예지 꿈에 있어서는, 어떠한 대상이나 작품 아니면 일거리를 두 가지 한꺼번에 생산하거나 순차적으로 생산해 낼 일을 뜻한다. 누군가가 많은 아이를 낳는 것을 보는 꿈도 좋다. 또한 동물들이 많은 새끼를 낳는 것을 보는 꿈도 좋다. 상징 의미로는 번창·번영의 발전을 이루어낼 것을 예지하고 있다.

임산부를 보는 꿈은 사업에 관한 이차적인 성과가 조만간 나타남을 뜻하며, 자기가 임신하면 어떠한 일거리나 대상에 대한 사업성과나 성취가 이루어진다는 가능성을 보여주고 있다.

이러한 아기 낳는 꿈의 실현은 꿈을 꾼 사람이 처한 상황에 따라 다르게 이루어지고 있는 바, 저자의 경우 아기 낳는 꿈을 꾸게 되면 책을 출간하게 된다든지, 대학원생인 경우 논문을 완성하게 된다든지, 수험생의 경우 시험에 합격한다든지, 회사원인 경우 자신이 맡은 프로젝트를 성사시키는 일로 이루어진다. 물론 일반인의 경우에 어떠한 일이 성취되어, 이권이나 재물을 얻는 일로도 실현될 수 있다.

'아기 낳는 꿈' 또한 다른 사람이 대신 꿔줄 수가 있다. 연예인 김혜영은 MBC 무릎팍도사 프로그램에 출연하여, 전도연의 집에 갔더니 아기를 낳아 있었으며 자신이 선물을 주는 꿈을 꾼 후에, 현실에서는 영화배우 전도연이 칸 영화제에서 수상하는 일로 실현되었다고 밝히고 있다.

- 어머니가 아기 낳을 연세가 지났는데도, 4~5명의 아기를 한꺼번에 낳았다고 해서 깜짝 놀란 꿈

어머니는 실제의 사람을 뜻한 것이 아니라, 어머니로 상징된 어떤 근원적인 사업체이거나 대상을 상징하고 있다. 따라서 사업가인 경우 현재까지 해왔던 어떤 근본적인 사업체로부터의 새로운 부차적인 여러 가지 새로운 사업을 창업하게 된다든지, 저자의 경우에는 어머니로 상징된 모태가 되는 어떤 근원적인 서적에서, 새롭게 얻어지거나 문장을 발췌해서 4~5개의 단행본을 출간하는 일로 이루어진다. 고(故) 한건덕 선생님의 실증사례로 예를 든다면, 어머니같은 『꿈의 예시와 판단』이라는 근원적인 책을 출간한 뒤에, 일반 사람이 쉽게 볼 수 있도록 요약 발췌한 『현대해몽법』 등의 여러 저서를 재출간하는 현실로 이루어졌다.

• 세 쌍둥이의 남자아이 낳는 것을 보는 꿈

새로운 생명이 셋이나 탄생한다는 꿈의 상징성으로 말미암아, 무엇인가 커다란 이권·횡재수·사업성공·승진·합격 등의 좋은 일로 실현될 것을 예지해주고 있다. 겹경사 이상의 여러 좋은 일로 실현되며, 현실에서는 꿈을 꾸고 나서 복권을 구입한 후 당첨으로 이루어지고 있는 바, 복권당첨이 되지 않더라도 이런 경우의 꿈은 다른 어떠한 성취를 여러 가지 이루어내는 좋은 일로 실현되고 있다.

• 낯모르는 여성이 집에 와서 아기를 낳는 꿈

복권 3매를 사기 전날 밤 꿈에, 낯모르는 여자가 집에 와서 아기를 낳는 것을 보았다. 기분이 별로 좋은 것은 아니었다. 며칠 후 꿈에는 회사 사장이 누추한 우리집을 방문했다. "사원들이 어떻게 살고 있는지 고루 다녀보는 것이 사장의 도리"라고 말하면서, "일을 열심히 해주기를 바란다"고 하는 데서 잠을 깨었다.

누군가 자신의 집에서 아기 낳는 것을 보는 꿈, 사장이나 귀인 등이 집을 방문하는 꿈 등 좋은 꿈을 반복적으로 꾸게 됨으로써, 꿈으로 예지된 일이 중대한 일이며, 점차 그 실현이 가까이 다가오고 있음을 예지해주고 있다. 자신의 집에 누군가가 와서 아기를 낳는 꿈으로, 아기로 상징된 재물이나 이권을 얻게 될 것을 예지하고 있는 바, 복권에 당첨되는 일로 실현되고 있다.

피와 관련된 꿈

피는 정신적·물질적으로 소중한 것, 진리, 사물의 정수(精髓), 재물, 사상적 감화 등을 상징하고 있다. 따라서 신(神)이나 귀인 등의 몸에서 나는 피를 마시거나 몸에 바르는 꿈을 꾸면, 위대한 학자나 진리 탐구자의 참된 교리나 지혜를 깨닫게 된다. 또한 동물의 목을 잘라 피가 솟으면, 어떤 일이나 작품이 성취되어 재물이 생기거나 큰 감동을 주게 된다.

하지만 피꿈이 반드시 좋은 것이 아니라, 어떠한 전개를 보이는가에 따라 달려 있다. 예를 들어 자신의 코피가 터져 흐르면, 정신적 또는 물질적인 재물을 공개할 일이 있거나 손실을 가져온다. 또는 자존심이 상할 일이 생기기도 한다. 여러 사례를 살펴본다.

• 피가 젤리처럼 자신을 따라오는 꿈
어느 수험생의 꿈사례로, 피가 젤리처럼 따라오는 꿈을 꾸고 시험에 합격하고 있다.

• 주먹만한 땅벌이 머리 정수리에 침을 한방 퍽 쏘아 피가 나온 꿈
주택복권에 당첨된 꿈사례로, 정수리에서 피가 나온 꿈으로 땅벌로 상징된 외부의 강력한 대상, 세력의 영향권 안에 들어가게 될 것을 상징적으로 보여주고 있는 바, 복권에 당첨되는 일로 실현되고 있다.

• 칼에 찔려 온몸이 피투성이가 된 꿈
"동창생 아버지가 나를 칼로 찔러 온몸이 피투성이가 되었다. 그리고 처음에 돈 3만원을 주더니, 또다시 많은 돈을 주어서 받았다."

일반적으로 칼에 찔리는 꿈은 자극이나 비판을 받는 일로 이루어지는 좋지 않은 꿈이다. 또한 자기 몸에서 피가 나는 것은 피로 상징된, 정신적·물질적 자산을 잃게 되는 일로 이루어지지만, 이 꿈에서는 온몸이 피투성이가 되었다는 상징표상이 중요하다. 고차원의 상징으로 칼에 찔리는 것이 이전의 주택복권 추첨에서 화살로 숫자판을 쏘아 하나하나 맞춰 나가는 것을 상징한다고 볼 수 있다. 그리하여 온 몸이 피투성이가 되는 상징이 복권에 당첨되어 재물운으로 휩싸이게 되며, 나아가 세상의 이목거리가 될 것을 예지해주고 있다.

이 경우 동창생 아버지에게 찔려서 죽는 꿈도 대단히 좋은 꿈이다. 죽음은 재생이요 부활의 상징의미를 지니고 있으며, 현재의 자신에서 새로운 삶이 열리게 된다는 것을 뜻하는 바, 복권 당첨으로 인한 새로운 길이 열리게 될 것임을 예지해주고 있다. 이어서 꾼 꿈인, 많은 돈을 받는 꿈으로 복권에 당첨된 사례에 대해서는 앞서 살펴본 바 있다.

• 검붉은 피가 옷에 묻는 꿈

"아들을 데리고 시골 친척집에 가는데, 아이 발에 가시가 찔려 검붉은 피가 튀어 옷에 묻었다. 또 다른 꿈에서는 빨간 수박을 많이 먹었다."

주택복권 당첨 꿈사례로, 이처럼 피와 관계된 꿈에서는 사상적 감화나 재물과 관계된 일을 상징하는 경우가 많다. 앞 사례에서 칼에 찔리는 것이나, 여기 사례에서 가시에 찔리는 것이나, 어떠한 영향권 하에 들어갈 것임을 상징하고 있는 바, 피를 묻힌다는 것은 피로 상징된 소중한 정신적·물질적 혜택과 은택을 입게 될 것을 예지해주고 있는 바, 현실에서는 복권당첨으로 실현되고 있다.

상징적인 미래예지 꿈에서, 아들 등 자식은 실제의 인물이라기보다는 자신이 애착을 가지는 어떠한 대상이나 일거리의 상징으로 자주 등장되고 있다. 예를 들어 아들의 앞 머리가 깨지는 꿈으로, 주식투자자는 자신이 자식같이 열정을 기울이던 주식에서 큰 손실이 난 사례가 있으며, 합기도 관장은 관원들을 실어 나르던 소중히 아끼던 승합차의 앞부분이 파손된 사례가 있다. 이런 사례로 미루어 볼 때, 복권 애호가에게 있어서는 자식처럼 애착과 애정을 지녀왔던 복권이 자식의 상징으로 등장되고 있는 것이다.

꿈속의 아들은 자기가 눈독을 들이며 1등에 당첨되기를 기원하는 복권의 상징으로, 아들의 발에 가시가 찔려 피가 튀어 옷에 묻었으니, 추첨과정에서 당첨번호에 화살이 맞아 당첨 등 영향권 안에 들어가게 됨을 뜻하고 있다.

또한 '수박을 많이 먹었다'에서, 수박으로 상징된 시원하고 달콤한 과일을 먹는 꿈은 수박으로 상징된 이권이나 재물을 획득하게 될 것을 보여주고 있는 바, 현실에서는 복권당첨으로 실현되고 있다. 이처럼 복권당첨 등과 같은 중대한 일을 예지해주는 경우, 꿈은 각기 다른 전개를 보이고 있지만, 그 꿈의 상징의미는 같은 꿈을 여러 차례 꾸기도 한다.

• 용에게 먹혔다 나오니 피투성이가 된 꿈

"두 마리의 용이 공중을 날고 있는데, 그 중 한 마리가 쏜살같이 내려와 나를 통째로 삼켜버렸다. 뱃속에서 요동을 치는 바람에 다시 토해 놓았는데, 내 몸은 용의 피로 흠뻑 젖어 있었다."

용은 권세, 부귀영화, 명예, 이권, 세력가 등 최고의 권위를 자랑하는 사람이나 세력을 상징하고 있다. 이러한 용에게 잡혀 먹힌다는 것은 그러한 권세나 부귀영화의 영향권 속으로 들어간다는 것을 상징하고 있다. 따라서 자신의 몸이 용의 피로 흠뻑 젖어 있었다는 것은 용의 피로 상징된 정신적·물질적 귀중한 자산의 혜택과 은택 속에 들어가게 될 것임을 예지해주고 있는 바, 현실에서는 주택복권에 당첨되는 일로 실현되고 있다.

이 경우도 꿈꾼 사람이 처한 상황에 따라 달리 실현될 수도 있으며, 반드시 복권당첨이 아니더라도, 고시합격이나 승진·성취 등 어떠한 높은 직위에 나아가는 일로 실현될 것은 틀림없다. 꿈속의 표상은 반드시 그 상징의미가 있는 바, 두 마리의 용 가운데 한 마리이었듯이, 용으로 상징된 두 가지의 커다란 세력이나 기관이나 대상 중에서 한 가지의 영향권 안에 들어가는 일로 실현될 것이다.

또한 앞서 배가 갈라진 돼지가 붉은 피를 쏟는 꿈으로, 더블복권 4억원에 당첨된 사례를 살펴본 바 있다.

참고로, 성경에 나오는 피에 대한 해석을 꿈의 상징 언어로 다음과 같이 살펴볼 수 있겠다. "내 살을 먹고 내 피를 마시지 아니하면, 천국에 들어올 수 없느니라"고 하신 예수의 말씀에서, 예수의 살을 먹으라고 한 것은 예수의 가르침과 말씀을 이해하여야 한다는 뜻이며, 참된 진리를 깨달아야(내 피를 마셔야) 한다는 것을 뜻한다. - 한건덕

- '홍순래박사 꿈해몽' http://984.co.kr(인터넷), 984+인터넷 접속버튼(핸드폰)

좋은 꿈을 여러가지로 꾸는 꿈

장차 중대한 일이 일어날 것을 예지하는 경우에, 똑 같은 꿈을 계속 반복해서 꾸기도 하지만, 각기 다른 유사한 꿈들을 연속적으로 꾸기도 한다. 또한 부부가 같이 꾸거나, 가족이 돌아가면서 꿈을 꾸게 됨으로써, 장차 엄청난 일이 일어날 것임을 꿈으로 예지해주고 있는 것이다. 이 경우에 꿈은 저마다 다르지만, 그 꿈이 의미하는 상징의미는 같으며, 꿈에서 상징하는 대로 실현되고 있음을 알 수 있다.

1) 사리를 받는 꿈, 말 5마리가 끄는 마차가 다가온 꿈, 불꿈

마산에 사는 전직 공무원 박모씨(50세)는 연이은 길몽으로, 또또복권 19회차 3차(96.10.27) 추첨에서 5억원에 당첨되었다. 1차 추첨 및 2차 추첨에서 당첨자가 나오지 않아 이월된 당첨금인 5억원에 당첨되었으며, 요즈음의 로또가 있기 전의 그 당시로는 국내 복권 사상 최고액이었다. 10월 달에 이러한 엄청난 금액에 당첨되기 전에, 박씨는 정초부터 계속된 길몽이 있었다.

> "올 1월 1일에 사리 꿈을 꿨어요. 높이가 20m 이상이 되는 왕릉을 올라갔다 내려오는데, 어떤 사람이 그 무덤에서 나온 사리 열 몇 개를 주더라구요. 저는 양력 1월 1일에 꾼 꿈이 꼭 들어맞거든요. 올해 안에 좋은 일이 있으리라 생각은 했었어요."

박씨는 "꿈에서 본 왕릉은 주택은행이고, 자신이 받은 사리는 주택은행에서 발행한 또또복권으로 당첨된 5억원"이라며 직접 꿈해몽까지 했다.

이렇게 정초에 꾸는 꿈으로 그 해에 일어날 일을 예지해주는 사례는 많다. 이처럼 엄청난 사건의 예지일수록, 현실에서 실현되기 훨씬 오래 전에 꿈으로 예지해주고 있음을 알 수 있다. 어떤 사람은 정초에 용이 승천하는 꿈을 꾸고, 좋은 일이 있을 것으로 생각하고 복권을 구입했으나, 번번이 낙첨되었다. 그러나 몇 개월이 지나서 우연찮게 비디

오를 빌리러 간 가게에서, 복권을 팔고 있기에 구입한 것이 당첨으로 실현된 사례가 있다.

대부분의 상징적인 미래예지 꿈에서, 무덤은 집·기관·사업체·단체·회사·은행 등을 상징하고 있으며, 공동묘지는 사회사업체나 거대한 기관을 상징하고 있다. 왕릉은 규모가 큰 회사나 단체의 상징으로, 박씨가 꿈에서 본 왕릉이 은행을 상징하고 있다고 본 견해는 올바르다 하겠다.

사리 열 개를 받는 꿈 역시 아주 좋은 꿈이다. 사리는 부처나 고승을 화장하고 난 후에 유골에서 추려낸 구슬 모양의 작은 결정체로, 신앙의 대상으로 숭배되고 있다. 우리 나라 절 가운데는 불상(佛像)을 모셔놓지 않고, 부처님의 진신사리인 사리탑을 봉안하여 놓은 곳이 있다. 이러한 곳을 적멸보궁(寂滅寶宮)이라 하는데, 이는 사리탑에 부처님의 진신(眞身) 사리를 모신 보배로운 곳이란 뜻이다.

이처럼 보배롭고 귀한 신앙의 대상인 사리를 여러 개 받는 꿈은 아주 좋은 꿈이다. 장차 사리로 상징된 귀한 재물이나 이권을 얻게 될 것을 예지해주고 있다고 해야 할 것이다.

정초의 꿈이 있고 나서, 다시 시간이 흘러 5월 9일, 이날 박씨는 자신의 5억원 당첨을 예지해주는 말[馬] 다섯 마리가 끄는 마차가 다가오는 운명적인 꿈을 꾸었다.

"서쪽 하늘에서 말 3마리가 끄는 마차가 저를 향해 죽일 듯이 달려오다가, 중간에 돌아갔어요. 두번째도 역시 말 3마리의 마차가 달려오다가, 중간에 돌아가더라구요. 세번째는 말 5마리가 끄는 마차가 달려오더니, 제 머리에 탁 닿는 게 아니겠어요. 바로 그 순간 눈을 떴습니다."

꾸준히 복권을 사왔던 박씨는 말 다

섯 마리 꿈을 꾸고 나서 네 달이 지난 9월에 동네 슈퍼마켓에 복권을 사러 갔다가, 자신의 눈을 의심할 수밖에 없었다. 꿈에서 본 것과 생김새와 색깔까지 똑같은 말이 그려진 복권이 있는 게 아닌가! '이거다' 싶어 산 것이 19회차 또또복권 3장, 박씨는 이 또또복권을 연번으로 구입해 5억원이라는 엄청난 행운을 낚은 것이다.

또또복권 19회차 3차 추첨에서 박씨의 5억원 당첨이 가능했던 것은 1차 추첨(96.10.13)에서 1등 2장이 판매되지 않은 복권에서 나와, 그 1등 당첨금 1억5천만원이 2차 및 3차 추첨으로 각각 이월되어 3차 추첨(96.10.27)에서 1등 당첨금 총액이 3억원으로 불어나 있었기 때문이다. 박씨가 구입했던 2919983번이 1등 3억원, 연번으로 산 그 앞뒤 번호가 각각 2등 1억원씩에 당첨돼 총 5억원이 된 것이다.

우리는 절묘하고도 신비한 예지적인 꿈의 세계가 펼쳐지고 있음에 주목해야 할 것이다. 첫째는 복권에 인쇄된 배경 그림이 꿈속에 등장되었던 말[馬]의 그림, 둘째로 말[馬] 3마리가 끄는 마차가 오다가 두 번이나 돌아간 꿈은 3억원 당첨금의 복권에 두 번 실패하게 될 것을 예지해주고 있으며, 세 번째에 말[馬] 다섯 마리가 끄는 마차가 다가오는 꿈으로써 장차 5억원에 당첨되게 될 것을 예지해주고 있다.

박씨의 길몽은 여기서 그치지 않고, 3차 추첨이 있기 전에 불꿈까지 꾸었다.

"꿈에 물이 없는 강이 보였어요. 강변에 자갈이 있었는데 여기에 불이 일어나는 게 아니겠어요. 주위에는 코스모스가 피어 있었구요. '가을에는 복권 당첨이 되겠구나' 하는 생각을 했습니다."

불꿈은 번창·번영의 상징으로, 현재의 상황에서 크게 일어나는 운세를 보여주고 있으며, 여타 복권당첨자 사례에서도 많이 등장되고 있다. 또한 꿈속의 배경도 아주 중요하다. 코스모스가 가을을 연상시켜 주는 대표적인 꽃이기에, 가을에 복권당첨이 될 수 있겠다고 생각한 것은 올바른 견해이다.

한 번도 꾸기 힘든 길몽을 올해 들어 3번이나 꾼 박씨에게, 5억원 당첨은 꿈으로 예지된 운명의 길이었다고 말할 수 있겠다. 이렇게 엄청난 일이 일어나기 전에, 유사한 꿈들을 반복적으로 꾸기도 한다. 그 꿈들이 서로 다르다고 하지만, 궁극적으로 그 꿈들이 상징하는 바가 같은 것을 예지해주고 있는 것이다. 심지어는 하룻밤 사이에 서너 개의 꿈을 꾸지만, 마찬가지로 그 꿈이 상징적으로 의미하는 바는 같은 예지를 보여주고 있다. 또한 이렇게 유사한 꿈들이 반복적으로 꿔질 때, '이래도 꿈을 못 믿겠냐' 하듯이, 꿈으로 예지된 일이 점차 실현될 날이 다가오고 있음을 보여주고 있는 것이다.

2) 불나는 꿈, 행운이 있을 것이라는 꿈, 돼지 잡은 꿈

- 1년 전 꿈에 지붕을 수리하다 화재가 나서, 걷잡을 수 없이 타는 것을 보는 꿈
- 지나가던 노인이 말하기를, "자네에겐 큰 행운이 있을 거야."라고 말하는 꿈
- 돼지 두 마리를 잡았는데, 뼈만 먹는 꿈

첫 번째 꿈에서, 1년 전에 꾼 꿈이지만, 꿈의 실현은 15~20년 뒤에도 일어나고 있기에, 현재의 복권 당첨과 연관이 있다고 보는 견해는 올바르다고 할 수 있다. 불이 활활 타오르는 꿈에 대해서는 앞서 설명한 바가 있으며, 그동안에 사업의 융성이나 큰 횡재를 가져온 일이 없었다면, 복권 당첨으로 실현되는 것은 당연하다고 하겠다. 지붕을 수리한다는 것은 지붕이 회사 간판이나 고위층을 상징하는 것으로 보아, 불이 타오르는 것으로써 번성할 일이 일어날 것임을 예지해주고 있다.

두 번째 꿈에서, "자네에겐 큰 행운이 있을 거야"라고 말하는 꿈은 계시적인 성격을 띠고 있으며, 꿈의 상징기법의 하나로 자아가 분장 출현한 것으로 볼 수 있다.

세 번째 꿈에서, 돼지꿈을 표상재료로 하고 있으나, 뼈만 먹었다는 데서 다소 석연치 않은 감이 있기도 하다. 다른 꿈사례가 없어 정확한 언급은 할 수가 없지만, 현실에서 복권에 당첨된 것으로 미루어 보아, 뼈만 먹는 꿈 자체도 긴요한 핵심을 확보하는 것으로 볼 수 있겠다. 그러나 복권과 관련이 없다면, 돼지 두 마리를 잡았으니 두 개의 이권이나 재물을 처리하여 그중 일부를 소유하거나, 두 개의 대상에서 그 핵심만 자신에게 이로운 것으로 하는 것으로 실현될 수도 있다. 꿈속에서 돼지를 잡아 나누어 먹는 경우에는 재산분배, 작품의 공개분석과 같은 일이 생긴다.

3) 가족 세 사람이 각기 다른 꿈을 꾸고 당첨

- 남편은 〈돼지를 몰아오는 꿈〉, 〈큰 소의 등에 탄 꿈〉
- 아내는 〈큰 호랑이에게 물리는 꿈〉
- 장남은 〈야구공을 야구방망이로 쳐서 공을 세 조각으로 내는 꿈〉

이처럼 각기 표상하는 바는 다르지만, 모두가 좋은 표상의 꿈으로 전개되고 있다. 이렇게 복권당첨의 엄청난 행운이나, 또는 흉한 일들이 닥쳐오게 되면, 중대함을 예지하기 위하여 온 가족이 꿈을 꾸게 될 수도 있다.

남편의 〈돼지를 몰아온 꿈〉은 돼지로 상징된 재물을 집안에 이끌어 들이게 되는 방편으로, 복권 1등에 당첨될 것을 예지해주고 있다. 또한 〈소 등에 올라탄 꿈〉은 소 역시 재물이나 이권을 상징하거나 사업체를 상징할 수 있으므로, 그는 장차 재물이나 사업체를 얻어 크게 융성할 것을 예지해 주고 있는 것이다.

아내의 〈호랑이에게 물리는 꿈〉은 호랑이는 백수지장(百獸之長)으로, '물렸다' 는 것은 호랑이로 상징되는 명예·재물·승진 등의 큰 세력권 및 영향권 안에 들어가 장차 큰 이권이 주어진다는 것을 예지해주고 있다.

아들의 꿈에서 〈야구공을 야구방망이로 쳐서 세 조각을 낸 꿈〉은 꿈속에서의 통쾌감은 현실에서의 통쾌감으로 복권당첨으로 실현되고 있다.

4) 아버지와 아들이 추첨 전날 밤 각기 다른 꿈꾸고 당첨

- 아버지는 〈흰 두루마기를 입은 아버님께서 가게에 오셔서, 3분 가량 노시다 가시는 꿈〉
- 아들은 〈총 세발을 쏘아 명중시키는 꿈〉

이 경우 아버지가 꿈속에서 가게에 오셔서 아마도 밝고 즐거운 모습으로 계시다가

가졌음이 틀림없다. 아들의 꿈에 〈총 3발을 쏘아 명중시켰다〉 했는데, 그 명중시킨 대상이 무엇인지 알 수는 없다. 하지만 무엇인가를 명중시킨다는 것은 현실에서 무엇인가를 적중시키고 성취될 것을 예지해주고 있는 바, 복권 당첨으로 실현되었다고 보아야 할 것이다. 꿈의 예지력은 나이에 상관없이 이루어지고 있음은 앞서 밝힌 바이다.

한편, 총 3발의 명중은 세 가지 목적이 달성되거나, 아니면 백발백중 즉 예정된 복권 당첨번호가 다 맞아 떨어진다는 것으로 해석할 수가 있겠다. 복권추첨 횟수는 세 번이 아니라 더 여러 번을 적중시켜야 하지만, 이 꿈에서 세 번 적중은 앞의 다른 꿈에서와 마찬가지로 쏘는 대로 맞아 떨어진다는 완전수를 뜻한다고 볼 수가 있겠다.

스승이신 고(故) 한건덕 선생님이 쓰신 글을 요약 정리하여 살펴보았다. 이처럼 이 책에는 이해를 돕기 위해, 오래전의 주택복권 당첨 사례 등에 있어서, 한건덕 선생님이 수집한 사례 글에 덧붙이거나, 일부 전재하거나 등등 다양하게 인용하였다.

사람들이 '꿈은 소망의 표현'이라는 심리표출의 꿈을 언급한 서양의 프로이트는 알아도, '꿈은 미래예지'라는 예지적인 꿈의 세계에 있어서 그 몇 배의 연구업적을 남기신 고(故) 한건덕 선생님에 대해서는 무지에 가까울 정도로 모르는 것이 오늘날의 현실이다. 실증사례에 바탕을 둔 미래예지적 꿈연구에 일생을 바치신 업적을 이어받아, 고(故) 한건덕 선생님의 미래예지적 실증사례 연구업적과 꿈의 미래예지를 보다 널리 알리고자, 필자는 20여권의 『홍순래 꿈해몽 대사전』의 완성에 필자의 남은 여생을 바치고자 한다.

- '홍순래박사 꿈해몽' http://984.co.kr(인터넷), 984+접속버튼(핸드폰)

기타 당첨 꿈사례

꿈의 상징표상에 따라, 처한 상황에 따라 다양한 꿈이 펼쳐질 수도 있는 바, 꿈사례를 살펴본다. 대부분 밝고 좋은 표상으로 전개되고 있으나, 꿈을 꾼 사람이 처한 특수한 상황에 따라, 일반적으로는 안좋게 보이는 꿈도 좋은 일로 실현되고 있다.

• 비행기를 타고 하늘을 나는 꿈

이 꿈을 꾼 당사자는 농업에 종사하고 있다. 구체적인 꿈의 내용을 알 수 없어서, 정확한 풀이는 불가능하지만 다음과 같은 여러 가지 해석이 가능하다. 먼저 프로이트 식으로 보자면, 농부로서 비행기를 타보고 싶은 소망 표현의 꿈으로 볼 수도 있다. 또한 미래 투시적인 꿈으로 본다면, 실제로 현실에서 자식들의 효도관광으로 인해 해외여행을 가게 되는 일로 실현될 수도 있다. 현실에서는 상징적인 미래예지 꿈으로 실현되어, 비행기를 타고 하늘을 나는 꿈으로 복권에 당첨되는 일로 실현되고 있다.

꿈의 실현은 꿈을 꾼 사람이 처한 상황과 관련지어져 현실에 나타난다. 따라서, 입시생이 이러한 꿈을 꾸었다면 반드시 합격할 것이요, 승진을 눈앞에 두고 있는 사람이라면 승진으로 실현될 것이요, 회사원이라면 비행기가 어떠한 커다란 회사나 기관의 상징으로, 보다 큰 회사에 스카웃 되어가서 출세할 것을 예지한 꿈으로 볼 수 있다.

• 세숫대야에 가득한 사금(沙金)을 본 꿈

세수를 하는데 머리에서 모래가 우수수 쏟아진다. 깜짝 놀라 자세히 보니, 대야에 가득한 모래는 모두가 반짝이는 사금(沙金)이었다. 그것을 손으로 저어보다가 잠을 깨었다.

머리에서 사금이 떨어지는 꿈으로 재물운이 있을 것을 예지해주고 있는 바, 복권 당첨으로 실현되고 있다. 꿈속에서 세수를 하면 현실에서 어떤 소원이 충족되고 신분이 새로워지며 돋보이게 된다. 또한 거추장스러운 것을 깨끗이 한다는 유사성의 상징표현으로, 근심·걱정의 해소를 가져온다.

모래가 변하여 대야 가득히 담겨진 사금으로써, 복권 1등에 당첨되어 당첨금을 받게 될 것을 상징하고 있으며, 나아가 사금을 손으로 젓고 있었던 것은 그러한 권리의 획득을 구체적으로 보여주고 있다고 해야 할 것이다.

• 예쁜 여자가 웃는 꿈으로 복권 5억원에 당첨

서울에 사는 김씨는 복권 구입 후에 이상한 꿈을 꾸었다. 자신의 공장에서 납품업체 사장에게 주문을 받고 있는데, 창문가에 아주 예쁘게 생긴 여자가 공장 안을 쳐다보며 빙긋이 웃고 있는 꿈이었다. 평소 여자가 나타나는 꿈을 꾸고 나면, 물건에 하자가 생겨 반품을 몇 번이나 당한 일이 있어 기분이 별로 좋지 않았다고 한다.

결과는 주택복권 1등과 2등이 당첨되어 총 5억원에 당첨되었다. 일반적으로 여자가 등장되는 꿈이 싸움 등 좋지 않은 일로 실현된다고 말하는 사람이 상당수 있기는 하다. 흔히 여자 꿈이 재수 없다고 말하고 있지만, 중요한 것은 꿈이 어떻게 전개되느냐에 달려있다. 예를 들어, 용꿈이 무조건 좋은 것이 아니다. 피를 흘리며 떨어지는 용꿈을 꾼 경우에는 좌절이나 실패로 이루어질 것이다. 마찬가지로 예쁜 여자가 밝게 웃는 꿈은 이처럼 좋게 이루어질 것임에 틀림이 없다.

• 초상집에서 친구들이 거지 취급을 하며 돈을 많이 주어 받는 꿈

꿈이 이상해서 복권을 샀으며, 복권 2등에 당첨되고 있다. 여기서는 초상집이라는 꿈속의 공간적 배경이 중요하다고 하겠다. 상제가 되는 꿈이 정신적·물질적 자산 승계에 관련을 맺고 있음을 앞서 살펴본 바가 있으며, 또한 문상가서 혼자 절하는 꿈으로 복권에 당첨된 사례도 살펴본 바 있다.

거지 취급을 받았다는 상징의미에서, 복권 1등과 같은 아주 흡족한 꿈의 실현을 기대하기는 어려울 지 모른다. 자신의 어떠한 권리를 스스로 획득했다기보다 거지 취급당한 것으로, 1등에 당첨된다기 보다 2등에 당첨될 것을 예지해주고 있다고도 보아야 할 것이다.

• 손자가 선명하게 나타난 꿈

인터넷 전자복권 스피드 로또 5분 키노에서, 1등 2억에 당첨된 홍○○님(33세, 경기)

의 당첨 꿈사례이다.

> 시골에 계신 아버님이 "생전 꿈에 안 나오던 손자가 엊그제 선명하게 나타나더라" 며, "집에 무슨 일 있는 것 아니냐" 며 물으시더군요. "모습도 너무 생생하고, 아기 얼굴은 더 선명하게 보이더라" 는 말씀에 제가 당첨되려고 그런 꿈을 꾸신 것일까? 하는 생각이 안 들 수가 없었습니다.

• 많은 사람들과 같이 시험을 보았다. 그런데 내가 1등에 합격했다고 내 이름을 불러 놀라 깨는 꿈

이 꿈을 꾼 사람은 복권을 사러갔다가, 지난 주에 산 복권이 당첨된 것을 확인하는 일로 실현되었다. 많은 사람과 시험을 치르는 일은 수많은 사람들과 경쟁할 일이 있음을 뜻하며, 복권당첨을 바라는 수많은 경쟁자들을 시험을 보는 사람으로 상징적으로 나타내 주고 있다. 1등에 합격한 것은 1등에 당첨된 사실이며, 이름을 부르는 것은 새롭게 꿈을 꿀 때까지도 당첨된 사실을 본인이 알지 못했기에, 재차 꿈으로 일깨워주는 상징표상으로 볼 수 있다. 여기 꿈사례에서 볼 수 있듯이, 이처럼 로또(복권)에 당첨되었지만 당첨 사실을 알고 있지 못한 경우, 재차 꿈으로 일깨워준 사례가 많다.

• 흔들리던 이가 빠진 꿈

흔들리던 이가 빠진 꿈으로 복권에 당첨된 특이한 사례이지만, 현실에서의 처한 상황을 잘 보시기 바란다.

즉석식 복권 40장을 동료 셋이서 나누어 사서, 긁던 중 한 사람이 1,000만원에 당첨되었다. 2매가 연식으로 당첨되는 복권이었기에, 나머지 한 장의 1,000만원 당첨을 확인하기 위해, 각자 비밀스럽게 화장실로 들어가 복권을 긁던 중에 유○○씨가 당첨이 되었다.

유씨는 즉석식 복권 1,000만원 당첨이 되기 며칠 전, 유씨는 특이한 꿈을 꾸었다. 꿈속에서 흔들리는 이가 있어서 '빠졌으면 좋겠다' 는 생각을 하고 있는 데, 바로 그 문제의 이가 쑥 빠지는 것이었다. 유씨는 이 꿈을 일이 잘 풀릴 정도로만 생각했었다. 그런데 결국 복권당첨의 길몽이 된 것이다.

여기서는 '이빨이 빠졌으면 좋겠다' 라고 꿈속에서 생각한 것에 유의해야 할 것이다. 일반적으로 썩은 이빨이 빠지는 것을 제외하고는, 이빨이 빠지는 꿈은 절대적인 흉몽이다. 이빨이 외부의 힘이나 타의에 의해서, 또는 저절로 빠지는 꿈의 실현은 누군가의 죽음이나 결별, 좌절이나 실패 등 결코 좋은 일로 이루어지지는 않는다. 여기서는 특수한 경우로, 꿈속에서 '이빨이 빠졌으면 좋겠다' 고 생각한대로, 현실에서 다행스럽게 자신이 바라던 대로 즉석식 복권 1,000만에 당첨되는 일로 이루어졌다고 보아야 할 것이다.

• 두 명의 경찰관에게 체포되는 꿈, 남편과 이혼하는 꿈

대구 죽전동에서 통닭집을 운영하고 있던 송00씨는 20일 간격으로, 즉석복권에서 1등(1천만원)에 2번이나 당첨되었다.

첫 번째 꿈은 당첨 전날 밤 두 명의 경찰관에게 자신이 체포되는 꿈을 꿨다. 안좋은 꿈으로 여기고, 꿈을 꾸고 내내 조심을 하다 즉석 복권을 샀는 바, 1천만원에 당첨된 것이다.

이날 이후 정확히 20일 뒤, 송씨는 또다시 이상한 꿈을 꿨다. 이번엔 남편과 이혼하는 꿈이었다. 꿈속에서 크게 3번을 울었는데 너무도 시원했다. 깨어나서도 마치 냉수를 마신 듯 시원한 것이 느낌이 아주 좋았다.

송씨는 자신의 꿈을 또 한번 시험해보기로 하고, 며칠 전 당첨복권을 샀던 바로 그 슈퍼마켓에서 2장의 복권을 샀다. 이럴 수가 —, 또 1천만원 당첨이라니 —

첫 번째 꿈에서, 두 명의 경찰관에게 체포되는 꿈이었기에, 둘로 상징된 두 개의 당첨으로 2천만원에 당첨될 것을 예지해주고 있다고 보아야 할 것이다. 경찰관으로 상징된 외부의 강력한 영향권 안에 들어가게 될 것임을 보여주고 있으며, 꿈의 실현은 복권당첨으로 이루어졌다.

다만, 일반적으로는 경찰관에서 체포되는 꿈은 어떠한 절대적인 세력에 휘말리는 등 곤란에 처하게 되는 일로 실현될 수 있다. 두 번째 꾼 꿈인, '남편과 이혼하는 꿈' 도 일반적인 상징으로 좋지는 않다. 일반적으로는 남편같은 존재의 어떠한 애착이 가던 일거리나 대상을 상징하고 있다.

하지만 여기 이 꿈에서는 꿈을 꾼 사람이 처한 비좁은 아파트에 거주하는 특수한 상

황 등이 중요하다. 복권 당첨금으로 보다 나은 아파트로 이사 가기를 바라고 있었던 만큼, 남편과 이혼하는 꿈의 상징의미가 여기에서는 현재의 비좁은 아파트를 떠나 보다 나은 아파트로 이사가는 것을 상징하고 있다고 보아야 할 것이다. 모르는 여자와 성행위를 한 꿈으로 아파트를 새롭게 분양받은 사례가 있는 바, 모르는 여자가 바로 새 아파트의 상징표상으로 등장된 것이라 하겠다.

또한 남편과 이혼하는 꿈으로, '크게 3번을 울었는데, 너무도 시원했다.'에서 알 수 있듯이, 꿈속에서 느낀 감정이 중요하다. 따라서 꿈을 가장 잘 해몽할 수 있는 사람은 꿈의 상징기법을 어느 정도 이해만 하고 있다면, 처한 상황이나 마음먹은 바를 가장 잘 알고 있는 본인 자신인 것이다. 일부 역술인이 꿈을 해몽하는데 있어, 연월일시의 사주를 이야기 하고 있는 바, 꿈해몽에 있어 사주는 직접적으로 아무 관련이 없으며, 오직 꿈을 꾼 사람이 처한 상황과 꿈속에서의 감정이 가장 중요한 것이며, 또한 꿈의 실현결과도 여기에 따라 달라지고 있음을 볼 수 있겠다. 예를 들어 호랑이에게 물리는 꿈이라면, 꿈을 꾼 사람이 처한 상황에 따라, 태몽이나 재물 획득, 깡패에게 시달리거나 질병에 걸리는 등 다양하게 실현되고 있다.

• 지갑을 도둑맞는 꿈

2004년 2월 13일, CM 잭팟 포커게임에서 180여만원의 CM잭팟상금에 당첨된 류OO(34세, 부산)의 꿈사례이다. 그렇게 큰 금액은 아니지만, 사이버머니로 얻은 당첨금치고는 엄청나게 큰 행운으로 볼 수 있다.

> 당첨 전날 심상치 않은 꿈을 꾼 바, 도둑이 들어 지갑을 도둑맞는 꿈이었습니다. 분명 돈과 관련된 것이라 여겨, 인터넷 전자복권을 샀지만, 아쉽게도 큰 당첨은 되지 않았습니다. 그래서 복권을 구입하면 적립되는 사이버머니(CM)로 포커게임을 하게 되었고, 잭팟에 당첨되는 일로 실현되었습니다.

일반적으로 지갑이나 가방을 도둑맞는 꿈은 좋지가 않다. 이런 꿈을 꾼 경우 90% 이상이 대부분 이권이나 재물의 손실로 이루어지고 있는 바, 오히려 재물운으로 이루어진 경우는 10%의 특이한 상황이다. 꿈속에서 재물이 나갔기에 현실에서는 충족시키게 되는 상황으로 이루어진 바, 보다 많은 실증사례에 대한 연구가 필요하다고 하겠다.

• 빨랫줄에 벌거벗은 남자 3명이 널려 있는 이상한 꿈

당첨자의 아내가 복권 추첨 당일 밤에 꾼 꿈이다. 자세한 꿈이야기가 없어 단정지을 수는 없지만, 꿈에 남자의 성기가 크고 털이 많이 나 있는 것을 보면 좋은 꿈으로 실현되고 있다. 단, 이 경우 털이 없다면 나쁜 꿈이다. 덧붙이자면, 불이 나되 연기만 나는 꿈도 좋지가 않다.

• 폭력배들에게 맞아 경찰서로 가던 중, 얼굴에 딱지 2개가 생긴 꿈

꿈속의 느낌이 심상치 않아 다음날 아침 가판대에서 3장의 또또복권을 구입하여, 결국 가운데 한 장이 1등인 1억 5천만원, 그 앞번호가 2등 1억원에 각각 당첨되었다. 결국 얼굴에 딱지 두 개가 생긴 꿈과 같이 두 장이 당첨되었다. 이 역시 신비한 꿈의 세계를 보여주고 있다. 자세한 꿈이야기를 알 수 없는 것이 안타깝고, 필자의 꿈에 대한 탐구심을 테스트하고 있다고나 할까, 속된 말로 '필자 머리에 쥐난다' 라고 할 정도로, 보편적인 꿈의 상징성에 어긋나고 있다. 폭력배들에게 맞는 꿈이 일반적으로는 결코 좋은 일로 이루어지지는 않는다. 이 역시 폭력배로 상징된 어떤 외부의 강력한 대상이나 세력에 영향을 받게 될 것임을 보여주고 있으며, 얼굴에 딱지 두 개는 두 징표, 두 영역, 두 대상에 의한 것임을 암시해주고 있다.

• 기타 복권 고액당첨자 꿈 요약

- 맑은 물이 넘쳐흐르는 꿈
- 큰 호랑이에게 물리는 꿈
- 호랑이가 달려들어 품에 안는 꿈
- 돌을 집으로 가지고 들어오는 꿈
- 높은 산이나 언덕에 오르는 꿈

- 흙을 파서 집으로 돌아오는 꿈
- 산 정상에 오르거나 사람을 만나는 꿈
- 아파트가 무너지고 산이 폭파되던 꿈
- 탐스런 복숭아 7개를 따는 꿈
- 토실토실한 알밤 7개를 줍는 꿈
- 배추장사로 잘 팔려서 돈을 쓸어 담는 꿈으로 3억 6천만원 복권당첨
- 약수터에서 목욕을 하는 꿈으로 1등과 2등에 당첨
- 돌아가신 시어머님이 꽃을 한송이 주는 꿈으로 마티즈 당첨
- 큰 구렁이 꿈으로 마티즈 당첨
- 아이의 소변이 얼굴로 튀는 꿈으로 소나타 당첨
- 돌아가신 장모님에게서 물건을 받는 꿈으로 더블복권 5억원
- 남편과 얼싸안고 춤을 추고 있던 꿈으로 4,000만원 당첨
- 돌아가신 어머니가 동생의 이야기를 하던 꿈으로 마티즈 당첨
- 용이 여의주를 물고 승천하는 꿈으로 3억원 당첨
- 커다란 흰 개가 덥석 자신의 다리를 무는 꿈을 꾸고 즉석복권으로 1억 원에 당첨
- 3일 동안 연달아 자신이 상복을 입고 이리저리 돌아다니는 꿈을 꾼 후에, 1·2등에 4억 2000만원에 당첨
- 갑작스레 어머니가 돌아가셔서 목 놓아 통곡을 하는 꿈을 꾼 후에, 자치복권에 1억 원이 당첨
- 호랑이 한 쌍이 뒤엉켜 교배하는 꿈을 꾼 후, 3억원에 당첨
- 검은 독사 두 마리에게 물려 온 몸에서 피가 줄줄 쏟아지는 꿈으로 5억 원에 당첨
독사 두 마리이었듯이, 두 장이 당첨되었을 가능성이 높다.

- '홍순래박사 꿈해몽' http://984.co.kr(인터넷), 984+접속버튼(핸드폰)

산삼 발견, 유물 발견, 우승한 꿈

(로또)복권의 당첨 꿈사례와 유사하게 전개되고 있음을 알 수 있는 바, 재물운의 꿈을 꾸고 나서 일반적으로는 복권 당첨으로 이루어지지만, 꿈을 꾼 사람이 처한 상황에 따라, 산삼 발견이나 유물 발견, 시합에서의 우승, 기타 승진이나 합격, 연분맺음으로 이루어지기도 한다.

1) 산삼 발견 꿈

• 웬 할아버지가 산에 같이 가자는 꿈

강원도 양구의 김00씨는 웬 할아버지가 산에 같이 가자는 꿈으로 산삼 23 뿌리를 발견한 바, '꿈속에서 본 그 자리인 것 같다'라고 말하고 있다. 이처럼 복권 당첨이나 산삼을 캐게 되는 등 엄청난 재물이 들어올 때, 꿈에서 예지를 해주는 경우가 상당수 있다.

꿈은 꿈을 꾼 사람이 처한 상황과 관련지어 실현된다. 즉, 재물이 들어오는 좋은 꿈을 꾸었을 때, 도시 사람이라면 복권당첨이나 승용차나 아파트 당첨 등으로 이루어질 가능성이 높다. 반면에 시골 사람이라면, 산삼을 캐게 되거나 백사를 잡게 되는 등 처한 현실에 따라 이루어지게 되어 있다. 어촌 사람이라면 어떻게 실현될 것인가? 간첩선을 신고하게 되어 막대한 보상금을 타게 되거나, 희귀한 바다동물이나 밍크고래 등을 잡게 되어 재물을 얻게 되는 일로 실현될 것이다.

• 소 한 마리를 찾아오라는 계시적 꿈
관절염으로 중증을 앓고 있는 50대 여자가, 꿈속에 나타난 노인이 시키는 대로 치악산 중턱에 올라 50~80년근 산삼을 캐는 행운을 얻었다.

> 강원도 원주시의 김모씨(59·여)는 꿈속에서 한 노인으로부터, "소 한마리가 치악산으로 올라갔는데, 빨리 찾아오지 않고 뭘 하느냐"라는 호통을 듣고, 오전 7시께 잠에서 깬 뒤 자신도 모르게 치악산 중턱으로 발걸음이 옮겨져, 해발 720m지점 속칭 한가터까지 단숨에 올라갔다. 김씨는 한가터에서 문득 정신이 들어 되돌아 내려오려는 순간, 발밑에 이상한 것이 밟혀 자세히 보니 산삼에서 뻗어 나온 잎이었고, 어른 새끼 손가락만한 산삼 한 뿌리를 캐는 행운을 잡았다.
> 김씨는 "지난해 이맘때도 이 노인이 나타난 꿈을 꾸고, 시부모 제사상에 놓을 나물을 뜯으러 치악산에 올랐다가, 30년근 산삼 6뿌리를 캔 적이 있다"고 기뻐했다.
> —1999/05/09

오래전 신문기사 내용을 요약해 살펴보았다. 노인이 나타나 "소 한마리가 치악산으로 올라갔는데, 빨리 찾아오지 않고 뭘 하느냐" 라고 호통을 치는 꿈이다. 소 한 마리로 표상된 어떠한 귀한 것 한 가지를 얻게 될 것임을 예지해주고 있으며, 꿈의 실현은 산삼 한 뿌리를 캐는 일로 실현되었다. 이처럼 꿈속의 상징 표상물 숫자는 현실에서 반드시 같은 관련을 짓게 된다. 현실에서는 산삼 한 뿌리를 캐는 것으로 이루어졌지만, 백사 한 마리나, 기타 희귀한 하나의 샘물을 발견하게 되거나 등등 소[牛]로 표상된 하나의 권리·이권·재물을 얻게 될 것을 예지해주고 있는 계시적인 성격의 꿈이다.

• 불꿈, 똥꿈, 물고기 받는 꿈

신문에 소개된 기사를 요약해 살펴본다. 당뇨병으로 운동삼아 가끔씩 뒷산을 오르내리는, 부여에 사는 국모(65)씨는 산삼 발견 직전 3일 연속 이상한 꿈을 꿨다.

불이 나서 아무리 끄려 해도, 번져만 가는 불길을 지켜볼 수밖에 없었던 것이 첫번째 꿈. 이튿날에는 자신의 집 재래식 화장실에 오물이 가득차 있는가 하면, 조상이 펄떡이는 은어 한 마리를 자신에게 던져주는 꿈이 이어졌다.

꿈자리가 이상하다는 생각에, 국씨는 평소처럼 뒷산에 올랐다가 약초를 발견했다. 오가피인줄 알고 캐 왔으나, 마을 사람들이 산삼이라고 했다.

다음날 산삼을 캔 바로 그 자리에서, 6뿌리의 무더기 산삼을 또다시 발견한 국씨는 한국 산삼 감정협회에 감정을 의뢰했다. 감정결과 "120년 된 천종산삼(天種山蔘)으로, 감정가 3억원, 시가 10억원을 호가합니다." 120년 된 모(母)산삼에서부터 차례로 100년산, 80년산 등 7대 '가족삼'으로, 120년산에다 7대나 씨를 내린 '가족삼'은 드물다고 설명했다.

각기 다른 유사한 꿈들을 연속적으로 꿈으로써, 꿈으로 예지된 일이 중대한 일이며 그 꿈의 실현이 점차 다가오고 있음을 예지해주고 있다.

• 국회의원을 꿈에서 본 후 산삼 57뿌리 발견

2004년 7월, 신문에 소개된 기사를 요약해 살펴본다. 충북 제천에 사는 김00씨(40)는 한선교·이계진 의원을 꿈꾼 직후 산삼 57뿌리를 발견하였다.

40대 공무원인 김00씨는 "저녁 무렵 잠깐 잠을 잤는데, 꿈에서 한선교 의원과 이계진 의원을 자전거에 태우고 무척이나 힘들게 대관령을 오르게 되었고, 정상까지 힘겹게 올랐을 때, 자전거의 체인 부분이 붉게 열을 받아 있었고, 도착 즉시 어떤 노인께서 기다리고 있다가는 수리를 해 주시더군요"라는 꿈을 꾸고 나서, 다음날 산삼을 캐게 되어 고맙다는 내용을 두 의원의 홈페이지에 올려 소개하였다.

김씨는 꿈을 꾼 다음날 이상하게 산을 오르고 싶었단다. 평소 같았으면 비가 온 후라 산행을 자제했을 터인데, 김씨는 이상한 힘에 이끌려 산에 오르게 됐고, 산삼 57뿌리를 발견하는 어마어마한 행운을 거머쥐게 됐다.

이 역시 앞에서, 대통령·귀인 꿈으로 복권에 당첨된 사례를 살펴본 바, 귀인을 만나는 꿈은 귀인으로 상징된 이권이나 재물, 명예를 얻는 일로 실현되고 있다.

• 웅덩이에 빠져 산삼을 움켜잡은 꿈

2006.05월 신문에 소개된 기사를 요약해 살펴본다. 약초를 캐던 40대 주부가 월악산 용화계곡에서 계란 크기만한 희귀 삼 등 산삼 15뿌리를 무더기로 발견했다. 김씨는 발견 전날 밤, 꿈을 꾸었다. "웅덩이에 빠져 허우적대다 손에 산삼을 쥐었고, 갑자기 턱밑까지 차오르는 물 때문에 하늘 높이 산삼을 치켜들고 숨을 몰아쉬다가 식은땀을 흘리며 깨어난 꿈이다."

꿈에서 본 웅덩이가 용화계곡의 웅덩이와 비슷해, 남편과 계곡에서 약초를 캐기 시작한 지 30분도 안되어 산삼 15뿌리를 발견한 바, 산삼 15개 중에 감정을 의뢰한 7개는 모두 합쳐 2억원을 호가하는 귀한 산삼이다.

꿈에도 여러 가지가 있다. 대부분은 장차 일어날 일에 대한 예지를 상징적으로 보여주지만, 사실적인 미래투시의 꿈으로 예지해주는 경우도 있다. 꿈에서 본 웅덩이가 용화계곡의 웅덩이와 비슷했기에, 남편과 계곡에서 약초를 캐다가 주의깊게 유심히 살펴보았기에 산삼을 발견할 수 있었다고 보여진다. 또한 손에 산삼을 쥐는 꿈을 꾸었기에, 산삼을 캘 지 모른다는 기대감도 작용했을 것이다.

• 황소가 수레에 짐을 싣고 집 마당에 들어온 꿈

2006.05월 신문에 소개된 기사를 요약해 살펴본다. 충북 청주의 한모(68)씨가 소백산 기슭에서 200년 된 산삼(무게 190g)을 발견한 바, 한씨는 등산 전날 "꿈속에 누런 황소 다섯 마리가 수레에 뭔가를 가득 싣고, 집 마당에 들어오는 꿈을 꾸었다. 감정결과 "우리나라에서 발견된 산삼 중에, 한 뿌리에 싹이 5개나 올라온 것은 이번이 처음일 것" 이라며 감정가를 매기지 못했을 정도로 귀한 산삼이라고 말하고 있다.

꿈은 반대가 아닌 상징의 이해에 있다. 황소가 무언가 싣고 들어오는 꿈은, 싣고 들어온 물건으로 상징된 이권이나 재물을 얻는 일로 이루어지고 있다. 꿈속에 나타난 숫자도 관련이 있으며, 황소 다섯 마리 꿈으로 한 뿌리에 싹이 5개나 올라온 산삼으로 실현되고 있다. 일반적으로 산삼 5뿌리 캐내는 일 등으로도 가능하다고 하겠다.

• 산신령이 옥동자를 안겨준 꿈

산신령이 "바위골에 가면 집터가 있다." 라고 하며 옥동자를 안겨준 꿈은 그 장소에 집을 살 만한 값어치의 2백 년 묵은 산삼을 얻는 것으로 실현되었다.

• 꿈속에서 시아버지 보는 꿈

산삼 6뿌리를 캐기 전날, 1년 전에 돌아가신 시아버지를 보는 꿈을 꾸었다고 말하고 있는 바, 아마도 온화하고 밝은 모습으로 나타난 꿈이었을 것이다.

• 돌아가신 할아버지가 꿈속에서 장소를 계시한 꿈

산나물을 뜯던 40대부부가 산삼 32뿌리를 횡재했다. 부인의 전날 꿈속에서 돌아가신 할아버지로부터 산삼을 발견한 장소로 안내돼, 함께 즐겁게 놀았다며 '조상이 돌본 덕' 이라고 말하고 있다. 야산에서 산나물을 뜯던 중, 이상한 풀이 자라고 있어 캐보니 산삼이더라는 것이다.

• 사별 남편이 인도한 꿈

70대 할머니가 25년 전에 죽은 남편의 현몽에 따라, 산삼 14뿌리를 캐내는 행운을 얻었다.

• 돼지꿈으로 산삼 20뿌리를 발견한 꿈

전날 꿈속에서 산에 갔다가 돼지 두 마리가 놀고 있는 꿈을 꾸고 난 후, 이날 형님과 함께 영지버섯을 따러 갔다가, 산삼 싹 하나를 발견하게 되었다. 캐고 나니, 인근 반경 2m 지점에 나머지 산삼이 무더기로 있는 것을 발견하게 되었다.

2) 유물 발견 꿈

(로또)복권 당첨을 비롯하여, 행운을 가져오게 한 여러 꿈사례들을 살펴보면, 장차 다가올 앞날을 꿈으로 예지하고 있음을 여실히 드러내주고 있다. 이러한 예지능력은 우리 인간이 지닌 고차원의 정신능력에서 발현되며, 우리 인간이 만물의 영장임을 여실히 보여주고 있다.

• 수영하는 꿈을 꾸고서, 주꾸미로 인하여 태안 고려청자 보물선 발견

바닷가에서 수영하는 꿈을 꾸고 난 후에, 바닷속에 침몰된 청자 보물선 발견에 결정적인 역할을 하게 하였으며, 그로 인해 뜻밖의 횡재를 하게 된 어부의 사례를 살펴본다.

지난 2007년 5월 14일 밤, 충남 태안에 사는 어민 김용철(58)씨는 바닷가에서 수영하는 꿈을 꿨다.

다음날 아침 태안 대섬 앞바다로 조업을 나간 김씨는 800여 마리의 주꾸미를 낚았다. '좋은 꿈도 꾸고 했으니, 어떤 좋은 일이 있지 않을까' 하고 생각했던 그에게, 신기한 일이 벌어지고 있었다. 건져 올린 주꾸미 중의 한 마리가 푸른 빛깔의 접시를 끌어안고 있는 것이었다.

"주꾸미가 접시를 빨판으로 붙잡고 있는 거예요. 자세히 보니 아무래도 요즘 물건 같지는 않은 게 심상치 않더라고요. 그래서 자세히 봤더니 청자 같더라고요"

혹시나 하는 마음에 김씨는 나흘 뒤, 태안군청 문화관광과에 청자처럼 보이는 대접을 건졌다고 신고했다. 감정 결과 김씨가 발견한 대접은 틀림없는 진품 고려청자였다. 대섬 앞바다에서 청자대접이 나왔다는 소식을 접한 국립해양유물전시관은 긴급 현지조사에 착수하여, 충남 태안군 근흥면 정죽리 대섬 앞바다에서 대규모의 청자를 실은 채 침몰된 청자 운반선 1척을 발견하게 되었다. 육안으로 확인된 미인양품만 2000여 점에 달하며, 총 수장규모는 최대 3만 점에 달할 것으로 추정됐다.

김씨가 꾼 바닷가에서 수영하는 꿈은 좋은 꿈이다. 아마도 신나게 수영하는 꿈이었을 것이다. 바다로 상징된 활동 공간인 지역사회에서, 자신의 역량을 발휘하는 일로 이루어질 것이다. 유사한 사례로 자신이 돌고래가 되어 넓은 바다에서 헤엄치는 꿈을 꾸고 나서, 이름난 포털사이트에 취직하는 일로 실현된 사례가 있는 바, 자신의 능력을 마음껏 펼칠 활동무대를 지니게 될 것을 예지해 주고 있다.

또한 신기하게도 건져올린 800여 마리의 주꾸미 중에 한 마리가 청자를 빨판으로 끌어안고 있었다는 것 자체가 기막힌 우연이다. 어쩌면 김씨가 이러한 꿈을 꾸지 않았다면, 잡혀 올라온 주꾸미가 붙잡고 있던 청자를 자세히 보지도 않고 바다에 던져버렸을지도 모른다.

하지만, 상징적인 꿈의 미래예지 입장에서는 이러한 가정조차도 할 필요가 없다. 장차 일어날 길흉에 대한 미래 예지는 가능하나, 우리 인간이 그 실현의 결과를 벗어나거나 피할 수 없는 특징을 지니고 있기 때문이다.

다만, 사실적으로 전개되는 꿈에 있어서는 꿈속에 진행된 대로 따라하지 않으면 꿈의 실현자체를 막아낼 수는 있다.

미래투시적인 꿈을 통해 현실에서 일어날 사고를 미연에 방지하는 것이 가능한 바, 이러한 꿈을 꾸게 하는 주체는 바로 우리의 정신능력으로서, 자신에게 닥쳐올 위험을 뛰어난 통찰력과 예지력으로 꿈의 세계를 통해 우리를 일깨워 주고 있다고 보아야 할 것이다.

보물선에 대한 발굴 조사가 이루어지고 있던 5월30일 밤 김씨는 또 한번 꿈을 꿨다. "꿈에 제가 누워있는 게 보였어요. 그런데 갑자기 누군가 나타나서, 저에게 무언가 하얀 걸 던지는 겁니다. 덥석 받아보니 흰 돼지였어요"

앞부분에서, 돼지꿈에 관하여 자세히 살펴본 바, 돼지를 얻거나 잡는 꿈은 돼지로 상징된 재물운이 있게 될 것을 예지해 주고 있다. 이 경우에 있어서도 커다란 돼지일수록, 건져 올린 문화재에 대한 보상금이나, 청자가 실려진 보물선을 발견하게 된 공로를 인정받은 포상금의 금액이 많아진다. 김씨가 건져 올린 청자의 보상금 및 청자 보물선을 발견하게 한 공로를 인정받아, 포상금으로 2천여만원의 돈을 받게 될 것을 돼지꿈으로 예지해주고 있는 것이다.

• 멧돼지처럼 생긴 짐승이 가슴을 받고 지나가는 꿈
무령왕릉을 발굴한 고(故) 김영배 관장의 꿈이다. 꿈의 주요 기능으로, 장차 일어날 일을 예지해주기도 하지만, 꿈을 통해 주변에 일어날 위험한 상황이라든지, 현실에서 해결할 수 없었던 난해한 문제를 해결하도록 도와주는 경우도 있다. 옛 선인들이 꿈속에서 현실에서는 지어낼 수 없었던 뛰어난 한시를 짓거나, 꿈의 계시를 받아 어떠한 일을 이루어낸 많은 사례가 있다.

외국의 경우에 있어서도 어떠한 대발견이나 발명에 앞서, 꿈의 계시로 이루어진 사례가 상당수 있다. 예를 들어 꿈속에서 쫓아오던 인디안의 창에 구멍이 나 있는 것을 보고 구멍이 뚫린 재봉틀 바늘을 발명한 것이라든지, 벤젠의 구조식을 알아내기 위해 고심하다가 뱀들이 얽혀있는 모양을 보고 6각형의 구조를 발견한 것이라든지, 커다란 금맥을 꿈속에서 미리 보고 발견한 사례를 들 수 있다.

마찬가지로 국가적·사회적으로 엄청난 국보급의 문화재를 발굴해내는 데 있어, 사전에 꿈으로 계시하거나 예지해주는 사례가 있다.

충청남도 공주시 금성동(옛 이름은 송산리)에 위치한 백제 무령왕릉의 발굴에 있어서도, 발굴 당시 국립공주박물관장이자, 마지막 백제인임을 자처했던 고(故) 김영배 관장의 꿈에 예지되고 있다. 무령왕릉은 고분의 축조연대와 묻힌 피장자가 분명하게 드러나 있으며, 무엇보다도 도굴의 피해를 전혀 입지 않은 상태로 고스란히 발견되어, 삼국시대 고분 연구에 중요한 정보를 제공하고 있다.

공주 송산리 고분군 정비 공사가 한창이던 1971년 7월 5일 새벽. 김 관장은 멧돼지처럼 생긴 짐승이 자신의 가슴을 받고 지나가는 꿈을 꾼 뒤 잠에서 깨어났다. 심상치 않은 꿈임을 알 수 있었다.

그날 오전, 김 관장은 고분 정비공사 현장소장 김영일 씨로부터 공사 현장에 급하게 나와 달라는 연락을 받았다. 송산리 6호 고분 주변으로 빗물을 차단해서 옆으로 돌리는 단수구(斷水溝) 작업이 한창이었는데, 현장 근로자의 삽날에 벽돌 같은 것이 걸렸다는 것이다. 현장을 둘러 본 김 관장은 벽돌을 쌓아 만든 백제 최고위층의 무덤임을 직감했다. 삽질을 몇 번 더하자 무덤을 쌓은 벽돌이 드러났다. 문화재관리국(문화재청의 전신)은 곧 공사 중단 명령을 내렸다.

사흘 뒤인 8일 오후 4시, 고(故) 김원룡 당시 국립중앙박물관장과 김영배 관장은 무덤 입구를 막고 있던 벽돌 한 장을 들어냈다. 김영배 관장은 들어낸 벽돌 틈으로 무덤 안을 보았다. 바깥쪽을 향해 서 있는 뿔 달린 돌짐승 한 마리가 눈에 들어왔다. 김영배 관장은 소스라치게 놀랐다고 밝히고 있는 바, 꿈속에서 본 '멧돼지'가 그곳에 있었기 때문이다. 이 돌조각은 무덤을 지키기 위해 넣은 동물상인 진묘수(鎭墓獸)였다.

이러한 진묘수(鎭墓獸)는 중국에서 묘(墓) 속에 놓아 두는 신상(神像)으로, 주로 짐승 형태를 하고 있다. 묘(墓)에 악영향을 미치는 악령을 내쫓을 목적을 지닌 것으로, 우리나라에서는 백제의 무령왕릉에서 출토되고 있다.

일반적인 꿈의 상징에 있어, 멧돼지처럼 생긴 짐승이 가슴을 받고 지나가는 꿈은 좋지 않은 꿈이다. 멧돼지로 상징된 병마나 적대적인 행위가 발생하게 되어, 가슴 부위에 심장마비나 사고 등을 입게 되는 일로 일어날 수 있는 꿈이다. '복카치오'의 『데카메론』에서도 사나운 짐승이 연인의 가슴을 물어뜯는 꿈을 꾼 후에, 심장마비로 죽게 되는 이야기가 전개되고 있다.

하지만, 꿈은 꿈을 꾼 사람이 처한 상황에 따라 다르게 실현되고 있다. 호랑이에게 물리는 꿈을 꾼 후에, 퇴근길에 불량배를 만나 고생하는 일로 이루어지기도 하지만, 가임 여건에서 아이를 갖는 태몽으로 이루어질 수도 있다. 중요한 것은 호랑이에 대한 꿈속의 느낌이다.

고(故) 김영배 관장에게 있어, 멧돼지처럼 생긴 짐승이 가슴을 받고 지나가는 꿈은 1500년 가까이 무령왕릉을 지켜 왔던 동물상인 진묘수(鎭墓獸)가 현실에 모습을 드러낼 것을 예지해주고 있다. 안좋게 보여지는 꿈이지만, 이처럼 꿈을 꾼 사람이 처한 상황에 따라, 극적으로 좋은 꿈으로 이루어진 사례를 볼 수 있다.

여담으로 발굴과 관련된 꿈이야기를 하나 살펴본다. 한국 고고학계의 개척자로 꼽히는 김원룡 박사는 '나의 인생 나의 학문' (학고재 간)에서 다음과 같이 말하고 있다. '1963년 가을, 경북 고령에서 신라·가야 최초의 벽화고분을 발굴했다. 그해 12월, 정밀조사를 다시 마친 직후 서울로 올라오는 날 새벽, 흉한 꿈에 잠을 깼다. 여자 셋이 내 이불을 확 벗겼는데, 내 몸이 피투성이였다. 그날 새벽 내가 탄 버스는 출발한 지 몇 분 만에, 논바닥으로 굴렀다. 늑골이 부러지는 중상이었다. 유리를 깨고 버스에서 겨우 빠져나온 내 모습은 꿈에서 본 그 꼴이었다.'

3) 우승 예지 꿈

2008 베이징 올림픽에서, 야구 대표팀의 김경문 감독은 나체로 인터뷰를 하는 꿈을 꾸고 우승을 했음을 밝히고 있는 바, 이처럼 올림픽 등에서 우승하는 커다란 행운이 올 경우에, 사전에 미리 꿈으로 예지된 사례를 살펴본다.

(1) 나체(알몸)로 인터뷰를 하는 꿈(야구 김경문 감독)

2008 베이징올림픽 야구에서 우승한 김경문 감독은 베이징에 도착해 첫 인터뷰에서, "꿈을 꿨는데 좋은 꿈인지, 나쁜 꿈인지 몰라 내용은 말할 수 없다"고 말했다. 전승으로 우승한 뒤에 마침내 꿈 이야기를 공개한 바, "좀 민망한데 홀딱 벗고 인터뷰하는 꿈이었다. 주변에 알아보니 길몽이라고 했다."

아마도 김경문 감독의 꿈은 여러 사람 앞에서 자신의 벗은 알몸을 과시하면서, 당당하게 인터뷰를 하는 꿈이었음에 틀림이 없다. 인터뷰를 하는 자체가 무언가를 널리 알리고 과시하는 상징의미를 담고 있는 바, 시합 우승으로 실현되고 있다고 보아야 할 것이다.

꿈속에서 알몸을 뽐내는 꿈은 자기를 과시하거나 명예롭게 되는 좋은 꿈이며, 반대로 부끄러워하거나 숨는 꿈의 경우에는 자존심이나 명예의 손상 등 안 좋게 이루어진다.

다음은 아주 오래전에 「주간여성」에 실려졌던 글에서 발췌해 적었다. 시대적으로 오래된 이야기들이지만, 여자 스타들이 꾸었던 알몸의 나체 꿈에 관한 실증적인 꿈사례를 살펴봄으로써 이해를 돕고자 한다.

- 총천연색 세계일주(정혜선)

    옷을 벗은 누드꿈을 꾸면, 나는 반드시 좋은 일이 있다. 한번은 하늘을 훨훨 날며 세계일주를 했다. 알록알록한 총천연색 꿈으로, 오래도록 기억에 남는다. 그 해 아들도 낳고, 하는 일마다 순조롭게 잘 풀려나갔다. 꿈속에서 본 아프리카·스위스·프랑스·미국 등이 짙은 색깔 때문이었는지, 선명하게 기억할 수 있다.

- 알몸으로 수영하는 꿈(전양자)

    벌거벗는 누드 꿈이 길몽이라고들 한다. 종종 알몸으로 노는 꿈을 꾼다. 어느 때는 푸른 바다에서 헤엄도 치고, 때론 맑은 계곡에서 목욕도 한다. 이런 때는 꿈을 깨고 나서도, 개운하고 즐겁다. 그러나 너무 자주 꿈을 꾸는 탓인지, 좋은 일은 별로 보지 못했다. 그러나 가끔 총천연색의 꿈도 꾼다.

- 냇가서 벗고 멱 감아(김윤경)

    지난 여름, 꿈 속에서 빨간 황토 길을 걷다가 맑은 냇가에 이르렀다. 물이 하도 맑아, 옷을 훌훌 벗고 목욕을 했다. 그 날 어느 포스터 제작사로부터, 시가의 3배 개런티로 촬영교섭을 받았다. 그리고 이어서 영화사의 출연교섭을 받았다. 그것도 2편이 한꺼번에 프로포즈 해왔다. 인기에도 보탬이 됐거니와, 수입도 오른 셈이다.

- **꽃밭에서 꽃을 꺾어 (오미연)**
  나는 꿈, 벌거벗는 꿈을 잘 꾼다. 언젠가 꿈속에서 들길을 걷고 있었다. 문득 어느 곳에 이르니까 환한 꽃밭이었다. 빨간 꽃, 노란 꽃이 무성히 피었다. 꽃 모양은 들국화 같았다. 돌아보니 자신은 알몸이었다. 그래서 꽃을 꺾어 몸을 가렸다. 그 후 [신부일기]에 참여했다. 크리스챤이어서 꿈을 믿진 않지만, 길몽인 것 같다.

'크리스챤이어서 꿈을 믿지는 않지만'에 대해서, 한 마디 하지 않을 수 없다. 하나님을 믿는 것과 꿈을 믿는 것과 무슨 상관이 있다는 것인가? 성경속에 나오는 수많은 꿈이야기를 읽어보지도 않았다는 것인지, 답답하고 안타깝다. 이는 꿈을 정신과학의 세계로 인식하지 않고, 미신적인 대상으로 보는 데서 이러한 생각이 생겨나고 있다.

꿈은 우리 인간 정신 능력의 활동으로, 미신적인 영역이 아니다. 우리 인간이 인간다움을 증명해주는, 가장 고결하고 차원높은 정신능력의 활동으로 꿈을 빚어내고 있는 것이다.

스승이신 한건덕 선생님은 불편한 몸으로 30여년 이상 꿈을 연구해 오신 분이다. 꿈을 믿으면서도, 그 얼마나 하나님을 믿으셨는지 모른다. 수많은 꿈에 관한 저서가 있지만, 가장 애착을 느끼시는 것은 '성경과 꿈'에 관한 글이셨다. 성경속의 꿈이야기에 대하여 자세한 것은 앞으로 출간 예정인, 필자의 『홍순래 꿈해몽 대사전』 Ⅵ. 『꿈으로 본 성경과 불경』에서 자세하게 살펴볼 것이니, 기다려주시기 바란다.

(2) 불꿈과 용꿈 및 태양꿈 (유도 최민호)

2008 베이징 올림픽 유도에서 우승한 최민호가 밝힌 어머니의 꿈이다. 최민호는 "어머니가 꿈을 꿨는데, 청와대 같은 큰 집에서 불이 나서, 촛불시위 때보다 많은 사람이 몰려 이유를 물어보니, "민호를 축하해주러 왔다"고 했단다. 또 아버지도 용이 여의주를 물고 승천하자, 태양이 가슴으로 들어오는 꿈을 꾸셨다고 했다"며 우승과 꿈의 예지적 상관관계가 있음을 밝히고 있다.

또한 자신도 작년까지는 3등만 하는 꿈이었는데, 올해부터는 계속 1등만 하는 꿈을 꾸었다고 밝히고 있는 바, 이 경우 사실적인 미래투시의 꿈으로 실현된 경우이다.

(3) 인상에서 140kg를 드는 꿈 (역도 장미란)

2008 베이징올림픽 역도에서 금메달을 획득한 장미란 선수의 아버지는 경기 전날 밤에, 장미란이 인상에서 140kg를 들어 세계 신기록을 세우는 꿈을 꿨다고 밝혔다. 딸의 우승에 대한 관심이 꿈으로 예지되고 있는 바, 꿈속에서 본대로 사실적인 미래투시의 꿈으로 실현되고 있다. 실제로 장미란 선수는 역도 여자 개인 75kg급 이상 경기에서, 꿈의 예지처럼 인상 140kg, 용상 186kg, 합계 326kg으로 총 3번의 세계 신기록을 수립하며, 한국 여자 역도 사상 최초의 금메달을 획득했다.

(4) 물고기를 보는 꿈으로 금메달 획득

1994년 17회 노르웨이 릴레함메르 동계 올림픽에서, 한국 대표팀은 대회 11일째까지 노메달에 허덕이다, 한꺼번에 금메달 2개를 획득했다. 남자 쇼트트랙 1000m에서 우승한 김기훈 선수의 아버지인 김무정씨의 꿈사례를 살펴본다. "며칠 전 꿈에 파로호로 낚시를 갔는데, 호수 물이 바짝 말라 밑바닥까지 내려가 보니, 웅덩이에 월척 붕어가 득실거려, 몇 마리 건져올까 했으나 낚시꾼답지 않다는 생각에 그냥 놔두고 왔다" 면서 "붕어를 건드리지 않은 것이 오늘의 금메달을 안겨준 것 같다"고 해몽하고 있다.

이처럼 꿈속에서 직접 잡거나 먹지 않더라도, 많은 고기들이 있는 것을 보는 꿈 자체가 상황에 맞는 좋은 일로 실현되어 나타나고 있다. 예를 들어 연못속의 잉어를 보는 꿈만으로, 잉어로 상징된 이권이나 재물이나 사람을 얻는 태몽 등으로 이루어지고 있다.

또 릴레함메르의 유일한 한국인이자 선수단 통역으로 자원봉사하고 있는 이광희씨는 "간밤에 꿈을 꾸니, 애가 없던 내가 갑자기 아들 쌍둥이를 낳아 놀랐는데, 금메달 2개를 따낸 것을 보니 쌍둥이 꿈이 맞기는 맞는 것 같다"

이 역시 아기를 낳는 꿈이 좋은 것으로 복권당첨에도 실현되고 있음은 앞에서 살펴본 바가 있다. 이처럼 좋은 꿈의 실현은 현실에서 꿈을 꾼 사람이 처한 상황에 따라 다양하게 나타나고 있다.

(5) 용꿈과 산 정상에 오르는 꿈으로 우승 예지

2006년 미국여자프로골프(LPGA)투어 개막전인 SBS오픈에서, 김주미(하이트)는 챔피언에 등극한 뒤 우승 소감을 밝히는 자리에서, "대회 개막 직전 10살 터울의 여동생 주애가 꾼 용꿈을 20달러에 샀는데, 그 꿈이 위력을 발휘해 정상을 차지한 것 같다." 김주미는 "동생이 용 7마리가 풀장에 뛰어 드는 꿈을 꾸었는데, 아마도 '럭키 세븐' 이었던 것 같다"고 근사하게 풀이했다.

또한 2005년 V리그 여자부 챔피언전에서, 챔피언전 최우수선수(MVP)상을 수상한 최광희는 "우승 전날, 산 정상에 오르는 꿈을 꾸었다고 밝히고 있다.

(6) 기타 시합 우승 예지 꿈 사례

〈 돼지들이 집안으로 모여드는 꿈 〉

유도선수 안병근 씨 부친의 꿈이다. 결승 시합이 끝나고 난 뒤, 꿈이야기를 털어놓았다. "내 꿈에, 경기장에 구름같이 모인 관중들이 모조리 돼지들로 보이더구나. 그 돼지들이 우리 집 안으로 꾸역꾸역 모이기 시작하지 뭐겠니? 그래서 이 아버지는 거기에 완전히 파묻히고 말았지."

〈 별 네 개를 단 장군이 되어 있는 꿈 〉

홍수환 선수의 누나는, 홍수환 선수가 4전 5기해 세계 챔피언을 따기 전날, '홍수환 선수가 별 네 개를 단 장군이 되어 있는 꿈'을 꾸었다고 한다.

〈 용머리를 한 뱀을 껴안은 꿈 〉

프로야구 해태 팀의 장채근 선수는 89년에 '용머리를 한 뱀을 껴안은 꿈'을 꾸고, 3연타석 홈런을 날리는 일로 이름을 날렸다.

합격의 꿈

꿈이란 인간의 정신능력의 활동으로, 현실의 자아가 궁금해 하고 관심을 가지고 있던 일이나 대상에 대해서, 신성(神性)과도 같은 무한한 능력을 지닌 힘으로 일러주고 일깨워주고 있다.

따라서 자신이나 가족 또는 주변인물을 통해서, 가장 궁금하게 여겨지는 시험의 결과에 대한 예지를 꿈을 통해 알려준다는 것은 지극히 당연하다고 해야 할 것이다. 즉, 꿈의 예지를 통해 상징적으로 어렴풋하게 알려줌으로써, 자신의 다가올 앞날에 대한 마음의 준비를 할 수 있도록 해주고 있는 것이다. 이 책에서 '행운의 꿈'으로 소개된 좋은 꿈들을 꾸었다면, 처한 상황에 따라서 재물운이 아닌, 시험에서 합격하는 일로 실현될 것이다. 여기에서는 그동안 실제로 대학에 합격한 꿈사례를 중심으로 살펴보았다. 꿈해몽의 첫째는 반대가 아닌 상징표상의 이해에 있음을 염두에 두고서, 각각의 꿈이 상징하고 있는 바를 잘 생각해 보면서 읽어보시기 바란다.

1) 합격 꿈사례 요약
- 꿈속에 합격할 학교가 나타난 꿈

- 밝은 모습으로 돌아가신 아버님이 나타난 꿈
- 할아버지가 "합격했으니 걱정 말아라" 라고 계시적으로 일러주는 꿈
- 깨끗한 샘물을 떠 마신 꿈
- 상대방 사람이나 동물을 죽인 꿈
- 학이 날아온 꿈
- 새가 날아와 앉는 꿈
- 방바닥에서 대나무가 쑥 올라오며 꽃이 피는 꿈
- 내 등에서 불이 활활 타는 꿈
- 선생님이 문제를 일러주는 꿈
- 교장선생님께서 직접 상장과 트로피까지 주는 꿈
- 큰 문을 당당이 열고 들어가는 꿈
- 귀신인지 도깨비인지와 싸워서 이긴 꿈
- 활과 총으로 과녁을 맞추어 관통시킨 꿈
- 아름다운 꽃을 꺾고 잘 익은 과일을 따는 꿈
- 경주에서 1등을 하고, 호수나 강에 들어가 수영을 하는 꿈
- 누군가가 손을 잡아끌어 올려주는 꿈
- 군대나 집단에 자신의 자리가 마련되어 있는 꿈
- 빨간 꽃 화분이 가슴에 와 안기는 꿈
- 자신만이 철봉에 오래 매달려 있는 꿈
- 신발을 얻어 신고 달아나는 꿈
- 신발을 잃을 뻔하다가 찾는 꿈
- 아가와 목욕을 하는 꿈
- 예쁜 요정이 곁에 다가와 당신을 도와드리겠다고 말하면서 안기는 꿈
- 산을 신나게 올라가는 꿈
- 이름 모를 예쁜 꽃들이 피어있는 꽃밭을 거니는 꿈
- 산위에 올라가 운해(雲海)의 절경을 보는 꿈
- 높은 산봉우리를 올라가 아름다운 경치를 구경한 꿈

- 어두운 밤이었는데 갑자기 하늘에서 태양이 빛나는 꿈
- 바위와 물이 보이고 햇빛이 방안에 가득한 꿈
- 꽃 · 바위 · 물이 아주 풍요롭게 느껴지는 꿈
- 지게에 꽃을 가득 실어와 뒷동산을 가득 메워놓는 꿈
- 동굴에 들어가서 빛이 나는 꿈
- 벽에 달라붙은 보석을 보는 꿈
- 밤하늘의 별이 용의 모양이었던 꿈
- 밤길에 무지개가 펼쳐지는 꿈
- 뱀이나 개, 기타 짐승에게 물린 꿈
- 누군가에 붙잡혀 혹사당하는 꿈
- 길이 온통 피바다이며 젤리같이 움직이며 따라오는 꿈
- 상제 옷을 입고 시험을 치르는 꿈
- 차를 타고 출발하거나, 자기가 차나 바위에 깔려 죽는 꿈
- 머리가 예쁜 구렁이가 오른손 팔 쪽으로 올라와 자신을 감싸는 꿈
- 자신의 자리를 차지하고 앉아 국수를 먹는 꿈
- 어떠한 단체나 모임에 자신의 빈자리가 마련되어 있는 꿈
- 비가 오는데 다른 사람과 달리 자신만이 우산을 쓰고 가는 꿈
- 높은 곳에서 매달려 있는 꿈
- 방이나 책상 · 책장의 열쇠를 얻는 꿈
- 호랑이나 사자 등 벅찬 동물과 싸워서 이긴 꿈

이밖에도 민간 속신으로 전해오는 좋은 꿈으로 다음과 같은 꿈을 들 수 있다.

- 몸에 날개가 나서 나는 꿈
- 높은 산에 올라가 큰소리치는 꿈
- 깃발을 세우는 꿈
- 글씨를 쓰는 꿈

- 공중에서 빛이 나는 꿈
- 고목나무에 꽃이 핀 것을 보는 꿈
- 꿀이나 엿을 먹는 꿈
- 좋은 방석을 깔고 앉은 꿈
- 도끼와 칼을 얻는 꿈
- 달력을 얻는 꿈
- 자신의 머리가 칼로 베어지는 꿈
- 꿈에 하얀 노인이 나타나는 꿈
- 꿈에 하늘 문에 방을 거는 꿈

2) 합격 꿈사례

• 사형집행을 당하는 꿈
"누가 나를 끌고 가면서 명에 의해 사형집행을 한다고 십자가에 묶어 놓고는 총을 쏘았다. '나는 죽었구나' 생각하면서 꿈을 깨었다."

죽음의 꿈에 대해서 앞서 자세하게 살펴본 바가 있다. 지난 날 어떤 분이 장군 진급 심사를 앞두고 있었던 일이다. 결과는 당당히 장군으로 진급되었다. 죽음은 새로운 탄생이며 부활의 의미이다. 현재의 껍질을 벗고 새롭게 태어남을 뜻하고 있다. 수험생의 경우 합격의 표상이다.

• 과녁을 맞추고 불이 일어난 꿈
"정면에 과녁이 있었다. 총을 쏘아 과녁을 맞췄더니, 그 총알이 과녁을 뚫고 저만 큼 떨어진 전선주에 가설한 변전기에 맞아 불이 나서 활활 타오르는 것을 보았다."

이 꿈에서 과녁을 맞춘 것은 고시에 최종 합격될 것을 나타낸 것이다. 또한 그 과녁을 관통한 총알이 전선주의 변전기를 또 맞추어 불이 나게 한 것은, 고시 합격 후에 官運(관운)이 뻗어나갈 것을 예지한 꿈이다. 다른 해석으로는, 고시 시험이 한 번에 그치지 않고 진행되는 바, 1차·2차 통과의 관문을 상징하고 있다고 볼 수도 있겠다. 과녁을 뚫고 나가는 것, 불이 활활 타오르는 것 모두 좋은 상징표상으로 합격을 예지해주고 있는 것만은 틀림이 없다.

- 노예가 되어 시달리는 꿈

    합격 발표 전날에 꿈을 꾸었다. 어디론가 가고 있는 차안에서 누군가가 내 자리로 위협적으로 다가오는 것이었다. 그 서슬에 놀라 절벽같은 아래로 떨어졌다. 밑에는 다른 사람도 있었던 것 같다. 저 위 절벽 위에서 누군가가 소리치고 있었다. '너희들은 노예야! 이제부터 내 말을 안 들으면 힘들거야. 열심히 일해서 수확한 것을 내야 돼!'
    어느 순간 잠에서 깨어나 시계를 보니 새벽 4시를 가리키고 있었다. 나 자신은 꿈의 의미를 되새겨 보고, '아! 합격할는지 모른다' 라는 기쁜 마음으로 다시 잠을 청했다. 꿈의 상징의미는 나 자신이 어떤 새로운 곳에 소속되어, 레포트 작성이나 연구논문 발표 등 다소 힘드는 노력을 해야 할 것을 예지해주는 것으로 받아들였다.

노예가 되는 꿈이 다 좋다는 것이 아니다. 꿈을 꾼 사람이 처한 특수한 상황이 중요하다. 필자의 단국대 대학원 한문학과 박사과정 합격 꿈으로, 꿈속에서 절벽위에서 소리치던 분이 면접을 보던 교수님 한 분의 목소리같이 느껴졌으며, 나중에 논문 지도교수님이 되셨다. 이러한 사례로 볼 때, 시험을 앞두고 노예가 되는 꿈은 합격의 꿈으로 여겨도 좋을 것이다.

- 비가 오는데 자신만이 우산을 쓰고 가는 꿈

    고등학교 시험을 치르고, 합격인지 불합격인지 궁금하던 중에 잠이 들었는데, 꿈에 비가 왔습니다. 그런데 여러 사람들이 비가 오니, 우산이 없어 집에는 가지 못하고, 이 구석 저 구석에 서서 무슨 이야기들을 쑥덕쑥덕 하면서 갈 생각들을 안하고 서 있는데, 저는 마침 우산이 있어서 나 혼자만이 우산을 쓰고 집으로 오다가, 꿈에서 깨어났습니다. 아침에 아버님께 꿈이야기를 했더니, '됐다. 너는 합격이다'라고 말씀하셔서, 혹시나 하고 믿지 않았더니 학교에 가서 보니 합격이 되었습니다.

- 다른 친구들보다 철봉에 오래 매달려 있던 꿈

꿈속에서 체력장 시험으로 친구들과 오래 매달리기를 하고 있다. 친구들은 시간이 흐를수록 모두 철봉에서 손을 놓쳤지만, 자신은 정해진 시간보다 오래 매달려 있다가 떨어진 꿈이었다.

꿈속에서 어려움을 이겨내고 자신이 뜻한 바를 성취했던 것과 같이, 현실에서도 자신이 원하는 대로 일이 이루어진다. 실제로 시험에 우수한 성적으로 합격하여, 본인이 바라던 대로 장학생이 되어 부모님을 기쁘게 해드릴 수 있는 일로 실현되었다.

- 중령 계급장을 어깨에 단 꿈

경찰 합격을 예지해 준 꿈사례로, 춘천시에서 강OO 아빠가 보내온 꿈이야기이다.

군복무를 마쳤는데, 꿈속에서는 내가 육군소령이었다. 사단장 이취임식 날이었는데, 꿈속에서 이취임식 행사가 끝나고 바로 진급발표가 있는 것이었다. 그런데 이상한 것은 새로 부임하는 사단장은 내가 과거 모셨던 상사였고, 속으로는 사단장이 내 이름을 불러주기를 기대했다. 아니, 마땅히 그러해야만 했다.

승진자들의 이름이 불려질 때마다, 내 앞줄에 서있던 진급자들이 단상으로 뛰어나갔다. 가슴은 두근거렸고, 등뒤에서 식은땀이 났다. 꿈이 깨기 전, 내 이름이 마지막으로 불려졌고, 나는 중령계급장을 어깨에 달았다.

꿈을 꾸고 며칠 뒤 순경공채시험에 합격했고, 나는 경찰공무원이 되었다. 어깨에 계급장을 다는 직업은 경찰·군인·소방관·교도관 등이 있다. 제복을 입는 직업을 선택하게 된 것이 꿈과 어떤 관계가 있는지, 중령 계급장 두 개와 순경 계급장 두 개가 어떻게 꼭 일치했는지 신기하기만 하다.

소설보다도 재미있는 꿈이야기이다. 마패를 받고 감사실로 발령이 난 꿈이야기도 있는바, 꿈의 상징표상은 현실에서 일어나는 일과 깊은 관련을 맺고 있음을 알 수 있다.

• 대입합격을 예지해 준 꿈
다음의 글은 춘천의 임○○ 주부가 보내온 글이다.

저는 50대의 중년 부인입니다. 꿈을 거의 매일 꾸는 편이고, 현실에 미리 예지되는 때가 많아 지금은 별로 놀라워하지도 않을 정도입니다. 꿈에 뱀을 보면 재산이 크게 불어난다든지, 낯선 여자들이 많이 보이면 구설수에 올라 있다든지 합니다. 또한 아기를 보면 좋지 않은 일이 일어나고는 합니다. 위로 오르는 꿈을 꾸면 자식들의 성적이 오르고, 아래로 내려가는 꿈을 꾸면 성적이 내려가고 해서, 가끔은 아이들한테 농담 비슷하게 '너 이번 시험결과가 좋겠다 나쁘겠다'를 미리 맞추는 편입니다.

30대 때 연초에 비행기를 타고 가는 꿈을 꾼 적이 있는데, 그해에 뜻하지 않게 첫 해외여행을 가게 된 것처럼, 현실에서 벌어지는 여러 일들이 '아! 이게 전에 꿈속에서 미리 보았던 것이구나!' 할 때가 많습니다.

구체적인 사례로 딸의 대학입시 합격을 꿈을 통해 예지한 꿈을 들어보겠습니다. 5년 전, 첫 아이가 이대에 입학시험을 볼 때였습니다. 시험을 치르기 며칠 전에, 꿈속에서 약간 어둠침침한 옛 성(城)의 복도를 많은 사람들이 물밀듯이 천천히 걸어가고 있었습니다. 그런데 갑자기 화장실에 가고 싶어 갔다 왔더니, 웬 병사같은 사람이 정예부대를 뽑았다고 많은 사람 중 일부를 복도 한 부분에 군사대열로 세워 놓았습니다. 나는 그 병사에게 "내가 잠깐 자리를 비웠는데 내 자리가 어디냐"고 물었더니, 그 대열 둘째줄 부분을 가리키며, '이곳이 당신 자리'라는 소리를 듣고 비어 있는 자리를 보고 꿈이 깨었습니다.

그 이튿날 예비소집에 고사장으로 학생과 학부모가 들어가는데, 복도를 걸어가다 문득 '아! 어젯밤 꿈에 많은 사람들이 걸어가던 모습과 지금의 현실이 똑 같구나!' 라는 생각을 떠올리며, 순간적으로 좋은 꿈을 꾸었다고 생각했고, 딸아이는 좋은 성적으로 합격하였습니다.

많은 사람들의 공통적인 꿈이야기로, 꿈속에서 본 것처럼 현실에서 똑같은 장소·사람·사건을 경험했다고 말하고 있다. 이 경우는 너무나 많아 일일이 예를 들 수 없을 정도이다. 임OO 주부님의 꿈에서는 정예부대를 뽑아 놓은 곳에 자신의 빈자리가 있다는 꿈 내용으로 딸의 대입합격을 예지하고 있다. 이처럼 상징적인 꿈의 내용은 그대로 실현되고 있다. 다만, 실현이 이루어지는 시기는 꿈을 꾸는 순간부터 오랜 세월 뒤에 실현되는 등 다양하게 나타나고 있다.

• 자리에 앉아 국수를 먹는 꿈

꿈에서 우동을 먹게 되었다. 때는 입시를 겪을 때였는데, 꿈에서 우동을 시켜놓고 자리를 못 찾아서 전전긍긍하다가, 겨우 자리에 앉아 국수를 먹게 되었고, 결과는 실제 입시결과에서 합격하게 되었다.

• 동생이 가방을 메고 학교에 들어가는 꿈

동생이 대입 입학시험을 보러간 날, 나는 꿈에서 언덕위에 산을 깎아서 만든 학교를 보았고, 그곳으로 동생이 가방을 메고 들어가고 있었다. 그래서 '아! 동생이 합격을 하겠구나' 라고 막연하게 생각을 했고, 역시 합격이었다. 그러나 놀라왔던 사실은 동생 입학식 날 학교를 가보니, 바로 꿈에서 본 학교였다.

• 밤하늘의 별이 용의 모양이었던 꿈

제 딸아이는 24살입니다. 고등학교 때 공부를 열심히 하지 않아서, 대학입시에 낙방을 했습니다. 그럭저럭 4년이란 세월이 흘렀습니다. 재수도 해 보지 않았습니다. 드디어 올해, 딸아이가 자원해서 시험을 쳐 보겠다고 했습니다.

입시 2~3일 전 꿈에, 아빠가 늦게 들어오시더니 빨리 밖으로 나와 보라고 하더래요. 나가보니 밤하늘에 별이 초롱초롱 너무 아름답게 빛나고 있었고, 그 중에 몇 개의 별이 모여 용의 형상을 하고 있었대요. 그것을 본 순간 너무 기분이 상쾌하더래요.

저는 그 말을 듣고 합격을 암시하는 듯한 생각을 하게 되었어요. 정말 딸아이는 세칭 괜찮은 대학에 합격을 하였습니다. 정말 꿈은 미신이 아니라 영감이라는 것을 알게 되었어요. 이외에도 두세 가지 더 좋은 꿈을 꾸었는데, 전부 합격을 암시하는 좋은 꿈이였어요.

• 신발을 잃을 뻔 하다가 찾는 꿈

　　꿈에서 제가 강둑을 따라 친구들과 조심스럽게 걸어가는데, 거의 다 와서 떨어질 듯 하다가 뚝에 매달렸는데, 남자친구(얼굴 몇번 본 친구일 뿐)가 도와줘서 다시 가게 되었죠. 그런데 뚝에서 내려오는데, 그만 저의 신발이 진흙 속에 빠져버렸답니다. 그래서 저는 나뭇가지로, 거기에 빠져있는 여러 신발들을 주워서 꺼냈답니다. 결국 저의 신발을 찾게 된거죠. 이 꿈을 꾸게 된 날이 시험 발표 전날이었고요. 시험 역시 합격을 했답니다.

　　그런데 제가 시험 준비하면서 정신적인 불안감 때문인지, 시험치르기 한 달 전에는 시험을 치르러 가지 못한 꿈을 꾸어서, '이번 시험을 떨어지려나 보다' 생각했었는데, '그래도 포기하지 않고 떨어지더라도 우선 열심히 해보자' 는 생각으로 임했었죠. 아무래도 그때 제가 공부하기가 힘들고 어려웠는데, 그래서 아마 그런 꿈을 꾸지 않았을까 싶네요. 꿈이 비록 나쁠지라도, 그 꿈만 믿고 미리 포기하는 것보다는 그래도 끝까지 해보고 결과를 받아 들이는게 좋을 듯 싶네요.

꿈을 맹신하기보다, 이렇게 진취적이고 적극적인 사고방식을 갖는 것이 수험생들에게 절대적으로 필요하다고 할 수 있겠다. 꿈의 내용으로 미루어 추정하자면, 처음에 신발을 잃을 뻔하다가 다시 되찾은 꿈의 결과처럼, 현실에서도 떨어질 뻔하다가 다시 합격선위로 아슬아슬하게 올라오는 일로 실현되었을 가능성이 높다고 하겠다.

• 밤길에 무지개가 펼쳐지는 꿈

　　작년에 재수를 해서, 올해 대학교 1학년인 학생인데요. 역시 재수를 하면 부담감이 크지 않습니까. 그런데 수능 2일전 꿈을 꿨죠. 밤이었습니다. 가족들과 함께 길을 걷고 있는데, 정말 아름다운 무지개가 제 앞에 쫘아악 펼쳐지는거에요. 밤에 무지개라, 현실 속에선 불가능하죠. 또 그 무지개가 제 앞의 건물에 투영되고, 가서 막 만져

보고. 요런 황당무계한 꿈이었는데-. 수능을 아주 만족스럽게 봤고, 대학도 원하는 대학에 들어갔습니다.

상징적인 미래예지 꿈으로, 장차 앞으로 밝은 일이 있게 될 것을 예지해주고 있다. 꿈은 반대가 아닌 것이며, 오직 상징표상의 이해에 있다. 아름다움·풍요로움의 표상을 갖는 꿈은 현실에서 자신의 처한 상황에 따라 좋게 이루어지고 있다. 또한 밤중에 무지개가 펼쳐지는 것처럼 황당한 전개를 보이는 것이 상징적인 미래예지 꿈의 특징이라고 할 수 있다.

- 방바닥에서 대나무가 쑥 올라오며 꽃이 피는 꿈

    56살의 주부입니다. 평소 꿈은 잘 꾸지 않는데, 십년 전의 꿈이 어제 같이 잊혀지지 않아, 몇 자 적고자 합니다. 당시 아들이 삼수 중이었는데, 발표 며칠 전의 꿈에, 안방 방바닥에서 대나무가 쑥 올라오며 꽃이 피는 것이었습니다. 그 후에, 합격 소식을 들었습니다.

- 등에서 불이 활활 타는 꿈

    면접 전날 주변사람이 내 등에서 불이 활활 타는 꿈을 꾸었다는 소리를 들었습니다. 그 후에 정말로 합격했습니다.

- 학이 날아온 꿈

    흠, 전 고3때, 대학교 원서 넣고 대학 가기두 싫구, 그냥 되면 되는거구, 거의 포기 상태였죠. 그런데 꿈에 꼭 흥부와 놀부처럼, 흥부집에 제비가 들어왔잖아요. 하지만 저희 집에 학이 날아온거에요. 어디에 다쳤는데, 그걸 엄마랑 저랑 치료를 해줬거든여. 다시 날라 보낼려구 했는데, 가질 않더라구여. 계속 저희집에 머무르고 있는거 있죠? 거기서 깨어났는데 며칠 있다가 대학에 붙었더라구여. 3개나 붙었어요. 뜻하지두 않았는데—

• 새가 날아와 앉는 꿈

　　꿈을 거의 매일 꾸는 편이라, 간혹 맞아떨어지는 경우가 있더군요. 특히 요즘 들어 더 그런 것 같습니다. 기억나는 합격에 관한 꿈을 적어 볼께요. 5년 전에 제가 어떤 곳에 시험을 치르고, 집에서 발표를 기다리고 있었지요. 합격자 발표 날 새벽, 전 별로 유쾌하지 않은 꿈을 꿨습니다.

　　제가 잔잔한 호수 앞에 서서, 맑고 파란 물을 감상하며 서 있었습니다. 그런데 어디선가 시커먼 새가 한 마리 날아오더니, 제 옆에 있는 말뚝 위에 앉는 겁니다. 전 그 새가 까마귀라고 단정을 지었고, 재수 없다며 그 새를 쫓았습니다. 그런데 그 놈은 멀리 날아가는 듯하다가, 호수 주위를 한바퀴 돌고 다시 돌아와 그 말뚝 위에 앉는 겁니다. 그러면 저는 다시 쫓고 그 놈은 다시 돌아오고, 계속 이러다가 꿈을 깼습니다. 전 까마귀 꿈을 꿔서 기분이 영 그렇더군요. 그래서 '떨어졌구나' 생각했는데, 의외로 합격이더군요.

　　꿈이 간혹 맞아 떨어지는 것이 아니라, 꿈은 한치의 오차도 거짓도 없다. 난해한 상징적인 미래예지 꿈의 경우, 우리 인간이 꿈의 의미를 정확하게 모르기에, 그 꿈의 의미가 실현되더라도 꿈과 연관시키지 못할 뿐인 것이다. 조금만 더 꿈에 관심을 가져본다면, 꿈이란 것은 한치의 오차도 없이 정확하게 실현된다는 것을 알 수 있게 될 것이다.

　　사실은 꿈의 의미만 안다면 좋은 꿈이다. 새가 날아와 앉는 표상은 새로 표상된 어떠한 사람이나 이권·권리 등이 다가오고 있음을 뜻하고 있다. '잔잔한 호수 앞에 서서, 맑고 파란 물을 감상하며 서 있는 표상'은 아주 좋다. 맑은 호수의 표상 그대로 좋은 일이 일어날 것임을 보여주고 있다. 여기서 까마귀가 물리쳐도 다시 왔다는 데서, 무언가 다가오고 있고 물리칠래야 물리칠 수 없는 현실로 이루어지고 있다. 즉 꿈을 꾼 사람이 처한 현실의 주 관심사였던 합격으로 실현되고 있다고 볼 수도 있다.

　　다만, 본인이 싫다고 꿈속에서 느꼈던 까마귀에 대한 꿈 내용만으로 어떠한 새(까마귀)가 다가온 꿈이 합격의 표상이라고 단정지을 수 만은 없는 것 같다. 오히려 맑은 호수의 표상에서 합격이 예지되고, 까마귀로 표상된 새는 그 이후의 미래의 일에서 까마귀로 느꼈던 기분 나쁜 사람이나 어떠한 일거리를 떨쳐낼려고 아무리 노력해도, 쉽사리 떨쳐내지 못하게 되는 현실로 실현될 지 모른다.

- 교장선생님께서 직접 상장과 트로피까지 주는 꿈
  자격증 따려고 거의 고등학교 3년 내내 학원에 다녔습니다. 꿈에서 자격증 시험을 보고 나서 발표가 났는데, "합격했다고 축하한다" 며 교장 선생님께서 직접 상장과 트로피까지 주셨습니다.

- 큰 문을 당당히 열고 들어가는 꿈

김미화(가명)씨가 보내 준 꿈사례로, 취업을 예지해 준 꿈으로 꿈은 반대가 아닌 상징표상의 이해에 있다는 것을 여실히 보여주고 있다.

제 주변에 한 대학 졸업생이 취업을 앞두고 있었는데, 그 학생은 모 기관에 취업을 하려고 했으나, 주변 상황이 여의치 않았다. 그러나 꿈을 져버리지 않고 끊임없이 노력하였다. 그러던 어느날, 응모 마감일을 얼마 남겨 놓지 않은 상태에서 어떤 꿈을 꾸게 되었다.

"그 학생은 꿈에서 어느 건물로 들어갔는데, 불빛이 환하고 앞에 큰 문이 있었다. 갑자기 문이 저절로 열리어 그 곳으로 들어가게 되었다. 들어가는 순간에도 아무런 꺼리김 없이 당당하게 걸어갔다고 한다."

꿈을 깨고 나서, 기분이 매우 좋았다고 한다. 그리하여 현실적으로는 순탄하지 않은 조건에서 당당히 우수한 성적으로 합격을 하고, 현재 근무 중이다. 지금 현재도 어려운 난관이 조금 있다할지라도 당당하게 잘 극복해서, 그 분야에서 인정을 받고 있으며, 얼마 전에 승진까지 했다.

이러한 사례를 통해 볼 때, 꿈이란 현실과 불가분의 관계라 할 수 있을 것이다. 문이 저절로 열리는 것은 그만큼 기관이나 회사 내부와 관련되는 일들이 순조로운 조건에서 일에 착수하게 되는 것을 의미하는 것이라 할 수 있을 것이며, 불빛이 환한 곳을 걷는다는 것은 사업이나 소망이 진행되고, 그 일이 긍정적으로 이루어질 수 있음을 상징하는 것이라 볼 수 있을 것이다.

그러므로 지금 현재에도 그 직장에서 인정받으며, 다른 사람들에 비해 빨리 승진할 수 있는 것이라 생각된다. 이러한 결과를 미루어 볼 때, 인간은 잠재의식의 예지의 신비를 현실과 관련지어 생각하게 되는 것이라 볼 수 있으며, 그 또한 현명한 처세가 아닌가 한다.

• 선생님이 일러주는 꿈

실업고 졸업하기 전에, 취업 면접을 보게 되었습니다. 근데 꿈에 선생님께서 면접 볼 때는 어떤 식으로 하라구 하시면서, 요령을 가르쳐 주시는거예요. 그 다음날 면접 볼 때 기분이 무지 요상시럽더라구요. 떨리지도 않구, 너무 편한거 있죠. 게다가 다행히 그쪽에서 절 마음에 들어 하시더라구요..

아무래도 전날 밤 꿈에 나타나신 선생님 덕택인거 같아요. 결과는 합격이지만 제가 싫어서 안 갔어요...후후후

• 돌아가신 아버님이 컴퓨터를 주신 꿈

대학 합격으로 실현된 사례이다.

"1997년 이맘때쯤인가 보다. 대입원서를 넣을 때라, 많이 불안하고 심란한 하루하루를 보내고 있었다. 중 3때 돌아가신 아버지는 그동안 한 번도 내 꿈에 나타나신 적이 없었다. 그런데 대입결과를 기다리던 중 아버지가 꿈에 나타나셨다.

아버지는 돌아가시지 않은 것처럼, 모든 것이 자연스러웠다. 아버지는 안방 아랫목에 누워계셨다. 평소에 아버지는 그렇게 자주 계셨었다. 그런데 안방 TV옆에 왠 컴퓨터가 있고, 아버지는 그냥 그렇게 누워 계시면서 신제품이라며 가지라고 하셨다. 그게 내 꿈에 아버지가 나타나신 처음이자 마지막 꿈이다. 그건 아버지가 내가 합격할 것을 미리 알고, 선물을 주신 것같아 너무 고맙다. 아버지가 너무나 보고 싶다."

• 구렁이를 잡는 꿈(상담사례)

　　　저는 대입 발표를 앞둔 수험생입니다. 원서를 쓰기 얼마 전에 꿈을 꾸었는데, 궁금합니다. 무슨 꿈이냐면, 꿈속에서 제가 아는 두 분의 요청으로, 큰 구렁이를 잡게 되었습니다. 그물로 한가득이요. 그리고 두 분 중에, 한 분이 다른 분 보다 매우매우 기뻐하시던 것입니다.
　　　구렁이를 잡을 때 두 분께서 그물을 설치하시고, 한 분의 말씀대로 제가 바닥을 크게 한번 뛰었는데, 한 분께서 "더욱 세게 해보라"고 그러셔서 그대로 하였습니다. 그랬더니, 구렁이가 순식간에 그물로 잡혀 들어갔습니다. 또 다른 한 분이 그물을 들어올리시며, "이제 됐다!" 하시며 무척 기뻐하시는 모습을 보며 꿈에서 깨었습니다. 이 꿈이 제 예감에는 대학입시에 좋은 징조라 믿고 있습니다. 명쾌한 해몽 부탁 드립니다.

　대학 입학 합격을 100% 보장합니다. 만약에 떨어지는 일이 일어난다면, 그럴 일이 없겠지만, 구렁이로 표상된 다른 무엇의 재물이나 권리·이권을 획득하는 일이 일어납니다. 하지만, 자신의 주관심사가 대학 입시인 것을 감안하자면, 대학 입시 합격으로 실현될 것입니다.
　구렁이를 잡았다는 것은 구렁이로 표상된 그 어떤 재물이나 권리를 획득하는 것을 뜻하고요. 다만, 바닥을 한번 뛰어보아 안되었으니, 1차에서는 실패할 가능성도 많고요. 이어 다시 한 번 크게 구른 후에 구렁이가 잡혀 들어갔으니, 2차에서는 필히 합격입니다.

　이렇게 구렁이가 재물이 아닌, 합격이나 태몽 등 어떠한 일이나 대상이 다가오는 일로 실현된 많은 사례가 있습니다. 사이트에서 필자의 아내가 꾼, 남편이 구렁이를 잡아 죽이는 꿈을 읽어보세요. 두 분으로 표상된 사람(부모님 기타 아껴주시는 분)이 더욱 좋아하시겠고요. 축하합니다.

3) 합격, 승진에 관한 꿈해몽

- 합격증에 관한 꿈은 대체로 합격 또는 불합격을 미래투시적으로 예지한다.
- 바둑·장기·게임 등에서 이기는 꿈은 합격이나 성취로 이루어진다.
- 한 개뿐인 붉은 과일을 따먹으면, 시험에 합격한다. 다만, 이 경우 처한 상황에 따라 태몽이나 이성을 만나게 되는 것으로도 가능하다.
- 숲속에서 과일을 따먹은 학생은 여러 학과에서 우수한 성적을 얻게 된다.
- 적진의 산정을 점령하면, 현상모집·단체경기 등에서 입선 또는 우승한다.
- 꿈에 커닝을 하면, 시험에 합격한다.
- 합격자 명단에 자기 이름이나 번호가 확실히 있으면, 틀림없이 합격한다.
- 자기 이름이 합격자 명단의 첫머리에 있거나 따로 적혀 있으면, 수석합격이나 2차 시험에 합격한다.
- 유엔기와 국기가 함께 꽂혀 있는 것을 보면, 연합고사나 본시험에 합격한다.
- 누런 봉투에 담은 합격증을 받으면, 반드시 합격한다.
- 합격증은 받았으나 이름이나 번호를 확인하지 못하면, 불합격될 우려도 있다.
- 지구의를 사오면, 이권이 생기거나 시험에 합격된다.
- 목욕하는 꿈을 꾸면, 상대방에게 사랑·은혜·협조를 받거나 시험에 합격한다.
- 돌문을 열고 동굴에 들어가거나 들여다보면, 새로운 발견이나 고시 합격 등의 일이 이루어진다.
- 대통령이나 부처님께 드리려고 쌀밥을 하면, 고시에 합격되거나 문예작품 현상에 당선된다.
- 용을 타고 하늘을 날면, 고시합격 또는 소원 성취 등으로 명성을 떨친다.
- 구멍 속을 쑤셨더니 구렁이가 나오면, 시험에 합격되거나 취직이 된다.
- 호랑이나 사자·기린 등 동물을 죽이면 큰일을 성취시키거나, 어려운 시험에 합격한다.
- 노루·사슴·산돼지 등 짐승을 잡은 꿈을 꾼 학생은 시험에 합격되고, 일반인은 권리 또는 명예 등을 얻게 된다.

- 산속에 나타난 사슴 등 동물을 잡으면, 국가고시나 임용시험에 우수한 성적으로 합격한다.
- 모래산 중간 중간이 허물어지고 폭포 같은 물이 터져 흐르면, 입학 시험에 합격한다.
- 사다리를 벽에 세워놓고 올라가면, 진급·진학 등과 관계한다.
- 장대나 전주·나무에 오르면 진급·승진·입학 등의 일이 이루어지거나, 권력자에게 의뢰해서 어떤 일을 성취시키게 된다.
- 아래층에서 위층으로 여러 층을 날아오르면, 진급·결재·성적·진학 등이 그 계단 수만큼 수월하게 이루어진다.
- 강을 헤엄쳐 건너면, 진급·입학·전직·입선 등과 관계한다.
- 수영이나 자전거·달리기·스케이트를 잘 하면, 시험이나 어떤 일이 잘 추진된다.
- 공무원이 국가 원수의 전용기를 타면, 정부기관이나 고위층 간부급에 발탁되어 승진된다.
- 작은 동물이 점점 변해서 호랑이가 되면, 작은 사업이나 관직·권세가 점차적으로 크게 변한다.
- 다른 사람의 의자에 자기 손을 대면, 조만간 그 직위를 이양 받는다.
- 자동차나 비행기가 물건을 실어다 주면, 기관·회사·단체에서 어떤 책임을 맡거나 재물·명예·일 등을 가져다 준다.
- 목적한 산정을 정복하면, 진급·명예·권세·지휘 등의 일에 성공하거나 기타 소원이 이루어진다.
- 마라톤 경기에서 1등을 하면, 사상이나 학술적 언론, 사업, 진급 등에서 승리하고 명예를 얻는다.
- 교실에서 자기 책상을 찾거나 남의 책상 앞에 앉으면, 취직·입학·출마·진급 등의 일이 이루어진다.
- 라이터를 얻으면, 사업·취직·진급 등으로 이루어진다..
- 모자를 태우거나 찢어버리면, 진급· 전직하거나 새로운 상황에 처하게 된다.
- 상관에게 결재 도장을 받으면, 후원자에 의해서 소원이 충족되고 진급이나 사업 성

과를 얻는다.
- 이발소에서 머리를 깎거나 깎아 주면, 기관에서 진급·전직되거나 신분이 새로워진다.
- 사다리를 통해 지붕에 오르면 진급이나 윗선과의 거래가 성립되고, 창문으로 들어가면 협조자·협조기관·편리한 방법에 의해서 소원이 성취된다.
- 붓이나, 먹 등 문구류를 받는 꿈은 합격이나 관직으로 나아가게 된다.

합격 꿈에 대하여 자세한 것은 앞으로 출간 예정인, 필자의 『홍순래 꿈해몽 대사전』 Ⅶ. 『합격 꿈(대입 및 시험, 승진, 취직)』에서 자세하게 살펴볼 것이니, 기다려주시기 바란다.

- '홍순래박사 꿈해몽' http://984.co.kr(인터넷), 984+접속버튼(핸드폰)

연분, 애정을 맺은 꿈

꿈은 자신에게 일어날 중대한 일을 예지해주고 있는 바, 자신에게 운명적인 만남의 사람을 만나는데 있어, 꿈으로 예지된다는 것은 당연하다고 하겠다. 운명적인 만남을 가져온, 각각의 꿈이 상징하고 있는 바를 잘 생각해 보면서 읽어보시기 바란다.

30세 된 여자가 연분을 맺기 전에 꾼 꿈사례이다.

아름다운 산 속에 있었다. 산의 중턱에서 한 발을 디뎠는데, 용이라고 여겨지는 것이 꿈틀거리더니, 날아올라 푸른 산을 넘는가 했더니 걸치고 있었다. 또 한 발을 디디니, 밑에서 또 한 마리가 올라오는 것이었다. 이에 용 두 마리가 같이 하늘을 향해서 올라가더니, 다 올라갔는가 싶더니 빛나는 하얀 구슬로 눈에 아름답게 비치면서, 하나로 합쳐지는 순간, 한 마리가 되어 하늘로 올라갔다.

꿈속에 나타난 모든 표상(용이 하늘로 올라감, 빛나는 하얀 구슬)이 앞으로 좋은 일이 일어날 것을 예지해주고 있다. 현실에서는 이로부터 두 달이 지나서 언니의 소개로 맞선을 보고, 서로 사랑하게 되었고 결혼 적령기가 지나가는 때라, 두 달 뒤에 결혼을 하는 일로 실현되었다. 두 분의 미래는 행복한 삶이 펼쳐질 것이라는 것을 꿈을 통해 예지해주고 있다.

이처럼 우리 인간의 신성(神性)의 정신능력 활동은 꿈을 통해 장차 몇 십년 뒤에 일어날 일뿐만 아니라(태몽꿈이 대표적으로 그 사람의 일생이 예지되고 있다), 남녀의 혼인이나, 재물운・이사・부동산 매입 등등 각 개인이나 주변 사람들에게 일어나는 미래에 일어날 어떠한 일들에 대해서 꿈을 통해 예지해주고 있다.

실베스터 스탤론이 단골로 쓰는 말로, 지어낸 거짓꿈 이야기일 가능성이 많지만, "당신은 내 꿈속의 여인, 결코 놓칠 수 없어"라는 말로, 불과 2주간의 데이트만에 젊은 여자와 결혼약속에 성공하고 있듯이, 꿈속에서 자신의 배필이 될 사람을 만난 사례는 허다하게 보이고 있다. 역사적으로는 고려의 용건―후에 융(隆)으로 개명―이 꿈속에서 한 여인을 만나고, 이튿날 길을 가다가 그 여인을 만나 자신의 부인으로 삼아, 사람들이 그녀를 몽부인이라고 불렀다는 기록이 보이고 있다.

사실적 미래투시의 꿈에서는 실제로 꿈에 나타난 사람과 결혼하는 꿈이 될 수도 있으나, 상징적인 꿈의 경우에 있어서는 꿈에 나타난 사람과 동일시되는 어떠한 사람이나 대상과 깊은 관련을 맺게 될 것을 나타내고 있는 경우가 많다. 예를 들어 짐승을 잡거나 물리는 꿈의 경우, 짐승으로 표상된 사람과 인연을 맺게 되는 것이다. 즉, 호랑이에게 물리는 꿈을 꾼 처녀라면, 호랑이로 표상된 씩씩한 남자의 구애를 받게 되는 일로 실현될 수 있다. 다만, 이 경우 극단적으로 말해서 포악한 나쁜 놈에게 성폭행 당하는 일로 실현될 수도 있다. 이 때의 실현은 꿈속에서 느끼는 기분・정황에 따라, 다르게 실현된다.

1) 연분, 애정의 꿈해몽

새로운 배우자를 만나게 될 것을 예지해주는 데 있어, 각각 다르게 상징화되어 나타나고 있다. 또한 다음과 같은 사연들은 결혼을 원하는 자들에게 해당하고, 다른 사람의 경우는 다른 일로 각각 실현될 수도 있다. 즉 똑같은 꿈이라고 하더라도, 꿈을 꾼 사람의 처한 상황이나 자신이 생각하고 있던 소망에 비추어서 일이 진행될 수 있다. 꿈에 있어서, 각 사람이 처한 상황이나 경험에 따라 다르게 상징적으로 표상되어 나타나고 있다.

다음의 사례들은 인연ㆍ혼인으로 이루어질 수 있는 꿈사례들이다.

- 보석상에서 보석을 사거나 훔쳐 갖는다.
- 반지나 가락지를 얻거나 사고, 남이 주어서 갖거나 손가락에 낀다.
- 남의 밭에서 청과류를 몰래 따오거나, 과일 나무에서 과일을 따온다.
- 소를 끌어다 잡아 매 놓는다.
- 돼지나 뱀이 자기를 물고 놓지 않는다.
- 뱀이 자기 몸을 감고 풀지 않는다.
- 새 신발을 사 신거나, 남의 신발을 신는다.
- 낚시질해서 물고기 한 마리를 낚아 올린다.
- 웨딩드레스를 입고 활보한다.
- 누가 꽃송이를 따주어 받는다.
- 은장도를 누가 주어 받는다.

- 밤송이가 누렇게 아람찬 것을 보면, 사업·결혼·작품 등의 일이 이루어진다.
- 웨딩드레스를 입고 결혼식장으로 들어가면 신분이 새로워지거나, 입학·취직·면담·신규 사업 등이 이루어진다.
- 자기의 치마를 물고 흔드는 돼지의 꿈을 꾼 처녀는 장차 부자가 될 사람의 청혼을 받고 결혼하게 된다.
- 뱀이 자기 몸을 칭칭 감으면, 이성과의 육체관계나 결혼·임신 등의 일과 관계한다.
- 말을 타면 득세하여 기세를 떨치거나 사업방도를 얻거나, 결혼 등이 이루어진다.
- 방안에 있는 나무에 앉은 새는 혼담이 있는 처녀를 상징한다. 세 마리의 새 중 한 마리가 손바닥에 와 앉으면, 세 여성 중의 한 여성과 결혼하게 된다.
- 애인과의 키스가 열렬하고 만족스러우면, 상대방에게서 기쁜 소식이나 고백·결혼 승낙 등을 얻거나 좋은 소식이 온다.
- 손을 맞잡고 걸으면, 상대방과의 어떤 일이나 직업·결혼 등이 잘 추진된다.
- 배추밭 옆에 무나 파밭이 있으면, 남녀간의 혼담이 이루어진다.
- 금목걸이를 목에 걸면 처녀는 훌륭한 남편을 얻고, 임산부는 훌륭하게 성장할 자녀를 낳는다.
- 금실이 수놓아진 치마를 선사 받으면, 좋은 곳에 시집가거나 훌륭한 작품 또는 서적을 얻는다.
- 꿈에 뺨이 커 보이고, 빛이 붉어 보이면 연애에 성공한다.
- 꿈에 남녀가 서로 모여 연석을 베풀면, 혼담이 성립되고 만사가 길하다.
- 줄이 연결되어 있으면 쌍방의 인연, 연결성, 회수된 일 등을 상징하고, 상당히 오랜 시일 후에 이루어질 일과도 관계한다.
- 공중에서 줄이 내려와 그것을 잡고 오르면, 인연을 맺거나 출세하게 된다.
- 손·발 및 기타 몸에 화상을 입으면, 인연·계약이나 기념할 일 등이 생긴다.
- 구렁이에게 휘감기면, 재산가·세력가·사상가와 인연을 맺거나 명예·권리가 주어진다.
- 옷에 금줄이 달리거나 금장식한 것을 입으면, 고귀한 사람과 인연을 맺어 신분이 높아진다.

- 하의를 새로운 것으로 바꿔 입으면, 아랫사람과 새로운 인연을 맺거나 산하단체, 직장 등을 새로 마련한다.
- 처녀가 유리잔을 얻으면, 활발하고 시원스런 배우자를 맞이하게 된다.
- 처녀가 재떨이를 얻은 꿈을 꾸면, 어려운 일이나 격한 감정을 잘 컨트롤해 줄 수 있는 남편을 만나게 된다.
- 처녀가 꽃병을 얻거나 훔쳐 가지면, 흠모하는 남성과 결혼하게 된다. 또한 꽃병에 꽃을 장식한 여성은 애정을 피력할 수 있다.
- 처녀가 허벅지에 탄환을 맞으면 청혼을 받아들이고, 유부녀는 잉태하며 학생은 입학·진학을 한다.
- 처녀가 말을 타면 취직 또는 결혼이 성사되고, 기혼녀가 말을 타면 자기 또는 남편이나 자식이 득세한다.
- 처녀가 금반지를 상대방에게 받으면 결혼이 성립되고, 남성은 귀한 여성이나 일의 성과, 사업체 등을 얻는다.
- 처녀가 대문을 나서서 산 또는 무덤으로 걸어가면, 취직·결혼 등의 일이 이루어진다.
- 옷 보따리를 풀어 많은 옷을 헤쳐 보면, 혼담이나 상담 또는 어떤 사람의 내력 등이 성숙되거나 밝혀진다.
- 스타킹 세 켤레를 선사 받으면 갑자기 혼담이 세 군데서 생기거나, 세 군데 기관에서 도와주거나 이력서 등과 관계한다.
- 떡장수에게 떡을 사먹으면, 중간업자나 중매쟁이에 의해 일 또는 결혼 등이 성립된다.
- 침실에 분홍색 휘장을 치면, 애인과의 사랑이 무르익거나 결혼생활이 행복해진다.
- 옷감이나 돗자리를 짜거나 엮으면, 단체·결사·조직·결혼 등의 일이 이루어진다.
- 비단 이불을 보면, 결혼생활·사업 등이 잘되고 화려하며 경력 또한 다채로워진다.
- 거울을 얻고 결혼하거나 아기를 낳으면, 도량이 넓고 사교술이 능하며 세상에 감화를 줄 배우자나 자손을 얻는다.

- 애인이 화장품을 사 주면, 결혼 선물을 주거나 애정의 표시를 하게 된다
- 드레스를 입고 신랑과 나란히 서서 결혼식을 올리면, 결사나 계모임·동창회 등에서 어떤 책임을 맡게 된다.
- 미혼 여성이 웨딩드레스를 입으면 실제로 결혼하게 되거나 취직이 되고, 신분이 새로워지거나 협조자를 만난다.
- 총을 쏘아 적을 사살하면 정신적 또는 물질적인 사업이나, 시험·결혼 및 기타의 일이 이루어진다.
- 상대방이 쏜 화살이 자기 몸에 맞으면, 기관이나 관청을 통해 일이 성사되거나 결혼 신청을 받게 되며, 혹은 병에 걸리게도 된다.
- 상가를 걸으며 안을 들여다보면 결혼 상대자나 취직처·사업장 등을 물색하거나 선택할 일이 있으며, 책을 읽을 일과도 관계한다.
- 직물(織物)·편물(編物)·자수(刺繡)를 하면, 결혼·계약·결의 등의 일과 관계한다.
- 실·새끼·끈 등이 서로 매듭져 있으면, 인연·일·걱정 등이 자꾸 이어져서 오래 지속된다.
- 실·머리카락·끈 등이 얽힌 것을 풀면, 애정 등 막혔던 어떤 일이 해결된다.
- 상대방이 비단보를 주면, 결혼이 성립된다.
- 무지개를 보는 꿈은 길하고 경사스러우며, 명예로운 일·인기·신용·약속·결혼·경사·결연·과시 등을 상징한다.
- 견우성과 직녀성이 나란히 있는 것을 보면, 국가나 사회단체의 연합·결연·결혼 등의 일이 있게 된다.
- 달무리가 오색찬란하면, 결혼생활이 행복해지거나 영광스런 일이 생긴다.
- 결혼을 하지 않은 미혼 남녀의 꿈에 달을 쳐다보거나 품에 안으면, 결혼을 하게 된다.
- 해 또는 달이 하나로 결합되면, 사업단체 등이 연합하거나 결혼이 성립되기도 한다.
- 상대방에게서 약도를 받으면, 결혼·계약 등의 방도나 이권이 생긴다.
- 우물물이 처음에는 흐려져 못 마시다가 나중에 맑아져서 떠 마시면, 소원·결혼·

취직 등의 일이 난관에 부딪혔다가 성사된다.
- 우물물을 떠서 손발을 씻으면, 근심·걱정이 사라지고 결혼·청탁·입학 등에 관한 문제가 해결된다.
- 자기가 꽃 속에 들어가면, 훌륭한 배우자를 만나 결혼생활이 행복하게 된다.
- 꽃을 삼키면, 명예와 부귀가 주어진다.
- 신령적인 존재가 주는 꽃다발을 받으면, 결혼이 성립되거나 학위를 받거나 성취를 이루어내게 된다.

2) 연분, 애정의 실증적 꿈사례

(사례) 결혼 전 신랑 집에 암고양이 한마리가 들어왔는데, 냉장고 밑에 들어가서 다른 식구들이 아무리 불러도 나오질 않더니, 신랑이 '나비야' 불렀더니, 나와서 신랑 품에 안겼대요. 그리고 그 며칠 후에 저를 만났고, 결국 결혼에 골인했답니다.

- 형의 꿈에 집안에 뱀이 들어 왔는데 누구도 뱀을 잡지 못하던 중에, 동생이 들어와 뱀의 머리를 잡았더니 뱀이 꼼짝을 못하는 꿈 – 현실에서는 동생이 선을 보러 가기 전날 밤에 꿈을 꾸었는데, 그후에 동생이 선을 본 여자와 결혼식을 올리게 되었다. 이처럼 꿈속의 동물은 사람을 상징하고 있는 경우가 많다.
- 남의 집 밭에서 참외·호박·가지 등 그 어떤 것을 몰래 따온 한 부인의 꿈 – 딸의 혼처가 정해질 것을 예지한 꿈이었다.
- 보석상에서 보석을 산 처녀의 꿈 – 중매자를 통해서 좋은 혼처나 배우자를 물색하는 것으로 실현되었다.
- 보석 가게에서 보석을 훔친 사나이의 꿈 – 좋은 배우자를 만나게 되거나, 어떤 기관이나 회사에서 높은 지위를 얻게 되고 있다.
- 족두리를 쓰고 결혼식장에 나가기 전에, 자기 모습을 거울에 비쳐본 유부녀의 꿈 – 훌륭하고 좋은 사람을 만나게 되는 것을 예지하고 있다.

- 처녀가 다른 집의 부엌에서 아기를 업고 일하고 있는 꿈–미래투시적인 꿈으로 장차 그 집으로 시집가게 된다.
- 폭풍이 몰아치던 곳에서 장막을 열고 들어가니, 파란 하늘에 국기가 펄럭이고 있는 꿈– 결혼을 하게 되었으며 처음에 어렵다가 좋은 일생이 될 것을 예지해주고 있다.
- 옥색 고무신, 흰 고무신, 검정 고무신 등 세 켤레를 번갈아 신어보다가, 나중에 검정 고무신을 신은 여성의 꿈– 세 번 결혼한 후에야 정착함을 예지해주고 있다.
- 과부의 꿈에 청룡이 하늘로 올라가는 꿈–새로운 남자를 얻어 귀한 자식을 얻게 된다.
- 용 등이 자신의 뱃속으로 들어오는 꿈–여자의 경우 귀인을 만나 결혼하게 된다.
- 귀인이 나타나 모셔 가는 꿈–좋은 사람과 혼인을 맺는 일로 실현된다.
- 샘물터에 무지개가 서 있는 꿈–무지개로 표상된 밝음과 기쁨의 이미지대로 일이 이루어진다. 미혼의 남녀라면 좋은 배필을 만나게 되는 인연을 맺게 된다.
- 하늘에서 누군가가 내려오면서 학이나 물건을 주는 것을 받는 꿈–꿈에 나타난 사람과 인연을 맺게 되며, 받은 물건의 성격에 따라 일이 진행된다. 세 마리의 학을 받았을 경우 세 자식을 두게 된다.

연분·애정을 맺은 꿈에 대해서는 앞으로 출간 예정인, 필자의『홍순래 꿈해몽 대사전』Ⅵ.『인연이야기』에서 자세하게 살펴볼 것이니, 기다려주시기 바란다.

- '홍순래박사 꿈해몽' http://984.co.kr(인터넷), 984+접속버튼(핸드폰)

주식, 부동산의 대박 꿈

요즈음 돈에 관계된 주식투자나 부동산에 관하여, 많은 사람들이 관심을 갖고 있다. 사람들의 이러한 관심사에 대해 어떠한 주식 종목이나 시세의 예측 등이 꿈으로 예지되거나, 부동산 시세의 예측 등이 꿈으로 예지되는 것은 자신의 관심사에 대해 예지해주는 꿈의 특성상 지극히 당연한 일이라 하겠다.

1) 주식 대박 꿈사례

(1) 고구마 가져다 먹으라는 꿈

필자는 꿈을 연구하는지라, 항상 꿈이 주 관심사이다. 예를 들어, 택시를 타도 운전기사 분에게, "혹시 꿈을 꾸고 나서 현실에서 딱 맞아떨어진 이야기가 있으면 해달라"고 조르는 편이다. 몇 년전, 서울에서 어느 택시를 탔다. 몽생몽사가 어디 가랴. 운전사에게 말을 건네니, 다음과 같은 주식에 관련된 꿈체험담을 들려주었다.

택시 기사가 말하기를 '꿈에 돌아가신 어머님이 나타나셔서, "애야! 고구마 가져다 먹어라, 그런데 너만 먹지 말고 형도 나누어주고 그래라." 이야기를 듣던 필자가 말하기를, "아주 무척 좋은 꿈을 꾸셨네요. 재물이 들어오는 꿈인데, 그래 어떤 좋은 일이 일어나셨어요?"

참고로 고구마, 소금, 쌀, 된장, 땔감 등은 재물을 상징한다. 꿈은 결코 반대가 아닌 상징의 이해에 있다. 고구마를 얻게 되는 꿈은 고구마로 상징된 재물이 생기게 될 것을 예지해주고 있다. 이때 큰 고구마, 막대한 양의 고구마일수록 많은 재물을 얻게 되는 것이다. 필자는 집사람의 꿈에, 남편인 필자가 된장을 퍼다 버리는 꿈을 꾸고서, 주식으로 엄청난 손실을 입은 적이 있다.

그 꿈을 꾼 다음 날인지, 택시에 한 손님을 태웠다고 한다. 이런 저런 이야기를 하다가 어쩌다가 주식 이야기가 나오고, 주식으로 손해를 많이 본 이야기를 하게 되고, 꿈이야기를 했는지 안했는지 그것은 잘 모르겠다. 그런데, 그 손님이 내리면서, "사실 나는 모 신문사 경제부 기자인데, 무슨 종목을 사보라"고 한 마디를 던지는 것이었다.

꿈을 반신반의하던 그 택시기사는 '별 희한한 일도 다 있다' 하면서, 꿈이야기와 함께, 오늘 있었던 택시 안에서의 경제부 기자가 "어떤 종목을 사보라"는 이야기를 그 형에게 그대로 전달했다.

택시 기사의 형은 꿈을 믿는 사람이었다. '돌아가신 어머니가 고구마를 가져다 먹어라'는 꿈의 의미가 재물이 생기게 될 것을 예지한 것으로 믿었던 택시 기사의 형은 긴급히 당시 있는 돈을 다 끌어 모으고 빚을 내서, 8,000만원이라는 거액을 동생이 일러준 종목에 몰빵을 하였던 것이다. 꿈을 믿었기에―, 반면 택시 기사도 형이 그러한 선택을 하는 것을 보았지만, 형편도 그렇고 미심쩍어 동원할 수 있는 돈으로 3,000만원을 일러준 종목에 투자하였다. 그후 다음날인가 며칠 뒤인가, 그 종목이 뉴스에 한 번 나오더니, 연 3일간을 상한가 행진을 하여 막대한 수익을 얻었다는 것이었다.

필자는 꿈에 나타난 어떠한 계시나 예지를 받아들여, 주식투자에 있어 많은 도움이 되었다는 사례 등을 메일 및 전화상담 등을 통해 상당수 들은 바가 있다. 이처럼 신성한 정신능력의 정신활동이 구체적으로 발현되는 꿈의 예지를 활용함으로써, 주식투자에 있어서 좋은 결과를 가져오게 할 수도 있다.

다만 이 경우에 조심해야 할 것은, 인위적으로 꿈을 만들어내는 경우에는 해당되지 않는다. 즉, 주식시세가 어느 선까지 올라가기를 바라는 자신의 바람이 잠재의식적으로 영향을 주게 되어, 꿈으로 형상화되어 나타날 수가 있다. 그리하여 그 가격대에 올라가기를 바라는 경우, 이는 어리석은 일로 연목구어(緣木求魚)로 실현될 것이다.

마찬가지로 '이 종목을 사면 좋을텐데-' 라고 자신도 모르는 사이에 자기 암시를 주게되어, 그러한 종목이 꿈으로 형상화하여 나타난 경우, '제 꾀에 제가 빠진다' 는 말처럼, 자신 혼자만이 그럴듯하게 꿈의 의미를 해몽하고 자기 혼자서 북치고 장구치는 일로 실현될 수도 있는 것이다. 아무런 사심없이 생활하는 가운데, 꿈에서 어떤 종목에 대한 계시와 예지를 받은 경우에 한해서, 꿈의 의미를 되돌아보아야 할 것이다.

(2) LG전자 우선주가 2,000원에서 5,000원으로 올라가는 것을 본 꿈

꿈속에서 특정 종목이 올라가는 것을 본 꿈에 대한 이야기이다.

10여년 전인지, 오래 전 꿈사례이다. 한 노처녀를 전화 상담을 통해 알게 되었다. 그녀는 필자가 아는 한, 꿈꾸는 능력이 뛰어난 사람이었다. 정초에 손가락이 네 개 잘리는 꿈을 꾸었는데, 그 해는 유별나게도 그녀의 직장에서 교통사고가 많이 나서, 네 사람이 죽는 일로 실현되었다. 손가락이 잘리는 꿈은 흉몽으로, 우리는 여기에서 손가락이 직장의 동료를 상징하는 일로 실현되고 있음을 알 수 있다. 다른 상황에서는 다르게 실현될 수도 있다. 하지만 어떤 결과라고 하더라도, 안좋은 일로 실현되는 것만은 틀림이 없다.

그 당시 그녀와 꿈에 관하여 여러 가지 이야기를 나누었는 바, 그녀가 꾸었다고 말하는 여러 꿈들이 재물운으로 이루어지는 꿈들이었다. 누런 흙가루가 집안에 들어와 쌓이는 꿈, 돌아가신 누군가가 돈을 주는 꿈-,

그녀는 당시 복권으로 당첨되기를 바라고 있었고, 필자 또한 그녀에게 재물운으로 엄청난 돈이 들어오게 될 것을 믿어 의심치 않았다. 좋은 여러 꿈이 반복적으로 꾸어진다는 것은 꿈으로 예지된 일이 다가오고 있으며, 또한 반드시 실현될 것임을 예지해주고 있다.

여러번 복권을 샀으나 당첨이 되지 않고(필자는 복권을 사라고 일만원씩 송금까지 해주었다) 시일이 지나가던 중, 하루는 그녀가 말하기를 "주식을 해보면 어떻겠는지? 어젯밤에 꿈속에서 LG전자 우선주가 2,000원에서 5,000원으로 올라가는 것을 보았다고-"

그녀는 주식의 '주' 자도 모르는 사람이었다. 필자는 주식을 한다고 해도 재물운의 꿈이니 수익이 나겠지만, 복권에 당첨되는 것이 더 크게 실현되는 것이니 복권에 올인하는 것이 더 나을 것이라고 말해 주었다.

당시에 필자도 주식을 하고 있었으나, 주식으로 수익을 낸다는 것이 개미투자가 등의 입장에서는 아주 어려운 일이라도 믿고 있는 터였다.

그때가 1999년 6월 무렵이었고, 사실적인 미래투시의 꿈인 경우에는 꿈속에서 본 그대로 실현될 수 있으나, 그 당시에 LG전자 우선주 가격이 9,000원 대이었으니, 상징적인 성격의 미래예지 꿈으로 보아야 할 것이다.

하지만 이렇게 꿈속에서 뜬금없이 어떠한 종목이 올라가는 것을 본 경우에는 사실적인 꿈으로 보거나, 상징적인 꿈으로 보거나 그 종목이 상승할 것이라는 것은 틀림이 없다고 보아야 할 것이다. (다만, 이 경우에 자신이 어떠한 종목에 대한 기대감이나, 자신이 그 종목을 산 후에 올라가는 것을 보는 꿈은 올라가기를 바라는 마음에서 꿈속에서 그러한 꿈을 꿀 수가 있기에 주의가 필요하다.)

그녀는 주식에 문외한이었던 사람이었기에, 주식에 관련된 이러한 꿈을 꾸었다는 것이 다소 의외라는 생각이 들었다. 하지만 그녀는 그 이전에도 여러 차례 꿈의 예지를 보여 왔기에, 그녀의 부모도 그녀의 그러한 꿈꾸는 능력에 대하여 믿고 있는 터였다.

꿈속에서 LG전자 우선주가 2,000원이 5,000원으로 올라가는 것을 꿈꾸기 전에도, 여러 가지 재물이 생기는 좋은 꿈을 꾸었기에, 그녀는 부모님을 설득하여 집을 담보로 해서, 그 당시 3000만원 어치를 9,300원에 LG전자 우선주에 몰빵한 것이었다. 당시 필자보고도 그 주식을 사라고 하였으나, 필자는 그 당시 집을 빚내서 구입한 상황이라, 도저히 자금을 마련할 여건이 되지 못하였다.

각설하고, 그녀가 주식을 매수한 지 일주일인지 지나서, 그녀가 말하기를 "어떤 할아버님이 나타나서, 이제 올라갈 것이라는 이야기를 했다면서, 그리고 마음을 착하게 써야지 나쁘게 쓰면, 다시 다 없어질 것이라는 요지의 말을 전했다"

정말로 그때부터 LG전자 우선주가 상승을 하기 시작하여, 당시 디지털 방송인지 무슨 방송 수혜주라는 말이 떠돌면서, 한 달인지 석달 만인지, 4만원대를 돌파하였다.

이에 필자가 계산해보니 4배 가까이 올라 1억원이 넘는 수익이 단기간에 났으니, 그녀에게, 주식을 팔 것을 권유하였다. 그러자 그녀는 "아직은 때가 아니다. 6만원이 넘으면 팔겠다."고 하였다. 이에 필자는 "너무 많이 올랐다. 처음에 나보고 뭐라고 했는가? LG전자 우선주가 2,000원이 5,000원으로 올라가는 것을 보았다고 하지 않았는가, 그래봐야 2.5배인데, 지금 가격 4만원이니 4배 오른 것이다. 지금 팔아라"

하지만 그녀는 "선생님은 꿈에 대해서 모른다"면서, 자신의 주장을 굽히지 않았다. 이에 필자는 섭섭함과 분개함이 일어나, 앞으로 나에게 "전화를 걸지도 말 것이며, 모든 인연은 이것으로 끝이다."라고 말하며 전화를 끊었다.

그녀의 꿈에 재물운이 있음을 알았기에, 애초에 그녀가 복권에 당첨되면 콩고물이라도 떼어 준다고 하였기에, 그러한 말을 믿는 것도 어리석은 것이지만, 일말의 기대를 지녔던 것이 헛수고로 돌아간 것이었다.

LG전자 우선주는 그후 4만원 대를 넘어 섰다가, 다시 하락하여 7천원 대까지 떨어진 적이 있다. 아마도 그녀는 더 많은 이익을 기대하다가, 하락시에 견디지 못하고 매도하였을 것이다. 한때 25,000원 대에 주가가 오래도록 머물고 있었던 것처럼, 아마도 그녀는 꿈에서 보여준 대로 2.5배의 수익을 거두었으리라 보여진다.

이처럼 어떠한 자기 암시 없이, 자신의 꿈에 구체적으로 종목명이 나타나거나 추정할 수 있는 종목이 나타나는 경우, 적극적으로 주식을 매수해 봄직도 하다.

그녀의 말이 가슴에 남는다. '꿈은 인간에게 도움을 주지, 절대로 인간에게 해를 끼치지 않는다.' 그렇다. 필자 역시 꿈의 예지가 결코 우리 인간에게 나쁘게 일러주지 않는다는 것을 확신하고 있다. 세월이 지나가면서, 그 당시에는 원망스러웠던 일들이 나중에는 꿈에서 예지한대로 바람직한 방향으로 되어가고 있음을 볼 수 있다.

여담이지만, 이해를 돕기 위해 사실적인 미래투시에 대한 외국의 꿈사례를 하나 들어본다.

아카데미 시나리오 작가상을 수상한바 있는 T.E.B.클라크는 영국의 더비 경마에 관한 희한한 꿈을 꾸어 돈을 딴 적이 있다. 15세 때인 1922년 그는 더비 경마의 결과를 게재한 신문을 보는 꿈을 꾸었다. 그는 꿈에서 깨어났어도, 승리한 말의 이름이 '마나'라는 것을 기억했다.

2년 뒤 그는 두 살짜리인 '마나'라는 말이 출전한다는 사실을 알고, 지난날의 꿈을 회상했다. '이 말은 내가 꿈을 꾸었을 때는 세상에 태어나지 조차 않았을런지도 모르겠군' 하고, 그는 혼자 생각했다. 젊은 클라크는 '마나'가 더비 경마에서 승리할 것으로 확신하고, 2주일치의 봉급을 모두 털어 이 말에 걸었다. '마나'는 그가 꿈속에서 본대로 9대 1의 차이로 크게 승리했다.

(3) 막대한 수익이 난 똥꿈 · 불꿈

똥꿈과 불꿈은 재물운으로 이루어지고 있다. 똥이나 오줌은 농경사회에서 거름으로 활용되는 소중한 것으로써 재물의 상징으로, 불은 활활 타오르는 데서 급격한 성장이나 확장 · 발전의 상징으로 이루어지고 있다. 하지만 꿈속에 똥이나 불이 등장되었다고 다 좋은 꿈은 아니다. 꿈이 어떻게 전개되느냐에 달려 있는 것이다. 똥을 버리는 꿈이나, 불을 끄는 꿈은 재물의 손실로 실현된다.

꿈은 꿈을 꾼 사람이 처한 상황에 따라 달리 실현되고 있다. 현재 주식투자를 하고 있는 사람이 이러한 똥꿈이나 불꿈을 꾼 경우, 자신이 보유한 주식이거나 앞으로 매수하는 종목에서 큰 수익이 날 수 있을 것이다. 사례를 살펴보자.

• 밤에 자신의 바지에 똥을 싼 것을 보는 꿈

증권을 산 날에 꾼 꿈이다. 꿈을 꾼 다음날부터 자신이 산 주식이 연일 상한가를 기록하여, 30% 이상의 고수익을 얻게 되었다. 어느 복권 당첨자의 꿈사례로, 전쟁터에서 대포알을 맞았는데, 그것이 누런 똥으로 된 대포알이었다. 이처럼 똥꿈이 좋지만, 누런 황금같은 똥으로 굵을수록 좋게 실현되고 있음을 알 수 있다. 이러한 똥꿈을 꾸었다면, 주식에서 거액의 투자를 해보는 것도 좋을 것이다. 상징적인 미래예지 꿈에서는, 어떠한 종목을 사는 것에 대하여 고민할 필요도 없다. 운명의 길처럼, 수익이 생기는 일로 이루어지고 있다.

• 사방이 똥이었던 꿈

사방이 똥인 가운데 있었던 꿈을 꾼 사람이 그후 한 달이 더 지나서, 그가 산 주식 종목인 현대건설이 상당히 올라 막대한 이익을 남긴 사례가 있다.

• 서둘러서 불을 끈 꿈

주식투자에 관심이 많은 30대 남자의 꿈사례이다. 어느날 밤의 꿈에 부엌에서 큰 불이 일어났으나, 서둘러서 불을 끈 꿈이었다.

그는 꿈에 대해서도 관심이 많은 사람이었다. 깨어나서 생각하기를 '혹 주식시세와 연관이 있을 지 모른다. 불꿈이 크게 일어나는 것이어서 상당히 좋은 꿈이지만, 꿈속에서 불을 껐으니 좋다가 말지도 모르겠다. 그러니 오늘은 절대로 주식을 팔지 말고 지켜보아야지' 라는 마음을 굳게 먹고, 증권사 객장으로 향하였다고 한다.

'한솔CSN' 이라는 종목을 가지고 있었으나, 그날 객장에서 주식시세가 오르락내리락 하자, 불안한 마음에 어느 정도 이익이 났기에 매도하였다고 한다. 하지만 그 종목은 그때부터가 시작이라, 그후 엄청난 가격으로 상승하였다고 한다.

사실 이러한 상징적인 미래예지 꿈의 실현을 피할 수 없고, 벗어날 수 없음은 여타의 수많은 사례에서 입증되고 있다. 꿈속에서 불을 껐기에, 현실에서 주식시세가 크게 올라가게 되지만, 자신은 그러한 상승대열에서 벗어나게 되는 실현을 피할 수 없었던 것이다.

• 꼬리에 불이 붙어 몸속으로 들어온 꿈

오래전에 팍스넷에 올려진 글에 해설을 덧붙여 살펴본다.

제목: 기막힌 사연, 희한한 꿈, 빨간 똥침 7방–작성자 : 만도칼

여름휴가 때 차도 없고 애도 봐야하기에, 매일 인터넷만 보다가 iloveschool과 금양을 알게 되었습니다. 금양이 iloveschool의 대주주라는 것을 미리 알았지만, 매수는 않고 지켜보기만 하다가, 금양이 첫 상한가를 치는 날 2500만원치 매수한 것이 연속 7일간 상한을 쳐서, 저의 수익은 2800 만원이 되었습니다. 아내는 좋아서 정신을 잃었습니다. '와 이래 존노~~. 와 이래 존노~' 저는 몇번이고 주식을 안 해야겠다고 생각했던지라, 이번이 주식을 끊을 수 있는 절호의 찬스라 생각하고, 주식계좌의 돈을 모두 빼서 비과세 저축에 모두 넣어 버렸습니다.

금양을 매수하기 전날, 이런 꿈을 꾸었습니다. 제가 꼬리가 달린 짐승인데, 저의 꼬

리에 불이 붙어서 그 불이 저의 몸속으로 들어오는 꿈인데 예사롭지가 않았습니다. 그리고 불이 나고 여차저차해서 생긴 돈과 수익금, 또 기존에 있던 것까지 합치니 약 9,000만원에 상당하는 현금이 생긴 것입니다.

필자의 사이트에서 불·주식을 검색해, 여러 실현 사례를 살펴보시기 바란다. 불꿈을 꾼 후에, 사업의 번창, 복권당첨 등 여러 사례가 나와 있다. 꼬리에 불이 붙어 몸속으로 들어온 꿈같이, 현실에서 일어날 수 없는 일을 상징표현의 기법으로 보여주는 것이, 앞으로 일어날 일을 예지해주는 상징적인 미래예지 꿈의 특징이며, 이러한 꿈의 결과는 현실에서 반드시 실현되고 있다. 이밖에도 좋은 꿈을 꾸고 복권당첨이나, 주식에서 엄청난 이익을 얻게 된 많은 사례가 있다.

2) 부동산 대박 꿈사례

(1) 참새를 선택한 꿈

1997년 2월 14일. 경주시에서 홍○○씨가 보내 온 꿈사례이다.

"어떤 아주머니가 인삼 한 뿌리와 참새 한 마리를 바구니에 담아 와서, 선택하라고 했다. 인삼은 10년, 참새는 20년이라고 했다. 그래서 참새를 선택하니, 그 자리에서 털을 뽑고 먹을 수 있도록 장만해 주는 것을 받았다. 그리고는 가 버렸다. 나는 참새를 우리 방으로 가져와, 쟁반에 담아 내 앞에 놓은걸 보고 깨어났다."

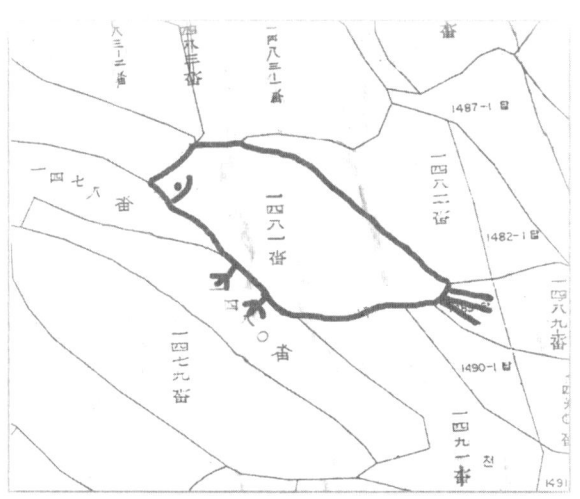

현실에서는 무언가 선택의 기로에 있게 될 일이 일어날 것이라는 것과 참새를 먹을 수 있도록 해 놓은 것을 보았으니, 참새로 표상된 어떠한 권리·명예·이권의 획득을 암시하고 있다. 꿈에서는 먹지 않더라도, 눈앞에 놓여진 것을 보는 것만으로도 그것에 대한 어떠한 권리를 획득하게 된다.

현실에서의 결과는 얼마 뒤에 참새 모양의 땅을 싸게 살 수 있는 부동산 매입의 현실로 실현되었다. 아마도 20여년 동안 자신의 소유로 있게 될 것을 예지 해주고 있는 꿈인지 모른다.

(2) 터진 물줄기에 몸을 적신 꿈
인터넷 카페 회원이 몇 년 전에 올린 글을 그대로 전재한다.

이 꿈이 벌써 2년 정도 됐네요. 2년전 부동산이 막 활화산처럼 불붙을 때라, 아줌마 재테크한다고 서울에 모모 지역을 유심히 보고, 괜찮을 것 같아서 여러가지 조사를 하고, 시댁식구들 부동산 계약서를 쓴다고 할 때 쯤에 꾼 꿈이다.
내가 어느 농부랑 산속에 길을 가고 있었는데, 나지막한 언덕인지 어딘지 농부가 곡괭이로 산을 파니까, 거기서 물이 솟구치듯이 물 줄기가 확 터져서, 저한테 마구 쏟아져 나오는 꿈이었습니다.
사실 그때는 그 꿈이 좋은 꿈인지 어떤지 꿈에 대해서, 대면대면 할 때인데, 그냥 물꿈은 좋다고 생각했건만, 시댁식구들 부동산 계약 후에 1년이 지나서 시댁 고모님들이 팔 때 상당히 이익을 남기셨답니다.
그후 꿈에 대해서 생각을 많이 했고, 나름대로 해몽책들 몇 개씩 두고 있답니다. 특히 아이에 대한 꿈은 100% 맞고 현실에 나타나기도 하지요. 여러분도 좋은 꿈 많이 꾸셔서 부자 되시기를—

맑은 물꿈이 재물과 관련지어 실현된다는 것을 앞서 살펴본 바 있다.

(3) 우물에서 조개 세 개를 캔 꿈

독자의 꿈체험기를 소개한다.

> 단독 주택을 사서 중도금을 치를 무렵에, 그 집 마당에 물이 하나 가득 차 있는 꿈을 꾸었습니다. 꿈속에 마당에 우물이 있는데, 마당에는 물이 하나 가득 차 있는데, 우물 속에는 물이 없었습니다. 물이 나오게 한다고 호미를 들고 우물 속으로 들어가서 우물 바닥을 파자, 손바닥만한 조개 세 개가 나왔습니다. 조개를 들고 우물에서 나오는 동안, 조개가 점점 커져서 두 팔로 하나 가득 된 것을 안고 나왔습니다.
>
> 그 후 그 집에서 살면서, 그 집은 문서 세 개짜리라고 웃으며 말하였는데, 집을 사면서 진 빚을 갚고, 땅과 집 상가 문서를 쥐고, 그 집에서 이사 나왔습니다. 그 집에서 7년 반을 살았습니다.

집 마당에 물이 하나 가득 차 있는 꿈, 우물에서 조개 3개를 가지고 나온 꿈으로 재물운으로 실현되고 있다.

주식 · 부동산의 대박 꿈에 대하여 자세한 것은 앞으로 출간 예정인, 필자의 『홍순래 꿈해몽 대사전』 V. 『꿈으로 본 주식투자와 부동산 꿈』에서 자세하게 살펴볼 것이니, 기다려주시기 바란다.

- '홍순래박사 꿈해몽' http://984.co.kr(인터넷), 984+접속버튼(핸드폰)

질병 회복의 꿈

꿈으로 장차 병이 들거나, 낫게 될 것을 예지해주고 있는 바, 본 글에서는 병이 회복되는 좋은 꿈들을 살펴본다. 밝고 아름다움의 꿈을 꾼 후에, 질병을 물리치고 있음을 볼 수 있겠다.

1) 아름다운 살구나무를 본 꿈
오래 전에 인천에서 김OO씨가 보내온 꿈이야기이다.

저는 지금부터 5년전에 있었던 꿈이야기를 해야겠습니다. 그 당시 저는 평소 위장이 약해서 늘 고생하고 있었습니다. 그런데 이 병이 악화되었는지, 어느 날 갑자기 속에서 치밀어 올라 숨을 쉴 수가 없었습니다. 그 이후로, 저는 간신히 방안에서만 걸어 다니는 신세가 되었습니다. 조금만 걸어도 숨이 찼기 때문이었습니다. 그래서 1991년도 1년 동안 병마와 싸워야 했습니다.
그런데 그렇게 1년 동안 앓는 중간에, 두 번에 걸쳐 꿈을 꾸었습니다. 꿈속에서 잘 걷지도 못하는 제가 항상 어디를 걸어서 가는 것이었습니다. 가다가 가다가 내가 멈춘 곳은 어떤 나무가 있는 곳이었습니다. 그 나무는 살구나무였고, 꽃이 환하고 아름답게 피어 있었습니다. 그리고 그 살구나무꽃 위에는 하얗게 눈이 내리고 있었습니다. 또 내가 살구나무 꽃을 쳐다보며 서 있던 장소에는, 보이지는 않지만 뭔가 따뜻한 기운이 나를 감싸주는 듯한 느낌을 받았습니다.

저는 이 꿈을 꾸고 1년이 지난 이후 숨쉬기도 편해졌고, 많이 걸어도 숨이 차지 않았습니다. 그리고 제가 걸어서 가고 싶은 곳을 갈 수 있게 되었습니다. 이렇게 숨을 쉬기가 편해지고 많이 걸을 수 있게 된 것은 두 번에 걸친 똑같은 꿈을 꾸고 난 이후였습니다.

꿈은 우리 인간의 미래에 일어날 일을 예지해주고 있다. 따라서 자신의 신체의 이상(異常)을 꿈을 통해 알려주기도 하며, 건강을 회복하기 전에 꿈으로 미리 그러한 일이 일어날 것임을 꿈을 통해 예지해주고 있다.

꿈속에서 누군가와 싸우다가 옆구리를 걷어 채이는 꿈을 꾼 사람이 현실에서도 채인 부분에 아픔을 느껴 병원 진찰 결과, 늑막염으로 조기 진단을 받게 되어 치료할 수가 있었던 사례가 있다. 또한 피가 섞인 오줌을 마시고 병이 났다가, 모래를 자꾸자꾸 뱉어내는 꿈을 꾼 후에 약을 먹고 병이 낫게 된 꿈사례가 있다.

또한 다리를 다쳐서 병원에 깁스를 하고 있었던 어린 여자아이가 꾼 꿈으로, 꿈속에서 훨훨 자유롭게 날아다니는 꿈을 꾸었다. 그후 병이 완쾌되어 건강한 몸으로 마음껏 뛰어 놀 수가 있었다. 이 경우 빨리 낫고 싶다는 소망 표현의 꿈으로 볼 수도 있겠지만, 대부분의 경우 이처럼 밝은 꿈을 꾸면 몸이 좋아지는 일이, 나쁜 꿈을 꾸게 되면 자신의 신체에 관련된 것을 예지해주는 경우라면 건강상에 안 좋은 일이 일어나고 있다.

꿈은 우리의 잠재의식의 정신 활동으로, 우리가 관심을 가지고 있는 대상이나 우리에게 다가올 어떠한 일에 대해서, 현실에서는 발휘할 수 없는 초자아적인 활동을 통해 예지해 주고 있는 것이다. 이런 점에서 볼 때, 특히 우리 신체의 이상(異常)에 대해서나 건강을 회복하고자 할 때, 꿈으로써 장차 일어날 일에 대해서 일깨움을 주거나 예지해 준다는 것은 지극히 당연한 점이라 하겠다.

2) 태양이 떠오르는 꿈
독자의 꿈이야기이다.

안녕하세요. 제가 이 꿈을 꾼 지는 좀 오래 되었지만, 아직까지 기억에 남기에 한번 적어 봅니다. 저희가 예전에 단독 주택에 살았습니다. 꿈속에서, 저는 그 단독 주택 안방 창문가에 혼자 서 있는데, 창밖에서 이글이글 타오르는 태양이 떠오르는 것이었습니다. 저는 그 광경을 본 순간 너무 기분이 좋았고, 맘이 아주 홀가분하고 후련해지는 기분이 들었습니다. 사실 그 방에서는 앞집이 막혀 있었기 때문에, 태양을 볼 수가 없는데 말입니다. 그 당시 제가 처해있던 상황을 말씀드리자면, 저는 약간의 우울증에 시달리고 있었고, 건강 상태도 안 좋았었습니다. 그 꿈을 꾸고 일어났을 때, 저는 매우 기분이 좋았고, 그후 저는 우울증도 사라지고 건강상태도 매우 좋아졌습니다. 그리고 제가 하고 싶은 일도 하게 되었구요. 제가 하고 싶은 일이 무엇이었냐면요. 저는 어려서부터 신문 읽기를 좋아하여, 기자가 못될 바에야, 꼭 한번 내 글을 신문에 실어봤으면 했거든요. 그런데 그 꿈을 꾼 후에 실현되었답니다. 제 글이 신문에 난 것이 중요한 얘기는 못되겠지만, 그 꿈을 꾼 후에 저의 건강 상태는 매우 좋아져서, 매사에 자신감을 갖게 됐지요. 우선 우울증이 완전히 사라져서 저는 매우 좋았구요. 저는 아직 그 꿈을 생각하면 기분이 좋답니다.

3) 절벽의 정상을 오른 꿈
독자의 꿈이야기이다.

저는 39세의 남자로서 자영업을 하고 있습니다. 제 꿈에 관해 최근 사례를 소개하겠습니다. 저는 언제부터인지는 정확히 모르지만, 자고 일어나면 양쪽 무릎이 굉장히 아픕니다. 집사람이나 딸에게 무릎을 밟아달라고 하곤 했으며, 관절염이 아닌가 생각했지요.

그런데 8월 23일 꿈속에서, 저는 양쪽 다리를 못 쓰면서 절벽을 양손으로만 기어

오르고 있었어요. 정말 힘들게 절벽 정상에 다다르자, 아래위 모두 흰색 옷을 입은 동자 두 명이 저를 노려보고 있는 것이 보였어요. 그래서 두 팔을 이용해서 동자 쪽으로 갈려고 하는데, 지팡이를 든 거구의 할아버지가 나타나서 동자를 쫓아 버리는 것이었어요. 그런데 신기하게도 잠에서 깨어나자 무릎이 안 아팠어요. 정말 신기해서 소개합니다. 약을 복용하지는 않았어요.

4) 발에서 구더기가 나온 꿈
통신 이용자가 올린 실증적 꿈사례이다.

예전에 발에 무좀이 많이 있었습니다. 무좀도 껍질이 벗겨지는 무좀이 아니라, 가려운 무좀이었습니다. 무척 가려웠기 때문에, 자면서 발을 긁으면서 잤습니다. 물론 꿈속에서 발을 긁었는데, 발에서 시커먼 벌레(구더기 종류)가 한두 개 나오기 시작하더니, 더욱더 심하게 발을 긁으니, 온 발이 시커먼 구더기로 덮히기 시작했습니다. 쉽게 말해서 발에서 까만 구더기가 나온거죠. 끔찍~~ 이때 잠에서 깨었고, 그 뒤 무좀이 없어지더군요.

이렇게 벌레가 몸안에서 나오고 안 나오는 것으로써, 장차 질병의 '낫고 안 낫고'를 예지해주는 사례가 상당수 있다.

5) 지렁이를 던져 버린 꿈
필자의 사이트에 올려진 이용자의 글에 해설을 덧붙여 살펴본다.

꿈에서 어떤 공사장 같은 곳이었는데, 물을 마시려고 컵에 물을 받아 마시려는 순간, 컵 안을 보니 지렁이가 있는게 아닌가?
그래서 "이게 뭐야"라며 놀라서 그 컵 속의 물을 확 멀리 버려 버렸다. 그러고서는 꿈을 깼다. 별로 기분이 좋은 꿈이 아니었다. 그렇지만 지렁이를 죽인 것도, 그 물을 마신 것도 아니어서, 그나마 괜찮았다.

그 당시 나는 질에 염증이 생겨 치료를 받고 있었다. 그런데 꿈해몽 책을 찾아보니, 지렁이는 자궁과 연관이 되는 꿈이란다. 그러고서는 얼마 후에 정말로 괜찮아졌다.

가느다랗고 긴 지렁이의 상징표상에서, 여성의 질과 어떤 관련이 있을 가능성은 있다. 하지만 병마로 상징된 지렁이라면, 지렁이를 물리치거나 죽이는 표상이 나쁜 것은 아니다. 일반적으로 죽이는 꿈의 상징 의미는 정복·제압·굴복시킴의 의미이다.

다만 태몽표상에서 죽이는 꿈으로 전개되는 것은 안좋다. 지렁이 태몽꿈인 경우, 죽이는 표상은 유산으로 실현될 것이다. 하지만 지렁이가 질병의 상징표상이라면, 당연히 물리치거나 죽이는 꿈으로 전개되어야 병의 완치를 가져오게 되는 일로 실현될 것이다. 위 꿈에서는 병마의 표상으로 상징된 지렁이를 멀리한데서, 병이 낫게 될 것을 예지해 주고 있다고 해야 할 것이다.

6) 덫에 걸린 토끼를 빼앗기지 않은 꿈
독자의 꿈이야기이다.

꿈속에서 남편은 후배와 함께 어느 산에 갔었다고 합니다. 그런데 토끼 한 마리가 덫에 목이 끼어 피를 흘리며, 숨만 겨우 쉬고 있다는 것이었습니다. 그래서 남편은 그 토끼를 가지고 산을 내려왔는데, 후배라는 사람이 계속 그 토끼를 빼앗아 가려고 해서 후배와 다투었다고 합니다.

그 때 갑자기 제가 나타나, 남편의 후배에게 소리를 고래고래 지르며, "그 토끼는 절대 가져갈 수 없다"며, 빼앗아서는 집으로 가지고 들어갔다는 것이었습니다.

남편이 그 꿈을 꾸었을 당시, 군에 간 아들이 몸이 안 좋아 군 병원에 있었을 때였습니다. 아들의 병은 외국에서도 보기 드문 희귀한 병이었지만, 작년에 아주 성공적인 수술을 받고 지금은 건강한 몸이 되었습니다. 이제와 생각해보니, 예전에 남편이 꾸었던 꿈속에서 덫에 걸린 토끼가 아들이었고, 남편의 후배가 저승사자가 아니었나 하는 생각이 듭니다. 가만히 생각해 보면, 그때 꿈속에서 토끼를 빼앗기지 않은 것이 무척이나 다행스럽습니다.

꿈속의 덫에 걸린 토끼는 바로 병마로 시달리게 될 아들의 상징표상으로 나타났던 것이다. 이처럼 누군가의 상징표상이 동물이나 식물 등으로 전이되어 나타나는 것은 꿈의 상징표상의 전개에 있어 흔한 일이다. 예를 들어, 처녀의 꿈에 구렁이가 몸에 감겨드는 꿈은 구렁이로 표상된 건장한 남성이 다가옴을 뜻하며, 꿈속에서 구렁이의 몸에 감겨 꼼짝할 수 없었다면, 현실에서 그 남성의 영향력에서 벗어날 수 없음을 예지해주고 있다.

유사한 사례로, 수술을 받고 중환자실에서 오랜 동안 혼수상태로 있다가 극적으로 깨어난 분의 꿈이야기이다. 꿈속에서 재판관이 사형을 언도했는데, 누군가가 극력 주장하여 다시 무기징역으로 감형된 꿈을 꾸고 깨어나니 바로 병원이었고, 수술한지 보름 이상이 경과되고 있었던 것이다. 모두가 가망없다던 죽음의 문턱에서, 극적으로 되살아난 것이다.

질병과 관련된 꿈에 대하여 자세한 것은 앞으로 출간 예정인, 필자의『홍순래 꿈해몽 대사전』IX.『꿈으로 본 질병·건강』에서 자세하게 살펴볼 것이니, 기다려주시기 바란다.

- '홍순래박사 꿈해몽' http://984.co.kr(인터넷), 984+접속버튼(핸드폰)

III
꿈에 대한 이해와 해설

꿈이란 무엇인가?

 오래 전부터 꿈은 신비의 영역으로 여겨져 왔기에, 이러한 꿈의 실체에 대해서 여러 면에서 연구가 시도되고 있다. 즉, 수면에 관한 연구라든지, 최면술, 뇌파측정, 텔레파시, 뇌의 신비 등등의 연구 결과는 이전보다 한결 꿈의 실체에 다가서서 우리에게 많은 것을 시사해주고 있다.

 꿈이란 우리말의 뜻에는 다의적으로 여러 가지 뜻이 내포되어 있으며, 꿈의 갈래도 다양하다. 이러한 꿈은 무지개처럼 우리 인간에게 신비의 대상으로 비춰지면서, 다층적이고 다원적으로 나타나고 있다.

 '꿈에 본 내 고향, 구렁이가 몸에 감긴 꿈, 꿈 깨라, 꿈속에서'에서 쓰인 꿈의 의미가 각기 다르듯이, 꿈에도 소망이나 불안 심리 표출의 꿈, 예지적인 꿈, 허망성으로서의 꿈, 일깨움의 꿈 등등 꿈에는 여러 가지가 있다. 이러한 꿈은 허황되고 부질없는 것이 아닌, 우리 인간의 영적능력(영혼의 힘)에서 비롯되는 고도의 정신능력의 활동인 것이다.

 우리가 잠자고 있을 때도 우리의 뇌는 활발한 활동을 하고 있으며, 현실에서 발휘될 수 없었던 영적 능력이 꿈을 통해 극대화되고 있다. 그리하여 현실의 자아가 궁금해 하고 관심을 가지고 있던 일이나 대상에 대해서, 정신능력이 초능력적으로 발휘되어, 꿈을 통하여 예지해주고 일깨워줌으로써, 장차 다가올 일에 대한 마음의 준비를 하게 함으로써 도와주고 있는 것이다.

　이러한 꿈은 미신이 아닌, 인간의 정신능력을 다루는 정신과학의 측면에서 접근해야 할 것이다. '아내는 육감으로 남편이 바람 피우는 것을 알아 낸다' 라는 말이 있듯이, 이 때의 육감은 한자로 쓰면 肉感이 아닌, '여섯 륙' 의 六자를 써서 '六感(육감)' 이라고 쓴다. 이렇게 우리 인간에게는 시각 · 청각 · 촉각 · 후각 · 미각의 五感(오감)외에, 마음으로 느끼는 六感(육감)이 있다. 아내는 남편이 바람피우는 것을 보지도 듣지도 못했으나, 평소와 달리 행동하는 남편의 행위로 미루어, 마음으로 알아차리는 六感(육감)이 발휘됨으로써, 남편의 바람피우는 것을 알아차리고 있는 것이다.

　비유하자면, 꿈의 세계는 六感(6감)에서 나아가, 제 七感(7감)의 뇌로 느끼고 보는 정신능력의 세계인 것이다. 이러한 능력은 우리 인간만이 발휘할 수 있는 고차원의 정신능력으로, '나는 꿈을 안꾼다' 는 사람은 이러한 자신의 정신능력의 활동이 활발치 못한 데에 원인이 있기에, '꿈이 적은 자는 어리석다' 라는 말이 일리가 있는 말이다.

　이러한 꿈의 예지는 우연하게 일어나는 것이 아닌, 만물의 영장인 우리 인간의 고도의 정신적인 능력이 발휘되고 있음을 보여주고 있는 것이다. 동물들이 지진이 날 것을 알고 미리 대피하거나, 연어가 자기가 태어난 곳으로 찾아와 알을 낳는 것 이상으로, 다가올 미래의 일을 꿈으로 예지해내는 신비한 영적 정신능력을 우리 인간은 지니고 있는 것이다.

　선인들도 꿈의 예지를 믿고 생활화했음을 알 수 있는 바, 고전소설에서도 주인공의 탄생이 신비한 태몽으로 시작한다든지, 위험에 빠졌을 때 계시적 성격의 꿈으로 일러주는 이야기가 자주 등장되고 있다. 필자의 『꿈으로 본 역사(중앙북스, 2007)』에 나오는 여러 역사적인 사례에서 잘 알 수 있듯이, 역사적인 사건 뒤에는 예지적 꿈이야기가 있었음을 각종 기록에서 찾아볼 수 있다. 예를 들어, 유성룡은 그의 『서애집』에서, '경복궁이 불타는 꿈' 으로 임진왜란을 예지했음을 밝히고 있다.

　또한 (로또)복권당첨이라든지 태몽, 사건 · 사고나 죽음, 사회적 · 국가적 변란 등등에서 꿈의 예지가 발현된 수많은 사례를 우리는 알고 있다. 좋은 꿈을 꾸고 나서 복권에 당첨되었다고 한결같이 수천 명의 사람이 이야기 하고 있는 바, 이로써 보면 꿈의 예지는 우연이 아닌 필연인 것이다. 무엇보다도 복권에 당첨된 사람들의 꿈의 전개에 있어서, 밝고 아름답고 풍요로움의 공통적 특징을 띠고 있으며, 그 상징의미에서 재물운이 있게 될 것임을 드러내 주고 있다. 자세한 것은 여기『행운의 꿈』책속에 실려 있는 여러 실증적인 꿈사례를 참고하시기 바란다.

오늘날 서구의 꿈에 관한 연구는 프로이트의 '꿈은 소망의 표현'의 심리표출적인 면이나, 정신분석학적인 측면에서 인간의 잠재의식에 대한 이론에 치우쳐 있는 상황이다. 그러나 서구와는 달리 우리 민족에 있어서 꿈의 세계는 심리적인 측면보다는, 장차 일어날 일에 대한 미래예지 측면을 중시하여 지대한 관심을 지녀왔으며, 실제로 민간신앙이 되다시피 절대적인 신봉의 대상이었다. 이러한 서구의 꿈 분석이론에 경도되어, 미래예지적인 꿈의 세계에 대하여 부정시하거나 미신시하는 태도는 올바르지 못하다. 나아가 (로또)복권 당첨이나 태몽, 선인들의 미래예지 인식이 투영된 꿈을 제재로 한 문학작품의 분석, 역사적 꿈사례에 있어 서구의 꿈이론이 절대적으로 타당한 논리적 근거의 뒷받침이 될 수 없음은 자명한 사실이다.

따라서 프로이트 등의 서구의 꿈이론에 경도되기보다는, 실제로 (로또)복권에 당첨된 실증적 사례에 대한 꿈의 상징성에 대한 분석을 통해서 올바르게 접근할 수 있을 것이다.

우리가 잠을 자고 있는 동안에도 우리 뇌의 정신능력의 활동은 깨어 있어서, 현실의 자아가 관심을 지녔던 미해결의 문제에 대해서 초능력적으로 펼쳐내는 세계가 바로 꿈인 것이다. 이런 점에서 꿈은 우리 내면의 자아와의 대화이자 우리의 제 2의 정신활동으로, 자신의 내면세계를 보여주거나 자신에게 장차 일어날 일을 꿈을 통해서 예지해주고 있는 것이다.

우리가 꿈을 꾸게 되는 데는 반드시 그 이유가 있다. 즉, 자신의 소망이나 불안감 등의 내면의 심리표출이라든지, 일깨움을 주거나, 장차 자신에게 다가올 운명의 길에 대해서 꿈을 통해서 미래를 예지해주고 있는 것이다.

이러한 자신의 꿈을 스스로 분석해보고 해몽을 하는 작업을 해보기 바란다. 전문적으로 하고 싶은 사람은 꿈의 일지를 기록하여, 그 후에 실현된 일과 과연 어떻게 일치되어 나타나는 지 스스로 확인해 보시기 바란다. 아마도 퀴즈 문제를 풀어 보는 것보다 한층 신비함의 세계에 빠져 들 것이며, 우리의 인생 길을 한결 흥미있고 유익한 삶을 살아갈 수가 있을 것이다.

　우리는 꿈을 이용해 정신 분석학 치료에 이용한 많은 사례를 알고 있다. 이렇게 자신의 꿈을 스스로 해몽하여 꿈의 작업장을 여는 작업은 자신의 정신능력을 계발하고, 다가올 미래에의 운명에 슬기롭게 대처해 나갈 수 있도록 해주고 있다. 나아가 꿈을 통해 자신의 내면세계를 되돌아보게 해주고 있다. 우리 모두 꿈에 대해 관심을 지녀보자. 우리 자신도 놀라울 만큼 신비한 체험을 맛볼 수 있게 될 것이다.

- '홍순래박사 꿈해몽' http://984.co.kr(인터넷), 984+접속버튼(핸드폰)

꿈을 왜 꾸게 되는가?

'꿈을 왜 꾸게 되는가' 등의 꿈의 발현에 대해서는 여러 견해가 있을 수 있다. 우리말의 '꿈'이란 말이 다의적으로 쓰이고 있는 데서 알 수 있듯이, 어떠한 관점이나 입장에서 꿈을 보는가에 따라, 그 정의 역시 달라질 수밖에 없기에, 꿈의 발현에 대한 언급도 꿈의 어떠한 속성을 설명하고 있는가에 따라 각기 다른 언급을 보이고 있다.

프로이트는 꿈을 꾸게 되는 원천으로 다음의 네 가지를 들고 있으며, 이들 중 순수한 정신적 자극을 꿈의 원천으로 보고 있다.
① 〈외적〔객관적〕감각자극〉→머리에 성냥불을 가져다 대면, 화형을 당하는 꿈을 꿀 수 있다.
② 〈내적〔주관적〕감각자극〉→빛이 다양한 강도로 빛날 경우 주관적인 망막자극에 의해서 여러 가지 꿈의 상들을 꿈꾸게 된다.
③ 〈내적〔기관적〕신체자극〉→폐질환자는 질식이나 갑갑함을 느끼는 꿈을 자주 꾼다.
④ 〈순수한 정신적(심리적) 자극〉→낮 동안 깨어 있을 때 우리들이 소유하는 개념은 꿈에 대해서 순수한 정신적(심리적) 자극이 된다.

프로이트는 현실 생활 속에서 좌절되고 억압된 욕망들은 무의식이라는 곳에 저장되었다가, 우리가 잠을 자는 동안 의식의 틈새가 느슨해진 틈을 타서 꿈이라는 생리적 현상으로 표출된다고 말하고 있다. 이 경우, 인간의 잠재의식이 꿈으로 발현될 때는 억압·압축·검열을 거쳐 나타난다고 말하고 있다.

프로이트가 인간 잠재의식의 영역을 발견하고, 심리학이나 정신분석적인 수단으로 꿈을 활용한 것은 높이 평가받아야 할 것이다. 하지만, 프로이트는 정신분석적인 측면에서만 보려고 할 뿐, 인간의 정신능력의 발현에서 이루어지는 미래예지 꿈의 세계나, 꿈속에서 어떠한 창조적인 사유활동이 이루어지는 측면에 대한 언급을 간과하고 있음을 볼 수 있다. 그의 꿈 분석이 정상인의 꿈 분석이라기보다는 정신과 질환 환자 등의 사례를 중심으로 분석한 결론이기에, 우리 인간의 영적능력이 발현된 꿈의 예지적인 기능이나 창조적 사유의 기능에 대한 언급에 소홀했음을 알 수 있다.

한편 '라깡'은 프로이트의 무의식을 보다 정교하게 정식화시켜, 무의식속에 억압된 욕망의 기제가 언어학적으로 변환되는 과정을 발견하고, 무의식 속에 축적된 에너지가 창조적이며 구성적인 비유를 이루고, 무의식도 하나의 언어문법이 된다고 보고 있다.

하지만 꿈 내용 분석에 있어서 언어학적 관점에 집중되고 있으며, 이 역시 정신분석학 측면에서의 요소가 강할 뿐이어서, 심리적 욕구표출의 작품분석에나 학문적인 이론으로 도움이 될 수 있겠다. 하지만 우리가 주로 관심을 갖는 미래예지 꿈사례의 입장이나, 운명론적 우리 민족의 사유 체계의 관점에서 볼 때에는 적용될 수 없는 면을 보이고 있다.

칼 구스타프 융은 프로이트나 라깡과는 달리, 인간의 무의식속에 인류의 근원적 체험의 원형이 존재한다고 보고, 인간무의식의 집단 상징을 언급하고 있다. 각 민족마다 민족적인 원형 심상이 존재하고 그것이 다양한 상징으로 발현된다고 주장하여, 무의식의 세계를 문학적으로 연구할 수 있는 기반을 마련했다.

이러한 집단 무의식의 상징은 각 민족의 신화·종교·꿈의 발현 등에 적용될 수 있다. 우리 민족이 다른 어느 민족보다도 꿈해몽·관상·풍수·사주·성명학 등 다양한 분야에서 지대한 관심을 보이고 있는 바, 이는 우리 민족이 논리적 바탕에 기반을 두기보다는 직관의 세계나 영적인 정신세계에 뛰어난 능력을 지니고 있으며, 주어진 여건속에서 슬기롭게 헤쳐 나가고자 하는 운명론적 사유관에 대한 남다른 인식을 보여주고 있음을 알 수 있다.

특히 우리 민족은 꿈의 발현 분야에서 세계 최고라 할 정도로, 미래예지 꿈이나 창조적인 사유활동이 이루어지는 측면에서 뛰어난 능력을 보여 왔다. 이는 선인들이 꿈꾸고 일어난 신비한 일들을 적은 미래예지 꿈사례들이 각종 역사서나 문집 속에 수없이 산재되어 있으며, 문학작품 속에 꿈이야기뿐만 아니라, 심지어 꿈속에서 시를 짓는 夢中詩(몽중시)나, 꿈을 제재로 한 記夢詩(기몽시) 등이 다수 있음에서 입증되고 있다. 몽중시에 대한 자세한 것은 필자의 학위논문 「한국 記夢詩(기몽시)의 전개양상 연구-夢中詩(몽중시)를 중심으로-, 단국대. 2006」을 참고하시기 바란다.

꿈의 발현은 동서고금을 막론하고 보편성을 띠고 전개되고 있다. 다만, 칼 구스티프 융이 언급한 바 있는 각 민족성이나 문화적 관습의 차이, 기질, 기타 여건에 따라 다양하게 전개되는 꿈의 전개양상에 대한 관점의 시각이 다르다고 볼 수 있다.

서구에서 정신분석학적으로 중요시하고 있는 심리적 욕구표출의 꿈도 있지만, 가장 주요한 장차 일어날 일을 상징적으로 보여주는 예지적인 성격의 꿈, 주변의 위험을 일깨워주는 꿈, 꿈속에서 발견이나 발명을 하거나 시를 짓는 등의 창조적인 사유활동의 발현으로 이루어지는 꿈의 세계가 있음을 간과해서는 안 될 것이다.

이러한 미래예지 꿈, 심리표출의 꿈, 창조적인 사유의 꿈에 있어서 꿈을 꾼다는 것은 우리 인간의 정신능력의 활동이 활발하게 일어나고 있음을 뜻한다. 따라서 어떤 사람은 꿈을 잘 꾸기도 하고 어떤 사람은 꿈을 못 꾸기도 하는 등 차이가 나고 있는 것은, 꿈꾸는 것은 우리 인간의 정신능력의 활동에서 빚어지는 세계로, 사람에 따라 개인의 능력 차이가 나고 있기 때문인 것이다. 이는 마치 누구는 노래를 잘 부르고, 누구는 달리기를 잘하듯이, 꿈꾸는 능력도 사람에 따라 차이가 나는 것은 당연하다고 해야 할 것이다.

이러한 꿈을 꾸는 능력도 변화할 수 있는 것이다. 달리기 선수가 달리기를 잘하다가 나이 들어 달리기를 잘 할 수 없듯이, 꿈꾸는 능력의 발현이 젊은 시절에는 왕성하여 꿈을 잘 꾸다가, 노쇠하게 되어 꿈을 잘 꾸지 못하게 될 수가 있다. 또한 운동에 관심을 갖게 되듯이 꿈에 관심을 갖게 되면, 꿈을 보다 더 잘 꿀 수도 있을 것이다. 일반적으로 그동안의 수많은 사례를 살펴보면, 인간 정신 능력의 발현인 꿈을 꾸는 능력은 나이·남녀·학력·신분에 차이 없이, 각 개개인의 정신능력의 차이에 따라 좌우되고 있음을 볼 수 있다.

『논어』〈述而(술이)〉편에, 공자는 괴이한 힘과 난잡한 귀신을 말하지 않았다[子不語 怪力亂神]라고 나오고 있다. 이는 공자는 괴이한 힘이나 이성(理性)으로 인식할 수 없는 존재나 현상들에 대해서는 말씀하시지 않았다는 말이다.

하지만, "심하구나! 내가 쇠해진 것이 오래 되었구나! 내가 주공을 꿈에서 다시 못 본 지가 [甚矣, 吾衰也! 久矣, 吾不復夢見周公]라는 말씀도 언급하고 있다. 여기에 대하여, 유문영(劉文英)은 『꿈의 철학』에서 다음과 같이 말하고 있다.

"공자도 비록 괴력난신(怪力亂神)에 대해서는 말하지 않았지만, 그러나 꿈에 대해서는 마찬가지로 매우 믿고 있었다. 만년에 이르러 "심히 노쇠하였구나! 오래도록 내가 꿈에서 주공(周公)을 볼 수 없게 된 지가!'라고 탄식하고 있다. 이는 공자가 꿈에 대해 무슨 견해를 밝힌 것은 결코 아니지만, 주공(周公)의 혼령이 꿈을 통해서 공자에게 새로운 계시를 전해 주고 있었음을 보여주고 있다고 해야 할 것이다."

한편 꿈은 우리 신체적으로 가해지는 내·외부의 자극에 의해 이루어지기도 한다. 許浚(허준)은 『東醫寶鑑(동의보감)』에서 꿈을 五臟(오장)의 간장·심장·비장·폐장·신장의 臟器(장기)의 허와 실에 따른 상태에 따라 꿈이 다르게 나타나고 있음을 말하고 있다. 이처럼 생리병리학적의 측면에서 꿈의 발생 원인을 알아내어 질병치료에 이용하고자 하는 노력은 어느 정도 설득력 있게 받아지고 있다. 오늘날 정신과 의사들이 환자의 심적 상태를 가장 잘 알아낼 수 있는 수단으로, 환자의 꿈을 분석하여 치료에 활용하고 있음은 널리 알려진 사실이다.

또한 선인들은 꿈이 정신에 감응되어 이루어지는 것으로 보고 있다. 南孝溫(남효원)은 高淳(고순)에게 돌아가신 부친인 中樞公(중추공)이 나타나 시를 지어준 것에 대하여, 高淳(고순)같이 사람의 정신이 곧고 맑은 경우에 이렇게 죽은 조상이 나타나는 계시적인 꿈을 꾸게 된다고 말하고 있다.

李奎報(이규보) 또한 '林椿(임춘)의 묘지명을 써달라고 부탁을 받는 꿈'을 꾸게 되었는 바, 다음날 朴還古(박환고)로부터 죽은 아들에 대한 애도시를 부탁받는 일로 이루어지자, 죽은 아들의 위로시를 받고자 하는 간절한 마음이 전달되어 자신의 꿈에 나타나게 되었다고 언급하면서, 이러한 꿈을 꾸게 되는 행위에 대하여 정신이 감응하여 이루어진 것이라고 말하고 있다.

南龍翼(남용익) 또한 사신으로 일본에 다녀온 것을 적은 扶桑日錄(부상일록)에서, 꿈 속에서 임금과 부친을 뵙는 꿈을 꾸고 나서 자신의 지극한 정성이 꿈으로 발현되었다고 말하고 있음을 볼 수 있는 바, 이는 심리표출의 꿈에 해당되는 견해이다.

또한 이수광은 『지봉유설』에서, 黃帝(황제)가 꿈을 꾸고, 風后(풍후)와 力牧(역목)의 신하를 얻은 예를 들면서, "대개 옛날 성인은 정신으로 신을 만날 수 있었고, 이것을 잘 사귀어 감응시켜서 이와 같은 일이 있었으니, 이런 이치가 없었다고 말할 수 없다."라고 말하고 있는 바, 성인의 꿈꾸는 능력이나 꿈이 정신에 감응되어 이루어지는 것에 대하여 긍정적으로 생각하고 있음을 알 수 있다.

許筠(허균)은 〈夢解(몽해)〉에서, 사람의 상념이나 靈(영)이 맑으면 잡된 생각이 없어져서 장차 다가올 일을 예지해낼 수 있다고 보고 있다. 이렇게 꿈을 꾸는데 있어서, 꿈을 꾸는 사람의 정신세계인 영적능력이 순수하고 깨끗한 경우, 꿈으로 장차 다가올 일을 예지해내는 것에 대하여 당연시함을 알 수 있다.

또한 李瀷(이익)은 〈夢感(몽감)〉에서 "무릇 꿈속에서 감응되어 문답하는 것은 그 어떤 상대가 나의 꿈에 들어와서 함께 이야기하는 것이 아니라, 바로 나의 정신이 사려에 감촉되어 이러한 반복을 일으키는 것이다."라고 언급하고 있는 바, 인간의 정신능력의 발현으로 이루어지는 꿈의 다양한 상징기법에 대하여 정신능력의 활동으로 이루어지고 있음을 제시하고 있다.

한편 중국의 『酉陽雜俎(유양잡조)』에 "어리석은 자는 꿈이 적다."라는 말이 언급되고 있는 바, 이는 꿈은 인간 정신 능력의 발현으로 이루어지는 것으로써, 정신능력의 활동이 미약한 사람에게는 장차 일어날 일을 예지해주는 미래예지 꿈이나 위험을 일깨워주는 꿈을 꾸는 일이 드문 것을 말하고 있다.

반면에 장자의 말에 "至人(지인)은 꿈이 없다."라는 말도 있는 바, 도덕적 수행이나 깨달음의 경지에 도달한 지인에게는, 굳이 꿈을 통하지 않고서라도 현실에서 장차 일어날 일에 대한 예지와 판단이 있을 수 있기에, 굳이 번거롭게 꿈을 꾸지 않을 수도 있는 것이다. 또한 이 경우, 至人(지인)은 깨달음의 경지에 있기에, 잡스런 꿈이나 불안 심리의 심리표출적인 꿈을 꾸지 않는 것을 말했다고 볼 수 있다.

한편 '꿈이 적으면, 잘 맞는다.' 라는 말이 있는 바, 꿈을 적게 꾸는 사람은 장차 일어날 아주 중대한 일의 예지일 경우에만 꿈의 능력이 발현되어 꿈을 꾸기에, 비교적 꿈의 실현을 알아내기가 쉽다고 볼 수 있다. 꿈꾸는 능력이 뛰어난 사람은 자신의 일뿐만 아니라, 주변 사람이나 국가적·사회적 사건까지 꿈을 꾸기에, 꿈의 실현을 정확하게 맞추지 못하는 경우가 있다. 이는 사람에 따라 달리기를 잘하거나 노래를 잘 부르는 등의 개인차가 존재하듯이, 장차 일어날 일을 예지해내는 꿈꾸는 능력에 있어서도 개인별 차이가 있는 바, 영적인 정신능력의 여부에 따라 꿈의 발현에 있어 차이가 이루어지고 있는 것이다.

이밖에 조선후기 실학자인 李圭景(이규경)의 『五洲衍文長箋散稿(오주연문장전산고)』의 人事篇(인사편) 人事類(인사류) 性行(성행)에 꿈에 대한 변증설 및 夢境(몽경)에 대한 변증설, 악몽 물리치는 법 등이 실려 있다. 그러나 언급이 비과학적이고 비합리적인 내용으로 일관되어 있으며, 꿈이 발현되는데 있어 다양한 양상으로 전개되고 있음을 간과하고 있다.

이상에서 꿈을 꾸게 되는 이유에 대하여 살펴보았다. 하지만 심리표출의 꿈, 일깨움의 꿈, 미래예지의 꿈, 사유활동의 꿈 등 꿈의 영역에 따라 꿈을 꾸게 되는 데 있어서도 다양한 견해를 보이고 있음을 알 수 있다.

꿈해몽에 대하여

1) 꿈의 종류와 해몽

'꿈은 무지개이다.', '꿈은 반대가 아니고, 오직 상징표상의 이해에 있다.', '꿈은 꿈을 꾼 자기 자신이 가장 잘 해몽할 수 있다.', '꿈은 꿈을 꾼 사람이 처한 상황에 따라 다르게 실현된다.', '꿈은 신이 인간에게 내려준 최대의 선물이다.', '꿈의 세계는 六感(6감)에서 나아가, 제 七感(7감)의 뇌로 느끼고 보는 정신능력의 세계이다' 등등의 말들은 필자가 꿈을 설명하는 데 있어 자주 예로 드는 말이다.

'꿈은 무지개이다.' 의 비유 속에는 꿈은 무지개처럼 우리 인간에게 신비의 대상으로 비춰지면서, 형형색색으로 다층적이고 다원적으로 나타나고 있다. 꿈의 실체는 하나이지만, 보는 입장과 견해에 따라 꿈에 대한 정의도 다양하게 내려질 수 있듯이, 꿈의 분류에 있어서도 여러 가지로 있어 왔다. 이것은 그만큼 꿈의 성격이 다양하게 표출되고 있기에, 무엇이라고 단정을 지어 말할 수 없다는 것을 입증해주고 있다.

이러한 꿈의 분류에 있어서도 여러 각도에서 나누어 살펴볼 수 있겠지만, 필자는 선인들의 꿈사례 및 독자의 편지나 유·무선 인터넷 상담, 전화 상담 등을 통해 수집한 실증적인 꿈사례에 바탕한 꿈의 여러 가지 전개 양상에 따라 살펴보고자 한다. 이러한 실증적인 사례에 근거한 분류, 또한 꿈의 언어인 상징성의 이해에 바탕을 둔 연구로써, 꿈의 본질에 다가설 수 있을 것이다.

첫째, 꿈에는 상징적인 미래예지 꿈이 있다. 꿈은 인간의 신비한 정신능력의 활동으로, 자신이나 자신의 주변상황에 대해 일어날 길흉에 관해서 알쏭달쏭하게 상징적인 표상의 기법으로 예지해주고 있는 것이다. 이러한 꿈의 특성은 현실에서 일어날 수 없는 황당한 전개를 보이는 것이 특징이며, 전체 꿈의 80% 정도를 차지하며, 이 꿈의 실현 결과는 피할 수 없는 것으로 나타나고 있다. 즉, 앞으로 일어날 일을 예지해줌으로써 우리 인간으로 하여금 길흉의 어떠한 일에 마음의 준비를 하게 해주고 있다. 태몽꿈, 복권당첨, 죽음예지, 사건·사고 예지 등의 꿈사례가 대표적이며, 우리가 꿈을 해몽하는 경우 이 꿈이 대부분으로, 이 책『행운의 꿈』에 실린 대부분의 꿈사례이기도 하다.

실증적인 사례로 살아계신 친정아버님의 머리가 쫙 갈라지는 섬뜩한 꿈을 꾼 주부가 있었다. 흉몽으로 여겨져 여기저기 전화하여 조심하라고 했지만, 일주일 뒤 제부를 비롯하여 동료 직원 네 사람이 교통사고로 사망하는 일로 실현되었다. 딸이 졸지에 과부가 되어 걱정하게 될 친정아버님의 마음을 생각해보시기 바란다.

둘째, 사실적인 미래투시의 꿈이 있다. 이 꿈의 특성은 앞으로 일어날 일을 마치 현실에서 펼쳐지는 것처럼 사실적인 전개 형태로 꾸는 경우이다. 이 경우 안좋은 결과의 꿈이라면, 현실에서 꿈대로 따라 하지 않으면 벗어날 수가 있다.

학생의 꿈을 예를 들어본다. 친구에게 농구공을 던져 안경을 깨뜨리고 눈을 다치게 하는 꿈을 꾼 학생이, 그로부터 몇 달 후에 우연히 체육시간에 농구공을 던지려는 찰나, 꿈속의 상황과 똑같음을 알아차리고 던지지 않은 경우이다. 이 경우 던졌더라면, 아마도 꿈과 똑같은 일이 벌어졌을 것이다.

셋째, 소망 표현의 꿈이 있다. '꿈에 본 내 고향'이란 말이 있듯이, 현실에서 이루지 못한 자신의 억눌린 잠재의식의 바람이 꿈을 통해 시연(試演)해 봄으로써, 해소케하는 경우의 꿈이다. 자기 자신을 못살게 하는 힘이 센 급우를 실컷 두들겨 패는 꿈을 꾼다든지, 굶주린 상태에서 맛난 음식을 배불리 먹는 꿈들이 여기에 속한다. 프로이트는 주로 억눌린 性的(성적)충동이 꿈으로 나타난다고 말하고 있기도 하다.

넷째, 자신의 불안·공포·초조감 등의 잠재의식의 심리가 표출되는 꿈이 있다. 셋째의 꿈도 크게 볼 때는 여기에 해당된다. 현실에서 어려움을 겪거나, 심리적인 압박을 받을 때 꾸는 꿈이다. 예를 들어, 뺑소니 운전사는 경찰관이 붙잡으러 오는 꿈에 시달리는 꿈을 꾸거나, 또한 갓 입사한 은행원이 수없이 많은 돈을 세는 꿈을 꾸는 경우이다.

실증적인 사례로 밤마다 거인이 나타나 괴롭히는 꿈을 꾸는 사람이 알고 보니, 시도 때도 없이 찾아오는 외판원에 대한 불안감에서 비롯되고 있었다.

다섯째, 자신의 신체 내·외부의 이상이나 주변의 위험사항에 대해 꿈을 통해 알려주는 경우이다. 우리의 의식세계가 미처 알아차리지 못하는 사항에 대해, 잠재의식의 정신활동 세계인 꿈은 우리에게 알려주고 일깨워주고 있는 것이다.

실증적인 사례로, 꿈속에 소방차가 지나가는 소리에 잠에서 놀라 깨어 집안에서 불이 나려던 것을 막은 사례가 있다. 또한 고양이가 목을 할퀴는 꿈으로 목의 이상을 발견해 낸 꿈이라든지, 누군가와 싸우다가 옆구리를 채인 꿈으로 병원진단으로 늑막염에 걸린 사실을 일깨워준 꿈사례 등이 있다.

여섯째, 창조적인 사유활동의 꿈이 있다. 이는 꿈을 통해 우리의 잠재의식의 정신활동이 극대화됨으로써, 현실에서는 불가능한 발견·발명·창조적인 아이디어를 가능하게 해주고 있다. 유명한 영화인 터미네이터도 꿈에서 아이디어를 얻은 데서 비롯되었다고 한다.

실증적인 사례로 꿈속에서 한시(漢詩)를 지은 선인들의 수많은 사례, 잃어버린 열쇠를 꿈속에서 장소를 알아낸 일이라든지, 쫓아오던 인디안의 창끝에 구멍이 나 있던 꿈에서 힌트를 얻어 재봉틀 바늘을 발명한 사례 등이 여기 속한다.

일곱째, 계시적인 성격의 꿈이 있다. 조상이나 산신령 기타 동식물 등 영적인 대상과의 교감이 꿈을 매개로 하여 이루어지고 있는 바, 이 경우 꿈속의 말씀대로 따라주는 것이 좋다. 산신령이나 조상 등 이러한 모든 영적 대상은 과학적으로 실제로 존재하는 것이 아닌, 인간의 정신능력의 활동으로 빚어낸 꿈의 상징기법이라고 스승이신 한건덕 선생님은 말씀하시고 있다.

실증적인 사례로 꿈에 한 해골이 나타나 자신의 있을 곳을 마련해달라고 바지를 붙잡고 매달리는 꿈을 꾼 사람이, 다음날 건물을 세우기 위해 터파기 공사를 하는데 무연고 관이 나와서 양지바른 곳에 이장해준 사례가 있다. 복권 당첨자들 가운데 조상님이 웃으며 계시한 많은 사례가 여기에 속한다.

여덟째, 지어낸 거짓 꿈이야기를 들 수 있다. 자신의 목적을 달성하기 위해 누구의 계시를 받았다거나, 지어낸 거짓 꿈에 의탁하여 자신의 말 못할 이야기를 나타내고 있는 경우이다. 또한 민중의 꿈에 대한 믿음을 이용하여, 정권유지나 민심수습으로 꿈을 이용하는 경우도 있다.

예를 들어, 거짓 용꿈의 좋은 태몽꿈을 꾸었다고 상대방을 유혹하여 동침에 성공하는 꿈사례를 들 수 있다.

아홉째, 문학적 표현이나 인생에 있어서의 허망성으로서의 꿈을 들 수 있다. '한바탕의 긴 꿈'의 一場春夢(일장춘몽)에서 알 수 있듯이, 우리 인생을 꿈으로 비유하여 무상함을 말하고 있다. 또한 일상의 언어인 '꿈깨라'에서 알 수 있듯이, 허망함에서 나아가 헛된 망상의 뜻으로까지 나아가고 있다.

이밖에도 세분하여 살펴보자면 여러 가지가 있을 수 있겠다. 결론적으로 이러한 꿈을 꾸게 하는 주체는 무한한 가능성을 지니고 있는 神性(신성)의 정신능력의 활동이다. 꿈은 자신이나 자신의 주변인물 나아가 국가적·사회적인 일까지 직접적 계시나 사실적이거나 상징적인 기법으로, 꿈을 꾼 사람의 처한 능력에 따라 다양한 방법으로 꿈으로 형상화함으로써, 우리에게 알려주고 일깨워주고 도와주고 있는 것이다.

2) 꿈해몽 기초상식 10가지

(1) 꿈해몽은 자기 자신이 가장 잘 할 수가 있다

자신의 잠재적인 심리가 꿈으로 표출되는 경우에 있어서는, 꿈을 꾼 자신이 처한 상황이 꿈으로 반영되고 있기에, 꿈을 꾼 사람이 처한 상황이 가장 중요하다. 또한 장차 일어날 일을 황당한 전개로 보여주는 상징적인 미래예지 꿈에 있어서도, 꿈속에서 느꼈던 감정이나 생각했던 것 등이 중요하다. 따라서 어느 정도 꿈의 상징기법에 대한 이해를 지니고 있다면, 꿈을 꾼 본인 자신이 그 꿈의 의미를 제일 잘 알 수가 있다.

자신이 처한 상황을 이야기하지 않은 상태에서 꿈해몽을 부탁하면서, 정확한 꿈해몽을 듣기를 원한다는 것은 이루어질 수 없는 일이라 하여야 할 것이다. 누군가 "당신의 꿈이야기를 들려주시오. 당신이 무슨 생각을 하고, 무슨 일이 일어날 것인지 알아낼 테니까"라고 자신 있게 이야기하는 사람이 있다면, 그는 '꿈' 자도 모르는 어리석은 사람이라고 해야 할 것이다.

또한, 꿈이 이루어지는 대상도 다양하게 이루어진다. 즉, 반드시 자기 일에 대한 것만 꿈꾸지 않고, 자기 가족이나 측근 사람에 관한 것도 꿈꿀 수 있으며(이 경우 현실에서 꿈을 팔고 사는 매몽의 형식을 빌리기도 한다), 사회적인 관심사 등 시국에 관한 꿈도 꿀 수가 있기 때문에, 꿈을 꾼 사람이 느끼는 꿈속의 정황이 매우 중요하다.

(2) 꿈은 반대가 아니다

이빨 빠지는 꿈, 신발을 잃어버리는 꿈, 머리카락이 잘리는 꿈 등이 좋게 실현될 리가 없다. 이빨이 빠지는 꿈의 경우에, 이빨로 상징된 주변의 누군가가 죽게 되든가, 결별하게 되거나, 이빨로 표상된 어떠한 일거리나 대상의 좌절·실패로 이루어지고 있다. 신발을 잃어버리는 꿈의 경우, 의지하고 있던 사람을 잃게 되거나 직장을 잃는 일로 이루어진다. 머리카락이 잘리는 꿈 또한 누군가와의 결별이나 하는 일의 좌절 실패로 이루어진다.

(3) 반복되는 꿈은 반드시 현실에서 실현된다

반복되는 꿈은 어떠한 일이 반드시 일어난다는 것을 예지해주고 있다. 일어날 일은 중대한 일이며, 그 시기가 점차 다가오고 있음을 예지해주고 있는 것이다.

(4) 꿈해몽은 상징표상의 이해에 있다

꿈해몽에 있어 중요한 것은 꿈은 반대가 아닌, 상징표상의 이해에 있다. 우리가 꿈을 꾸었을 경우 각기 자신의 처한 상황을 염두에 두고, 꿈속에 나타난 사람이나 사물의 표상이 무엇을 상징하고 있을까? 이 꿈을 통해 나에게 무엇을 알려주려고 한 것일까? 등등을 곰곰이 생각해보아야 할 것이다.

'호랑이에게 물린 꿈'을 예로 들자면, 꿈을 꾼 사람이 처한 상황에 따라 다양한 추정이 가능하다. 하지만, 호랑이에게 물리는 꿈이었기에 호랑이로 표상된 어떤 사람이나 대상의 세력·영향권 안에 들어가게 되는 일로 실현되는 것은 틀림없다.

① 가임환경에 처한 태몽 표상이라면, 호랑이처럼 용맹하고 활달한 아이를 갖게 될 것이다. 이 경우 호랑이에도 암·수가 있듯이 아들로 단정할 수는 없다. 다만, 장차 태어날 아이의 성격·성품에 관계된다. 활달하고 괄괄한 성품의 딸이 태어날 수도 있다.
② 처녀가 꾸었다면, 호랑이로 표상된 용감하고 활달한 남자가 구애를 해오는 일이 있을 것이다.
③ 평범한 회사원이라면, 호랑이로 표상된 불량배를 퇴근길에 만나게 되어 큰 곤욕을 당하는 일로 실현될 수도 있다.
④ 초등학생이라면, 호랑이 같은 선생님에게 매를 맞는 일로도 실현가능하다.
⑤ 호랑이가 병마(病魔)를 표상하고 있었다면, 무서운 질병에 걸리는 일로 실현된다.
⑥ 사실적인 꿈이라면, 실제로 깊은 산에 들어갔다가 그러한 일이 일어날 수도 있다.

이밖에도 처한 상황에 따라 다양한 추정이 가능하다. 하지만, 앞의 예에서 살펴보았듯이, 호랑이에게 물리는 꿈이었기에, 호랑이로 표상된 어떤 사람이나 대상의 세력·영향권 안에 들어가게 되는 일로 실현되는 것은 틀림없다. 실제 호랑이에게 물리지 않는 한, 이렇게 황당하게 전개되는 상징적인 미래예지 꿈의 실현은 꿈의 성격에 따른 실현 시기에 다소 차이가 있을 뿐, 반드시 현실에서 일어나며 피할 수도 없게 진행되고 있다. 이는 수많은 실증적인 꿈사례가 입증하고 있다.

(5) 꿈해몽은 현실에서 처한 상황에 따라 달리 추정된다.

'돌고래 두 마리와 노니는 꿈'을 꾼 사람이 있다. 꿈해몽을 하자면, 태몽으로 실현 가능성이 가장 높다. 하지만, 이 경우 꿈을 꾼 사람이 어린 여중생인 경우, 태몽으로 이루어질 수는 없는 것이다. 이 경우 고래로 표상된 두 사람의 남학생을 사귀게 될 가능성이 가장 많은 것이다. 즉, 돌고래로 표상된 두 사람 또는 두 가지 어떤 일거리 대상에 즐겁게 참여하는 일로 실현될 가능성이 있는 것이다. 또한 실현성이 떨어지지만, 친지나 주변사람들의 태몽 꿈을 대신 꿔주는 일로의 실현도 가능하다. 이처럼, 꿈을 해몽하는데 있어서는 꿈을 꾼 사람이 현실에서 처한 상황이 중요하다.

다른 예를 들어서 살펴보자. '아무도 들어주는 사람도 없는데 깜깜한 곳에서 노래를 부르는 꿈'을 꾼 사람은 현실에서 어떻게 실현될 것인가?

이 꿈을 꾼 사람은 임산부였다. 다른 사람은 약간의 진통 끝에 쉽게 순산을 하는데 반하여, 이 임산부는 극심한 산고의 고통을 겪다가 정상 분만을 하는 것으로 실현되었다. 이 경우 꿈을 꾼 사람이 회사원이었다면, 자신의 자가용을 운전하다가 교통사고로 언덕에서 굴러떨어져 애타게 구원의 손길을 뻗치다가 극적으로 구조되는 일로 실현될 수가 있는 것이다. 광부였다면, 갱도가 무너져 구조의 손길을 애타게 기다리는 현실로 실현될 수 있는 것이다.

이렇게 상징적인 꿈의 경우에는 각자가 처한 상황에 따라 여러 가지로 실현될 수 있으므로, 상징적인 꿈의 경우에는 어떠한 일이 일어날지 모른다는 추정에 불과한 것이지, '이런 것은 이렇다'는 식의 단정을 내려서는 안된다. 따라서 점쟁이 식의 '무슨 꿈은 어떻다'라는 꿈해몽은 올바르지 않으며, 절대적이지 않다.

(6) 생생한 꿈일수록 반드시 이루어진다

생생하게 기억나는 꿈은 현실에서 반드시 일어나는 꿈이며, 생생함의 여부는 일어나는 사건의 중요성에 비례한다. 무슨 꿈을 꾸긴 꾼 것 같은데 생각나지 않는, 흔히 말하는 개꿈은 현실에서 일어난다고 해도, 별 볼일 없는 사소한 꿈으로 실현되고 있다. 따라서 잘 기억나지 않는 꿈을 억지로 기억해내려고 애쓸 필요는 없다. 우리의 정신세계가 알아서 다 조절해주고 있는 것이다.

중요한 것은 꿈의 생생함의 여부에 있는 것이지, 칼라꿈이라고 해서 반드시 더 중요한 것은 아니다. 그것은 우리의 정신능력이 꿈의 예지의 표현 필요에 있어 상징 기법상 칼라로써 표현할 필요가 있을 때, 활용한 것일 뿐이다.

(7) 꿈으로 인해 깨어난 경우 주변을 살펴보자

자다가 갑작스럽게 큰소리가 들린다든지, 끔찍한 광경을 보고 놀라 꿈을 깨고 일어나는 경우에는, 어떠한 위험이 닥쳐오는 것을 꿈으로 일깨워주는 경우가 많다. 이때는 주변을 잘 살펴볼 필요가 있다. 이는 우리의 의식세계가 잠을 자는 동안에는 활동을 중지하고 있지만, 신성(神性) 그 자체인 우리의 잠재의식의 정신활동은 깨어 있어서, 우리 자신의 몸에 닥쳐오거나 주변에서 일어나는 위급한 상황에 대해서, 경계의 신호와 일깨움을 꿈을 통해서 우리에게 알려주고 있는 것이다.

꿈사례로 밤늦게 잠이 들었는데도 교회에서 들려오는 종소리가 고막을 찢을 듯이 크게 들려오는 꿈을 꾸고 깨어나 연탄가스로 중독되어 죽어가던 사람을 살린 꿈이야기, 세찬 바람소리와 덜컹거리는 문소리로 잠에서 깨어나 좁은 방에서 자던 동생에게 눌려 생후 3개월 된 아기가 숨이 막혀 위태롭게 된 것을 살려낸 이야기 등을 들 수 있다.

(8) 꿈속의 등장인물은 실제의 인물이 아닌 상징적 표상이다

꿈속에 등장하는 사람은 사실적 미래 투시의 꿈에 있어서는 실제의 인물로 될 수도 있겠지만, 대부분의 상징적인 꿈에 있어서는 동일시되는 어떤 인물(실제인과 어떤 점에서 유사성이 있거나 동격인 다른 사람)이나 대상을 뜻하고 있다.

가령 회사의 회장이 꿈속에서는 할아버지로, 사장은 아버지로, 부장은 큰형으로, 과장은 작은형 등등의 동일시되는 인물로 바뀌어져 꿈속에 나타난다. 따라서 대부분의 꿈에 있어서 꿈속에 나타난 인물을 실제의 인물과 동일시하는 어리석음을 범해서는 안된다. 꿈속에 등장하는 사람이 비록 친아버지라고 해도 해석에 임해서는 그 어떤 사람, 가령 동일시되는 인물이나, 자신의 또 하나의 자아, 또는 사람이 아니라 어떤 일거리로 상징되는 표상물 중의 그 어떤 것이라고 간주하고, 꿈의 문장 전체 내용에서 이것을 분간해야 한다.

예를 들어, 상징적인 미래예지 꿈에서 꿈속의 자식은 실제의 자식이 아닌, 자식같이 소중하고 애착을 지니는 어떤 대상을 뜻하고 있다. 주식투자를 하는 사람의 경우, 바로 주식이 자식의 상징으로 등장될 수 있다. 실증사례로 아들이 머리가 깨지는 꿈으로 주식에서 엄청난 손실을 입거나, 자신이 아끼던 새로 구입한 승용차의 앞부분이 파손되는 일로 실현되었다. 또한 '남편이 다른 여자와 바람 피는 꿈'을 꾼 주부의 경우에, 실제 사실적인 미래투시의 꿈이라면 가까운 장래에 실제 그런 일이 일어날 수 있겠지만, 대부분의 상징적인 꿈에서는 꿈속의 여자는 실제의 여자가 아닌, 부동산·증권·낚시·노름 등 어떤 대상이나 일거리 등에 남편이 빠져들어 가는 것을 상징적으로 보여주고 있는 것이다. 실증사례로 남편이 다른 여자를 데리고 와서 성행위를 하는 꿈은 아파트를 분양받는 일로 실현되었다.

(9) 꿈은 왜 황당한 전개의 상징표상으로 보여주는 것인가?

프로이트는 그의 『정신분석입문』에서 꿈의 검열이라는 용어를 사용하고 있다. 내면의 의식세계가 지향하는 성적(性的)인 욕망이나 남에게 감추고 싶은 억압된 욕망이 꿈으로 표현될 때, 꿈의 검열과정을 거치면서 상징적이고 굴절되고 변형된 모습으로 나타나고 있다고 말하고 있다.

예를 들어 자식이나 누이에 대한 근친상간의 성적 욕망이나, 남편의 죽음을 바라는 심층의 욕구가 꿈으로 형상화될 때, 꿈의 검열을 거쳐 내용이 뒤바뀌거나 명확하지 않거나 자신도 쉽게 알아낼 수 없는 상징적인 이야기로 전개되고 있다는 것이다.

필자의 의견을 말해본다. 꿈의 주체는 무한한 가능성을 지니고 있는 우리의 정신능력의 활동이다. 꿈으로 예지하는데 있어서 그 나름대로의 가장 효율적인 방법으로써,

직접적인 알림이 아닌 알쏭달쏭한 상징과 변형의 옷을 입고 나타나는 것이다. 비유를 하자면, 아름다운 여인이 자신의 얼굴을 살짝 얇은 검은 망사로 가린 것은 자신의 미모를 감추기 위한 것이 아니라, 자신의 아름다움을 뽐내기 위해 뭇 남자들의 시선을 끌기 위한 것이요, 검은 스타킹으로 자신의 다리를 감싸는 것이 감추는 것이 아니라, 섹시하게 드러내기 위함이라는 사실을 우리는 알고 있다.

이와 같이 정신능력의 활동이 펼쳐 보이는 꿈의 세계는 알고 보면, 아름다운 여인의 미에 대한 표출이상으로, 놀라울 만큼 고도의 수법으로 우리에게 잠재된 내면의 욕구나, 외적·내적의 신체적 이상이나, 미래에 일어날 일에 대해서, 또는 자신이 관심을 기울이고 있는 어떤 대상에 대해서, 화려한 연극을 펼쳐보이듯 충격적인 영상으로 시각적으로 알려주고 있는 것이다.

이렇게 상징이나 굴절·변형되어 꿈으로 나타났을 경우, 꿈을 꾼 우리 자신은 꿈 내용을 기이한 꿈으로 생각하고 오래 기억되며 무슨 뜻인지 알려고 애쓰게 된다. 옛 선인의 꿈사례로, 어려서 꿈에 자신의 허리띠가 끊어지는 꿈을 꾼 사람이 말년에 이르도록 무슨 뜻인지 알려고 애쓰다가, 자신의 후손이 없음을 알게 되고 단대(斷帶:허리띠가 끊어짐)를 단대(斷代:대가 끊어짐)의 파자해몽으로 알아냈다는 사례가 있다. 이처럼 꿈의 상징성이 난해성과 황당하게 전개되고 있는 것은, 사람들로 하여금 한층 궁금증을 갖게 하고 오래도록 잊혀지지 않도록 해주고 있는 것이다.

신(神)이 인간에게 부여한 최대의 선물인 꿈은 그 자신의 꿈의 궁전의 신비함을 우리 인간들에게 쉽게 그 문을 열어 보이려 하지 않고 있다. 이러한 자신에게 일어날 미래를 꿈의 세계를 통해 단정적으로 알 수만 있다면, 좋을 것으로 생각하고 있는 여러분들이 있을는지 모르겠다. 하지만 그렇게 된다면 두려운 세상이 펼쳐질지 모른다.

희랍 신화에 나오는, 황금을 좋아해서 만지는 것마다 황금이 되기를 원했던 마이더스 왕이 소원대로 이루어져서 어떠한 결과를 가져왔던가? 후회와 비참한 최후를 맞이했던 것처럼, 우리 인간이 꿈의 미래예지적인 결과를 단정적으로 알고서 살아간다는 것은 마이더스 왕의 헛된 꿈보다 더한 비참하고 불행한 결과를 초래하게 될 것이다. 신(神)은 우리 인간이 '마이더스의 꿈'의 세계로 나아가는 것을 원치 않을 것이며, 또한 아무리 우리 인간이 애를 써도 신비한 꿈의 궁전의 세계를 파헤치지는 못 할 것이다.

꿈은 우리에게 내면의 잠재의식의 세계와 앞으로 일어날 일에 대해서, 무대 위의 연극처럼 우리에게 생생하게 보여준다. 예행연습이 없는 단 한 번씩밖에 살아갈 수 없는 인생길에서, 꿈은 우리에게 지난날을 돌이켜 보도록 해주며, 앞으로의 일어날 일에 대해서 보여주고 있다. 찬란한 무대 위에 내면세계인 자아를 등장시키거나 다른 인물이나 동물을 등장시키기도 하면서, 여러 가지 다양한 상징기법으로 우리에게 신비한 꿈의 세계로 손짓하면서 부르고 있는 것이다.

(10) 유난히 꿈을 자주 꾸는 것을 어떻게 받아들여야 하는가?

미래예지적인 꿈을 많이 꾸는데 대해서 걱정할 필요는 없다. 이는 자신의 잠재의식의 정신능력의 활동이 활발한 것으로 받아들이면 된다. 문제는 무지개같은 여러 가지 꿈의 성격 중에서 미래예지적인 꿈이 아니라, 불안·근심·초조감에서 꾸어지는 허몽·잡몽에 가까운 심리표출의 꿈을 자주 꾸게 되는 경우이다. 이러한 꿈들은 잘 기억도 안나는, 이른바 개꿈에 해당된다고 볼 수 있겠다.

많은 사람들이 심신이 고달플 때나 걱정스런 일이 있을 때, 잡스런 꿈을 많이 꾸고 있다. 필자 또한 경험한 바 있다. 아침에 일찍 일어나 먼 길을 가야하는 불안감에 잠을 청하다 보면, 잠을 자도 잔 것 같지 않게 밤새도록 알 수 없는 꿈을 꾸는 것으로 시달리고는 한다. 이런 경우는 마음을 편안히 하고서 잠을 청해보시기 바란다. 꿈을 꾸는 주체는 바로 우리의 잠재의식으로, 내면의 자신임을 알아야 할 것이다. 이런 심리표출의 꿈에 지배된다기 보다, 자신의 의지적인 힘으로 꿈을 지배해나갈 수 있어야 할 것이다.

상징적인 미래예지 꿈을 꾼다는 것은 아주 좋은 일이다. 꿈은 우리 내면의 자아요, 우리의 정신능력의 활동으로써, 우리에게 닥쳐올 일에 대해서 대화하고 계시하면서 알려주고 있는 것이다. 즉 우리 모두가 정신능력의 영적인 신비한 능력을 지니고 있으며, 이것이 구현되는 것이 바로 꿈의 세계인 것이다. 미래에 일어날 일이나 우리가 관심을 지니거나 걱정하고 있던 일에 대해서, 꿈을 통해 우리에게 일깨워주고 예지해주고 있는 것이다.

이런 점에서 볼 때, "나는 꿈을 안 꾼다"는 사람은 불행한 사람이요, 불쌍한 사람이다. 더욱 나아가 "나는 꿈을 안 믿어"라고 말하는 사람은 스스로가 "나는 어리석은 사람이다"를 말하고 다니는 사람인 것이다.

본인이 아직껏 신비한 꿈의 세계를 체험하지 못했다 할지라도, 주변에서 (로또)복권당첨, 교통사고 예지 등 신비한 꿈의 세계를 말하고 있는 이웃(사람)에 대한 이야기를 들어서 알고 있다. 심지어 꿈을 안 믿는다는 사람도 돼지꿈을 꾸면 복권을 사러갈 생각부터 하는 것처럼, '꿈에는 무언가 있다'를 믿고 있다고 해야 할 것이다. 다만 돼지꿈이 반드시 복권당첨이 아닌 다른 일로 실현 가능하다는 것을 모르고, 복권에 당첨이 안되었다고 꿈은 엉터리라고 떠드는 것일 뿐이다.

또한 꿈은 종교와 관련이 없다. 오직 우리 인간 잠재의식의 정신활동만이 있을 뿐이다. 불교 신자이든 기독교 신자이든 종교적 신앙에 관계없이, 꿈은 우리 깊숙한 내면의 세계에서 빚어지는 오색의 무지개인 것이다.

이러한 꿈의 상징표현은 세계 공통적인 표현방식과 세계 공통적인 뜻을 지니고, 시간과 공간을 초월하여 우리 인류와 함께 해왔다. 꿈은 인류가 있어온 이래 오래 전부터 사람들이 경험해오는 정신현상이며, 꿈만이 지니는 독특한 표현양식과 표현수단 그리고 영감적 기능을 구사하는 언어라는 점에서, 인류 모두가 추구해 온 민속학 · 심리학 · 철학 · 정신분석학 · 심령학 · 기타 꿈과 관련된 모든 전근대적인 학문의 근간을 이루며, 그것들의 정점 위에서만 그 진상을 밝힐 수 있는 학문 중의 학문으로 자리를 잡아 가고 있다. 따라서 우리 인류에게 남은 과제가 있다면, 이러한 우리의 정신활동의 세계인 신비로운 꿈의 세계에 대한 탐구와 규명이 있어야 할 것이다.

3) 미래예지 꿈에 대한 궁금증 5가지

(1) 꿈은 미래를 예지하는가?

단적으로 말해서 꿈은 미래를 예지한다. 꿈은 우연이 아닌, 우리 인간의 영적인 능력에서 빚어내는 초능력적인 정신 능력의 발현이다. 따라서 꿈을 크게 보면, 미신이 아닌 정신과학으로 분류해야 할 것이다.

태몽의 실현사례, 복권에 당첨된 수많은 사람들의 꿈사례, 사건 · 사고를 당한 꿈사례 등에서 알 수 있듯이, 꿈은 장차 다가올 길흉에 대해서 미리 예지해주고 있다. 놀라운 것은 그 실현의 시기도 그 꿈을 꾸는 순간부터, 다음날, 2~3일 뒤, 일주일, 10년, 20년 뒤에 반드시 일어나고 있다는 것이다. 가벼운 사건일수록 빨리 일어나기에, 흉몽을 꾼 경우 빨리 실현되는 것이 더 좋은 일이며, 반대로 좋은 꿈을 꾼 경우에는 늦게 실현되는 것일수록 더 커다란 행운으로 이루어질 것이다.

(2) 왜 미래예지 꿈을 꾸는가?

우리 인간은 사실적 또는 상징적인 미래예지 꿈을 통해서 '앞으로 어떠어떠한 일이 일어날 것이다' 라고 예지를 받고 있다. 혹자는 나쁜 꿈을 꾸고 피하지도 못하는데, "그러면 꿈을 꾸면 뭐하냐?' 라고 반문할 지 모르겠다. 하지만 어떠한 일의 결과가 실현되기까지는 꿈에 따라 다르지만, 우리의 자신을 되돌아보고 마음의 정리를 해볼 수 있는 시간이 남아 있다.

'꿈을 잘 안 믿는다.' 는 사람도 어떠한 꿈을 꾸고 나면, 자신도 모르게 현실에서의 결과에 궁금증을 가지고 마음의 준비를 하게 된다. 예를 들어, 좋은 꿈을 꾼 사람이 어떠한 좋은 일이 일어날 것이라는 기대감에, 마음의 준비와 여유를 지니게 될 것은 틀림없는 사실이다.

신은 목마른 나그네에게 바가지에 그냥 물을 떠주는 멍텅구리 아낙네가 아닌 것이다. 한 움큼의 버들잎을 띄워줌으로써, 급하게 달려와 목마른 나그네가 '후후' 불면서 물을 마시는 마음의 여유를 갖게 하듯이, 다가올 앞일에 대해서 상징기법의 꿈으로써 알쏭달쏭하게 예지해주고 있는 것이다.

이런 점에서 볼 때, 우리 인간이 꿈을 꾼다는 것은 신이 인간에게 부여한 최대의 선물인 것이다. 현실에서는 신의 영역에 가까이 다가갈 수는 없지만, 잠재의식의 정신활동인 꿈을 통해서 신성에 가까운 능력을 갖도록 해주고 있는 것이다.

(3) 꿈의 예지는 인간에게 도움을 주는가?

1999년 5월 전화상담 사례이다. 뱀이 숲속으로 달아나는 꿈을 꾸고, 첫째 아이를 교통사고로 잃은 주부가 있다. 그녀는 아들의 죽음이 자신이 아이를 잘못 보살펴서 그러한 일이 일어난 것이 아니냐? 또한 지난날의 꿈이 하도 생생하고 내심 불안해하고 있었던 터이라, 꿈의 의미를 미리 알았다면 미리 막을 수 있었던 것이 아니냐? 등등 여러 가지를 물어오셨다.

필자는 "절대로 아들에 대한 관심이 없어서, 그러한 일이 일어난 것이 아니다. 죄송하지만, 그것이 아들의 운명의 길이었다. 나쁜 꿈을 꾸었다고 해서 나쁜 일이 일어난 것이 아니라, 나쁜 일이 일어나기로 정해져 있던 것을 꿈으로 예지해줌으로써, 아들의 죽음에 대한 마음의 준비를 꿈을 통해서 일깨워주고 있었던 것일 뿐이다. 마음의 자책감을 털어버리시고, 현실의 생활에 충실하시기 바란다" 는 요지의 말씀을 해 드렸다.

어느날 갑자기 사랑스런 아들의 죽음이 다가왔을 때, 그러한 충격적인 일을 담담하게 맞이할 수 있는 사람은 이 세상의 부모 가운데 아무도 없을 것이다. 이러한 경우에 불길한 꿈을 통해 장차 앞으로 일어날 일에 대한 마음의 준비를 하게 해주고 있는 것이다. 이 또한 기쁜 일의 경우에 있어서도 마찬가지이다. 어느날 갑작스럽게 20억의 로또에 당첨된다면, 그 심리적인 충격도 상당할 지 모른다. 하지만 좋은 꿈을 꾸고 나서, '좋은 일이 일어날 지 모른다' 는 막연한 기대감에 있다가, 실제로 현실에서 실현되었을 때, 한층 차분하게 대처할 수 있을 것이다.

사례를 들어 살펴본다. 남한테 엄청난 돈을 떼인 사람이 있었다. 그는 꿈을 믿고 또한 스스로 해몽까지 해보는 사람이었기에, 안좋은 꿈을 꾸고 나서 스스로의 해몽을 통해 자신에게 안좋은 일로 실현될 수 있음을 알았다고 한다. 그후 실제로 현실에서 안좋은 일로 실현되었을 때, 꿈속에서 예지되었던 꿈의 의미를 알기에 자신의 마음을 정리할 수가 있었다고 한다. 살인의 충동을 억누르고, 또한 정신적인 충격을 억누를 수 있었던 것은 꿈속에서 예지된 후 어느 정도의 불행이 다가올 것을 알고 마음의 준비를 하고 있었기 때문이었던 것이다. 물론 이것도 꿈의 미래 예지를 믿는 사람에게나 가능한 일이 될 지 모르겠다.

결혼을 앞둔 여자의 꿈사례를 살펴본다. 꿈속에서 한 남자를 만났는데 그와 아주 가깝게 지냈으며, 우리들의 아이라고 한 아이까지 꿈속에 등장하였다. 그후 선을 보았는데, 꿈속의 남자와 느낌이 비슷하였다. 결혼 후에 드러난 일이지만, 벌써 그에게는 전처 소생의 아이까지 있었던 것이었다. 그녀는 꿈속에 나타난 아이의 모습과 일치한 것을 알고는, 그것이 자신에게 주어진 운명의 길이라는 것을 알고 묵묵히 받아들였던 것이다.

외국의 꿈사례를 살펴본다. 어렸을 때, 한 여자와 결혼하여 행복한 가정으로 살아가는 꿈을 꾼 사람이 있었다. 그후 청년이 되어 전쟁터에 나가게 되어, 수많은 시련을 겪으면서 수없이 죽을 고비를 넘기며, 생을 포기해야하는 좌절의 순간이 여러 번 있었다. 하지만, 그는 어렸을 때 꾼 행복된 가정에 대한 사실적인 미래투시 꿈의 실현을 믿어 의심치 않았다. 수많은 사람이 전쟁터에서 돌아오지 못했음에도 불구하고, 그는 꿈속에서 본 행복된 가정에 대한 '희망'을 잃지 않았기에, 죽음의 공포에서 벗어날 수가 있었다. 그가 전쟁터에서 돌아와서, 어렸을 때 본 그 행복한 가정 그대로가 현실에 재현되었음을 말할 필요가 없겠다.

이로써 보면, 꿈의 예지는 실현시기에 관계없이 놀라울 정도로 정확하게 이루어지고 있음을 보여주고 있으며, 또한 그 운명으로 예지된 길이 우리 인간이 살아가는데 있어 결정적인 도움을 주고 있는 것을 알 수 있겠다.

(4) 꿈의 예지를 피할 수 있는가?

사실적인 미래투시의 꿈은 꿈의 결과를 알고 있기에, 현실에서 꿈대로 본대로 진행되지 않도록 하면 피할 수 있다. 하지만, 현실에서 일어날 수 없는 황당한 진행으로 전개되는 특성을 지닌, 상징적인 미래예지 꿈의 실현을 우리 인간이 막거나 벗어날 수는 없다. "부적을 붙이면 벗어날 수 있다." "아침에 일어나 동쪽을 향해 어쩌구 저쩌구" 등등의 말들을 하거나, 굿을 하거나, 부적을 사거나 등의 점쟁이 말을 믿는 사람은 자신의 어리석음을 드러낼 뿐이다.

새로운 꿈을 새롭게 꾸지 않는 한, 일단 예지된 꿈의 결과는 실현되게 되어 있다. 다만 상징적인 미래예지 꿈이 아닌, 경고성 성격의 꿈이나 일깨움 성격의 꿈이 있다. 이러한 경우 꿈이라면 꿈이 불길하다고 여기는 경우, 삼가고 조심함으로써 다가올 화를 미연에 방지할 수는 있다. 방학 중에 시골에 휴가와 있는 아들에게 떡을 해주려고 하는데, 떡시루가 자꾸 깨져 해줄 수 없었던 아주머니의 꿈이 있었다. 불길한 마음에 아들의 귀경을 늦추었는 바, 그날 대형 교통사고가 나서 수많은 사람이 목숨을 잃는 일이 일어났으나, 아주머니의 아들은 화를 면할 수 있었다.

이처럼 꿈이 언제 어떻게 실현될 지 모르기에, 나쁜 꿈을 꾼 경우라 할지라도 겸허한 마음의 자세와 선행을 많이 베풀면, 꿈의 피해를 최소화하는 일로 실현될 수 있을 것이다. 비유적으로 말한다면, 비가 오는 것 자체를 막을 수는 없지만, 우산을 준비하여 비에 젖는 것을 최소화할 수 있듯이, 자동차에 치이게 되는 것으로 실현될 것이 자전거에 치이게 되는 일로 실현될 수는 있을 것이다.

(5) 미래예지 꿈의 실현은 언제 이루어지는가?

꿈은 각 개인의 앞날에 다가오는 운명에 대해 사실적 미래투시의 꿈으로 보여주는 경우도 있지만, 대부분의 경우의 꿈은 장차 일어날 일을 상징적인 표현으로 나타나고 있다. 따라서 그 꿈이 실현될 때까지는 언제 어떻게 어떠한 현실로 나타날 지에 대해서 사람들은 잘 모를 수가 있다.

꿈에 따라서는 꿈을 깨자마자 즉시 실현되는 것으로부터, 2~3일 내에 실현되는 경우도 있고, 그것이 몇 주, 몇 개월 후, 심지어 태몽의 예에서 찾아볼 수 있듯이 20~30년 뒤에 실현되는 경우가 허다하다. 어렸을 때부터 꿈속에 나타나던 이름 모를 산길이 알고 보니, 나이가 들어 기도원으로 가는 산길이었음을 말하고 있는 어느 할머니의 말씀은 새삼 신비로운 꿈의 세계가 존재하고 있음을 보여주고 있다.

보통은 실현시기에 있어서 사소한 일이나 사건에 대한 예지일수록, 빠른 시일 내에 실현되고 있다. 또한 커다란 사건에 대한 예지일수록, 꿈이 실현되기까지 오래전에 예지해 줌으로서 충분한 마음의 준비를 하게 해주고 있다. 예를 들어, 자식의 죽음예지 꿈 같은 경우라면 적어도 한 달 이전에 꿈으로 예지되어, 장차 다가올 엄청난 일에 대한 마음의 준비를 하게 해주고 있다. 이런 점에서 볼 때, 안좋은 꿈의 경우라면 하루라도 빨리 실현되는 것이 보다 가벼운 사건으로 일어날 수 있는 것이다.

또한 꿈의 내용이 아주 생생한 꿈, 똑같은 꿈이 반복되는 꿈, 비슷하게 발전적으로 조금씩 달라지는 꿈의 경우에 있어서는 현실에서 어떠한 일이 반드시 일어날 것이며, 또한 중대한 일에 대한 예지임을 보여주고 있다. 우리가 흔히 말하는 개꿈의 흐릿한 꿈은 현실에서 꿈이 실현된다고 하더라도 사소한 일로 이루어지고 있다. 이 모든 것이 꿈을 꾸는 우리의 잠재의식의 정신능력이 알아서 조절해주고 있는 것이다. 따라서 잘 기억나지 않는 꿈을 억지로 기억해내려고 애쓸 필요는 없는 것이다. 일어나보았자, 아주 사소한 일로 이루어지는 것이니까.

4) 잘못 알고 있는 꿈상식 10가지

(1) 꿈은 반대이다

꿈은 반대가 아니다. 우리 주변에는 꿈은 반대로 해몽해야 하는 것으로 잘못 알고 있는 사람이 있다. 이빨 빠지는 꿈, 신발 잃어버리는 꿈, 싸움에서 지는 꿈, 흙탕물을 보는 꿈, 도망가는 꿈 등등은 흉몽의 대표적인 사례이다. 이처럼 꿈은 상식적으로 보는 것과 다르지 않으며, 꿈속에서 느꼈던 기분 그대로 안 좋게 느껴진 꿈은 현실에서도 안 좋게 실현되고 있다.

따라서 '꿈은 반대로 해몽하면 틀림이 없다' 말은 극히 일부분의 특수한 상황의 경우에 있어서 들어맞을 수 있는 말로, 극히 위험스럽고 잘못된 속설이다.

또한 '꿈보다 해몽' 이라는 말도 사실은 잘못된 말이다. 꿈의 예지는 한 치의 오차도 거짓도 없기에, 꿈의 상징의미 그대로 좋은 꿈은 좋게, 나쁜 꿈은 나쁘게 이루어지고 있다. 다만, 우리 인간이 꿈속에 전개되는 난해한 상징성의 의미를 제대로 알 수 없는 경우가 많기에, 이러한 말이 생겨나게 되었다.

필자는 이러한 '꿈보다 해몽' 이라는 말이 있음으로써, 꿈의 세계를 믿지 않는 사람들에게 더더욱 꿈의 세계를 미신적으로 여기게 해주고 있는 것에 대하여 안타깝게 생각한다. 이러한 '꿈보다 해몽' 이라는 말은 현실에서 안좋은 꿈을 꾼 사람을 위로하기 위하여 해주는 말인 경우에 쓰이거나, 안좋은 꿈을 꾸고 나서 좋은 꿈으로 합리화하는데 쓰이고 있다. 또한 미래예지적 꿈이 아닌, 소망·불안 심리의 꿈을 꾸게 된 경우에 적용될 수 있는 말이기도 하다.

미래예지적 꿈의 측면에서, '꿈보다 해몽' 이라는 말은 다음의 두 가지 경우에나 올바른 말이 될 수 있다. 상징적이고 역설적인 의미를 담고 있는 경우와, 꿈을 꾼 사람이 특수한 상황에 처한 경우이다. 전자의 예로, '꿈속에서 총맞고 죽는 꿈'의 경우 나빠 보이지만, 상징적인 의미에서 본다면 대단히 좋은 꿈이다. '꿈속에서 죽는다'는 것은 현재의 상황에서 벗어나 새로운 세계로 나아감을 상징하고 있다. 즉 재생의 상징의미로, 낡은 껍질을 벗고 새롭게 태어나는 것을 꿈에서는 자신이 죽는 것으로 상징표현하고 있는 것이다. 후자의 예로, 노예가 되어 혹사당하는 꿈이 안좋지만, 대학원 시험발표를 앞둔 사람에게는 합격의 좋은 꿈이 될 수도 있다. 장차 석사·박사과정에서 피땀흘려가며 노력하게 될 것을 노예가 되어 혹사당하는 상징적인 꿈으로 보여주고 있는 것이다.

(2) 꿈해몽은 점쟁이가 하는 것이다

아니다. 절대적으로 엉터리 말이며 틀린 말이다. 꿈의 세계는 점쟁이와 아무런 관계가 없다. 꿈해몽은 처한 상황이나 꿈을 꾼 사람이 꿈속에서 느꼈던 감정이 중요하기에, 꿈을 꾼 자신이 가장 잘 할 수 있으며, 굳이 말하자면 필자처럼 실증적인 꿈사례를 많이 알고 있으며, 꿈의 상징을 잘 이해할 수 있는 사람이 꿈해몽을 가장 잘 할 수가 있다.

우리는 꿈을 꾸며 살아가고 있다. 하지만 상징·굴절·변형의 옷을 입고 나타나는 꿈의 의미에 대해서 어느 누구도 자신 있게 말할 수는 없다. 꿈에 관한 여러가지의 해몽서들이 있지만 이것은 보편적인 것일 뿐, 각 개개인의 꿈을 그대로 하나하나 풀이해 놓은 해몽서는 없다.

꿈의 해몽에는 그 어떤 법칙서 같은 것이 존재한다기보다, 꿈은 또다른 자아의 활동이기에 꿈을 꾼 자기 자신이 가장 잘 알 수 있다고 해야 할 것이다. 다만 상징적인 미래 예지의 난해한 꿈의 경우에, 해몽가에게 상징의미의 도움을 필요로 하는 경우가 있을 것이다.

'꿈은 미신이고, 꿈해몽은 점쟁이나 무속인, 역술가들이 하는 것'으로 그릇되게 생각하고 있는 사람들이 너무나도 많다는 사실에 필자는 놀라움을 금할 수가 없다. 꿈을 미신이라고 여겨온 종래의 그릇된 인식을 바로 잡고, 또한 '프로이트'의 『꿈의 해석』에 나오는 "꿈은 소망의 표현이라든지, 억눌린 성적 충동이 꿈으로 나타난다"는 잘못된 고정관념에 사로잡힌 사람들에게, 꿈에는 다양한 전개양상이 존재한다는 것과 꿈은 잠재의식의 정신능력의 활동으로, 미래를 예지해주는 학문적 연구의 대상으로 보아야 한다는 것을 역설(力說)하고 싶다.

꿈을 가장 잘 해몽할 수 있는 사람은 바로 자신이다. 다만 꿈해몽에 도움을 줄 수 있는 것은 꿈속에 등장된 표상물의 상징의미에 대한 올바른 이해와, '이러저러한 꿈을 꾸고 이러저러한 일이 일어났다' 는 실증적인 사례에서 도움을 얻을 수가 있을 것이다. 수많은 실증적인 꿈사례를 통해, 미래예지 꿈의 상징적인 의미를 이해한다면, 더 한층 슬기로운 삶을 살아갈 수가 있을 것이다.

(3) 안좋은 꿈을 부적이나 굿을 함으로써 피할 수 있다

한마디로 점쟁이나 무속인이 부적을 팔아먹으려거나, 돈을 뜯어내고자 수작을 부리는 행위이다. 안좋은 꿈을 막아 준다고 떠드는 사람은 사기꾼이요. 엉터리 해몽가이다. 예지적 꿈을 크게 나눈다면, 꿈속에 본 그대로 현실에서 일어나는 사실적인 미래투시의 꿈과, '구렁이가 처녀의 몸에 감기는' 것처럼 황당한 표상으로 전개되는 상징적인 미래예지 꿈이 있다.

이러한 사실적인 미래투시의 꿈의 경우에는 꿈속의 상황대로 전개되지 않도록 하면 되기에, 꿈의 실현을 피할 수도 있다. 하지만, 우리가 꾸는 대부분의 상징적인 미래예지 꿈에서는 앞일의 예지는 어렴풋이 가능하나, 꿈의 실현을 막아내거나 벗어날 수는 없다. 꿈은 장차 다가올 일에 대해서 마음의 준비를 하게 해주는 것이 꿈의 역할인 것이다. 다만, 선행을 베풂으로서 장차 다가오는 일이 어떻게 실현될 지 모르기에, 피해를 최소화하는 것은 가능할 것이다.

(4) 좋은 꿈은 이야기하면 안된다

절대로 그렇지 않다. 좋은 꿈을 이야기한다고 해서, 좋은 꿈의 실현이 사라지는 것은 아니다. 그렇다면, 나쁜 꿈의 경우도 동네방네 떠들고 다니면 실현되지 않을 것인가? 다만 좋은 꿈을 꾼 경우, 좋은 일이 일어난다고 믿고 노력하지 않고 자만에 빠지는 것을 경계하는 뜻을 담고 있다.

또한 우리 인간이 꿈의 상징의미를 완벽하게 이해하지 못하는 꿈이 있을 수 있기에, '꿈이 좋다' '꿈이 나쁘다' 를 속단하여 내릴 수는 없다. 예를 들어, '꽃가마를 타고 가는 꿈으로 영전·승진의 좋은 꿈으로 실현될 수도 있지만, 죽음예지의 꿈으로 실현될 수도 있다. 죽음예지의 특징 가운데는 화려하게 전개되는 꿈이 상당수 있으며, 또한 꽃가마가 상여의 상징의미로 보아 죽음예지의 꿈으로 해몽될 수 있다. 이처럼 좋고 나쁜 꿈으로 단정질 수가 없는 경우가 많기에, 꿈이 실현되기까지 겸허하고 차분한 마음으로 임해야 한다는 것을 뜻하고 있다.

(5) 꿈을 자주 꾸는 사람은 건강이 안 좋다

그렇지 않다. 상징적인 미래예지 꿈의 경우, 꿈으로 장차 일어날 일을 보여줌으로써 어떠한 일에 대한 마음의 준비를 하게 해주는 것이다. 꿈은 신이 인간에게 내린 최대의 선물인 것이며, 오히려 꿈을 잘 꾸지 못하는 사람은 인간의 영적 능력의 발현에 있어 뒤떨어지고 있음을 드러내 주고 있다.

이미자는 노래를 잘 부르고, 황영조는 달리기를 잘하듯이, 꿈을 자주 꾸는 사람은 꿈으로 장차 일어날 일을 예지할 수 있는 정신능력이 뛰어나다고 할 수 있다. 따라서 '꿈이 적은 사람은 어리석은 사람' 이라는 말이 맞는 말인 것이다.

다만 현실에서 불안·초조의 잠재심리가 있는 사람이 잡스런 꿈에 시달리는 경우는 있을 수 있다. 또한 자신이 몸에 이상이 있는 경우, 지속적으로 어떠한 꿈을 꾸게 함으로써, 자신의 몸에 이상이 생기었음을 일깨워주는 꿈이 있을 수도 있다. 전체 20권의 '홍순래 꿈해몽 대사전' 에는 〈질병과 꿈〉에 관한 항목으로 사례 및 해설이 실릴 예정이다.

(6) 어린 아이 꿈은 개꿈이다

절대로 그렇지 않다. 그 나름대로 의미는 다 있다. 어린 다섯 살짜리가 잠에서 깨어나 "엄마! 간밤 꿈에 돼지가 집안에 들어왔어" 말을 듣고 복권을 구입, 당첨된 사례가 있다. 또한 12세 소녀의 꿈에 '날아가던 독수리가 떨어지던 꿈' 으로 대통령 영부인의 죽음을 예지한 사례가 있다. 이처럼 꿈은 어린 아이 뿐만 아니라, 어느 누구에게나 예지될 수 있다. 꿈을 안꾸던 사람도 자신에게 운명적인 사건을 앞두고, 어느날 꿈을 꾸게 될 수도 있다. 꿈에서 중요한 것은 '얼마나 생생한 꿈이냐'의 여부에 달려 있는 것이지, 나이·성별·학력·직업 등의 여부와는 아무런 상관이 없다.

(7) 안좋은 꿈은 그날만 조심하면 된다

아니다. 절대적으로 틀린 말이며, 한번 꾸어진 꿈은 어떤 일이 있어도 실현된다. 일반적으로 꿈의 실현은 사건의 경중에 따라 다르다. 사소한 꿈일수록 빨리 실현되며, 커다란 사건의 예지일수록 꿈의 예지기간이 길다. 따라서 안좋은 꿈의 경우, 나중에 실현될수록 커다란 사건으로 실현되고 있기에, 차라리 빨리 실현되는 것이 더 낫다고 보아야 할 것이다. 보통 자식의 죽음을 예지하는 꿈 등 커다란 사건은 적어도 한 달이나 4~5개월 전에 꿈으로 예지되고 있다.

(8) 돼지꿈, 똥꿈은 반드시 재물 등이 생긴다

아니다. 돼지에 관한 꿈이 재물 등으로 이루어질 수도 있지만, 돼지로 표상된 태몽꿈이나, 이성의 상대방, 돼지같이 욕심이 많은 사람 등으로 상징되어 나타나기도 한다. 따라서 돼지꿈을 꿨다고 반드시 복권당첨으로 실현되는 것은 아닌 것이다.

똥꿈은 90% 이상 재물과 관련지어 일어나지만, 이 역시 똥꿈이 중요한 것이 아니라, 꿈의 표상이 어떻게 전개되었느냐가 가장 중요하다. 들어오던 돼지를 쫓아내는 꿈, 똥을 퍼다 버리는 꿈이 재물운으로 이루어질 리가 없는 것이다.

(9) 조상꿈은 좋다. 조상꿈은 나쁘다

통계에 의하면 조상꿈으로 복권에 당첨된 사람이 가장 많다. 또한 조상꿈을 꾸고 실직이나 사고를 당한 사람도 있다. 이처럼 조상꿈이 좋을 수도 나쁠 수도 있다. 하지만 꿈을 꾼 사람이 좋고 나쁜 꿈임을 저절로 다 알게 되어 있듯이, 조상꿈의 구별은 아주 간단하다. 조상이 밝은 모습으로 좋은 이야기를 해주는 꿈은 현실에서 좋게 실현된다. 반면에 어두운 얼굴로 나타나거나, 안좋은 말을 전하는 경우 현실에서는 안좋게 실현되고 있다. 꿈이 좋고 나쁜 것은 어떤 표상으로 정해진 것이 아니라, 어떻게 전개되느냐의 여부에 달려 있다.

(10) 기타

칼라 꿈을 꾸면 병에 걸린다. 음식을 먹는 꿈은 질병에 걸린다. 아기 꿈은 근심이다. 등등 꿈에 관하여 일일이 다 말할 수 없는 속설이 있다. 일부의 경우에는 맞는 말이 될 수 있지만, 절대적인 것은 아니다. 중요한 것은 '꿈의 상징표상이 어떻게 전개되었느냐'에 있으며, 꿈속에서 느낀 정황이나 기분에 따라 현실에서 실현되고 있다.

5) 부자되는 꿈 10가지

몇 년 전 인사말 가운데 '부자되세요' 가 인기를 끈 적이 있다. IMF를 겪은 어려움 속에, 행복해지기 위한 여러 여건 중에서, 이처럼 물질적인 풍요로움의 중요성이 새삼 느껴지고 있다.

꿈은 우리 인간의 정신능력의 활동으로, 장차 자신이나 주변인물 나아가 사회적·국가적인 관심사에 대해서 예지해주고 있다. 복권당첨 등의 횡재수, 돈 관계가 잘 풀릴 꿈 등등 주로 재물운으로 실현되는 여러 꿈들을 실증적인 꿈사례를 바탕으로 꿈풀이를 해본다.

이러한 좋은 꿈을 꾼 경우, (로또)복권당첨, 주식으로 인한 엄청난 수익, 산삼을 캐게 되거나, 유산 상속 등 자신이 처한 상황과 여건에 따라 예상치 못한 엄청난 행운으로 실현될 것임을 꿈으로 예지해주고 있다.

(1) 돼지를 잡거나 가져오는 꿈

예로부터 돼지는 다산과 풍요를 상징하는 동물로서, '쑥쑥' 커가는 점에서 돼지로 표상된 사업의 융성이나 재물의 번창함의 상징표상으로 등장하고 있다. 이 경우 돼지꿈의 전개가 좋게 나타나야 하는 것은 물론이다. 예를 들어 돼지를 쫓아낸다든지 돼지가 사라지는 꿈은 들어오려던 재물을 잃는 것으로 실현되고 있다. 다만, 돼지꿈이 반드시 재물운·이권 획득 등으로만 실현되는 것이 아니라, 처한 상황에 따라 돼지 잡는 꿈을 꾼 후에 태몽이나 이성을 만나게 되는 일로 실현된 사례도 상당수 있다.

여러 실증사례를 살펴보면, 똥을 묻힌 돼지가 달려드는 꿈, 시커먼 돼지들이 집안으로 들어오는 꿈, 커다란 어미돼지가 새끼들을 끌고 집으로 들어오는 꿈, 오물이 묻은 더러운 돼지를 안는 꿈, 꿈에 커다란 돼지가 안방에 들어와 차고 앉아 있는 꿈, 살색 돼지 세 마리가 쫓아와서는 옷을 물고 놔주지를 않는 꿈 등이 재물의 획득으로 실현되고 있다.

(2) 똥[糞]과 관계된 꿈

똥이나 오줌은 옛 농경시대에서 거름으로써, 재물의 상징표상의 의미를 지니고 있기에, 똥꿈은 주로 재물과 관련지어 실현되는 특징이 있다. 똥을 온 몸에 뒤집어 쓰거나 깊이 빠진다거나 밟는 꿈, 변소안이 누런 대변으로 차있는 꿈, 옷에 묻히는 꿈 등이 좋다. 그러나, 똥을 버리는 꿈은 안좋다. 대변을 본후 비닐 봉지에 싼 후에 화장실에 버리는 꿈은 주식투자에서 손해를 본 것으로 실현되었다.

이밖에도 똥꿈은 배설행위로 인하여 정신적 억압으로부터의 해소, 소원 충족을 뜻한다. 화장실에서 뜻대로 일을 치르는 꿈은 하고자 하는 일이 순조롭게 진행됨을 뜻한다. 반면 화장실이 지저분하거나 문이 안열려 일을 치를 수 없었던 꿈은 하고자 하는 일의 좌절 등으로 실현되고 있다.

똥꿈을 꾸고 복권에 당첨된 여러 사례를 살펴보면, 다음과 같다.

- 변기의 똥을 손으로 퍼서 끌어 안는 꿈
- 황금빛 똥이 눈앞에 가득한 꿈
- 변기통 안에 빠지는 꿈
- 동네 꼬마들이 집으로 놀러와 차례대로 똥을 줄줄이 싸는 꿈
- 똥을 묻힌 시커먼 돼지가 달려들어 옷을 다 버린 꿈
- 발 밑에 소똥이 가득한 것을 밟는 꿈
- 재래식 화장실의 인분을 계속 퍼내어도 화장실에 그대로 있던 꿈
- 큰 산이 온통 노란 똥으로 뒤덮여 발 디딜 틈이 없었던 꿈

- 토하는 오물을 다 뒤집어 쓴 꿈
- 시원하게 대변을 보는 꿈
- 자신의 소변으로 방안이 홍수를 이룬 꿈
- 싸서 먹은 상추 쌈이 인분(똥)이었던 꿈
- 똥(변)으로 된 대포알을 맞는 꿈

(3) 돌아가신 부모님이나 조상이 나타나는 꿈

조상이나 돌아가신 부모님이 꿈속에 나타나는 경우, 얼굴이나 모습의 표상에 밝고 어두움에 달려있다. 즉, 밝은 표상의 웃는 얼굴이나 좋은 모습으로 다정스럽게 나타나는 경우― 좋은 일이 있을 것을 예지해주는 경우이다. 반면에 어두운 표정, 근심스런 표정, 검은 빛의 얼굴 등 안좋은 표상으로 나타나면, 무언가 안 좋은 일이 일어날 것을 일러주는 경우이다.

돌아가신 아버지와 함께 모내기를 하는 꿈, 돌아가신 아버님이 돈다발을 쥐어 주는 꿈, 돌아가신 아버님으로부터 하얀 보따리를 선물 받는 꿈, 돌아가신 어머니가 고생한다며 위로의 말씀을 한 꿈, 돌아가신 부모님이 나타나 아가씨와 결혼하라는 꿈, 돌아가신 시어머님이 꽃을 한 송이 주는 꿈, 돌아가신 어머니가 자신의 이름을 애타게 부른 꿈, 돌아가신 부모님이 복권을 주시는 꿈 등은 재물 운으로 이루어지고 있다.

(4) 아기 낳는 꿈

아기를 낳는 꿈은 새로운 생명이 탄생한다는 데에서 아기로 표상된 어떠한 권리나 이권의 획득, 재물의 횡재수 등으로 실현되고 있다. 이 경우 세 쌍둥이, 네 쌍둥이 등 많이 낳을수록 크게 이루어지며, 낳은 아기가 좋아보일수록 좋은 성취, 좋은 재물운으로 이루어진다.

- 세 쌍둥이의 남자아이를 낳는 것을 보는 꿈― 새로운 생명이 셋이나 탄생한다는 꿈의 상징성으로 말미암아, 커다란 성취나 성공을 이루어낼 것을 예지해주고 있으며, 처한 상황에 따라 재물이나 이권의 획득, 사업성공·승진 등의 좋은 일이 일어날 것을 예지해주고 있다. 현실에서는 꿈을 꾸고 나서 복권을 구입한 후 당첨으로 이루어지고 있

는 바, 복권당첨이 되지 않더라도 이런 경우의 꿈은 주가 상승 등 이권의 획득이나 재물운 등 다른 좋은 일로 실현되고 있다.

(5) 대통령 및 귀인과 만나는 꿈
꿈속에서 대통령 및 연예인이나 귀인을 만나게 되는 꿈은 길몽에 속한다. 소속된 단체의 우두머리나 권위자, 선망의 대상이 되는 사람의 은덕을 입게 됨을 꿈을 통해 예지해 주고 있다. 대통령이나 귀인으로부터 악수를 하거나, 훈장을 받는 꿈, 명함을 받는 꿈, 식사나 차를 대접받는 꿈이라면, 좋은 일을 기대해도 좋을 것이다.

(6) 돈, 동물, 재물, 귀한 물건을 얻는 꿈
꿈은 반대가 아닌 상징표상의 이해에 있다. 돈, 동물, 재물, 귀한 물건을 얻는 꿈은 실제로 큰 재물이나 이권을 얻는 일로 실현되고 있다. 다만, 적은 액수의 돈을 줍는 꿈의 경우에는, 불만족감으로 인해 재물이 나가는 일로 실현된 사례가 많다.

낯선 사람한테서 돈다발을 한아름 얻는 꿈, 돈다발을 주워 호주머니에 집어넣는 꿈, 예쁜 도자기 두 개를 품에 안는 꿈, 별 다섯 개가 하늘에서 내려와 이마에 앉는 꿈, 돈다발을 한아름 받아 안는 꿈, 노란 금반지를 받는 꿈, 탐스런 감 두 개를 따오는 꿈, 물고기 한 마리를 받은 꿈, 동전 두 개를 줍는 꿈, 돼지가 손안에서 저금통으로 변한 꿈, 보석을 줍는 꿈, 탐스런 복숭아 따는 꿈, 토실토실한 알밤을 줍는 꿈 등을 들 수 있다.

(7) 불이 활활 타는 꿈
불이 활활 타고 있는 꿈은 불길의 치솟음에서 번성함, 번창함, 일어남 등의 확장·발전을 의미하고 있다. 유사한 상징의 예로 다산(多産)과 쑥쑥 커나가는 왕성한 성장속도의 상징에서 좋은 재물운의 꿈으로 이루어지는 돼지꿈을 들 수 있다. 집이 활활 불타는 꿈, 자신의 몸이 불타는 꿈, 자신의 공장이 불타는 꿈 등이 있다.

(8) 죽거나 시체에 관계된 꿈
꿈은 상징표상의 이해에 있다. 죽음의 꿈은 재생, 부활, 새로운 세계로 나아감을 상징하고 있다. 자신이 죽는 꿈은 현재의 상황에서 벗어나 새로운 삶이 열리게 된다는 것을 암시해주고 있다. 즉, 현재의 자신의 여건이나 상황에서 벗어나, 새로운 인생길 새로운 세상으로 나아감을 상징하고 있다.

사례로, 마지막 남았다는 한 발의 권총 탄환을 이마에 맞고 죽는 꿈, 불에 타 죽는 꿈, 전복된 차위에 승용차 두 대가 덮치는 꿈, 암에 걸려 피를 토하며 죽는 꿈, 칼에 찔려 온몸이 피투성이가 된 꿈 등이 있다.

시체는 어떤 업적물·결과·재물의 상징표상으로 등장되고 있으며, 꿈속에서 시체를 본 꿈을 꾸고 나서는 대부분 재물이나 이권의 획득, 소원성취 등 좋은 일로 실현되고 있다.

⑼ 아름답고, 풍요롭고, 좋은 표상의 꿈

꿈은 반대가 아닌 상징표상의 이해에 있다. 밝고 아름답고 풍요로움의 꿈이라면, 현실에서도 좋은 일로 실현되고 있다. 승진, 합격, 소망성취, 권세, 명예, 이권, 재물 획득 등 꿈은 꿈을 꾼 사람이 처한 상황에 따라서 다르게 실현되고 있다.

사례로, 창문너머로 눈부시게 밝은 햇살이 들어오는 꿈, 도라지꽃이 예쁘게 만발한 언덕을 누비는 꿈, 집 마당 나뭇가지에 열린 호박을 따는 꿈, 나락을 한 다발 안고 집으로 들어오는 꿈, 자신의 집 둘레에 벼가 가득히 쌓여있는 꿈, 고향집에 온가족이 화기애애하게 빙 둘러 앉아 있는 꿈, 애인과 결혼하는 꿈 등으로 엄청난 재물을 얻는 것으로 실현되고 있다.

이 밖에도 아내와 두 아들을 데리고 유원지에 놀러간 꿈, 달을 잡으러 달려간 꿈, 맑은 물이 넘쳐흐르는 꿈, 돌을 집으로 가지고 들어오는 꿈, 높은 산이나 언덕에 오르는 꿈, 흙을 파서 집으로 돌아오는 꿈, 산 정상에 오르거나 사람을 만나는 꿈, 바위 암벽이 여인의 풍만한 유방이었던 꿈, 아내가 아닌 다른 여자와 정사를 즐기는 꿈, 이름 모를 예쁜 꽃들이 피어있는 꽃밭을 거니는 꿈, 산위에 올라가 운해(雲海)의 절경을 보는 꿈 등이 있다.

그밖의 좋은 표상의 꿈으로는 깨끗한 샘물을 떠 마시는 꿈, 아름다운 꽃을 꺾고 잘 익은 과일을 따는 꿈, 경주에서 1등을 하는 꿈, 기분 좋게 수영하는 꿈, 싸워서 이기는 꿈,

산을 신이 나게 올라가는 꿈, 하늘에서 태양이 빛나는 꿈, 햇빛이 방안에 가득한 꿈, 목욕을 하는 꿈 등이 있다.

(10) 동물, 식물, 곤충에 관계된 꿈

물고기는 재물을 상징하는 표상물이다. 동물이나 물고기를 잡는 꿈을 꾸면, 동물이나 물고기로 표상된 어떤 권리·이권·명예를 얻거나 재물 등을 획득하기도 한다. 다만, 가임여건에 있어서는 태몽으로 실현되기도 한다. 사례로, 주머니에 뱀과 지네가 들어있는 꿈, 강에서 물고기 떼가 몰려오는 꿈, 탐스런 물고기 낚는 꿈, 아름다운 잉어 한 마리가 튀어 올라 따라오는 꿈, 거북이 두 마리가 자신의 어항에 담겨있는 꿈 등이 재물운으로 이루어지고 있다.

또한 상대방 사람이나 동물을 죽이는 꿈도 제압·정복의 상징의미로 좋다. 구렁이가 몸에 감기는 꿈도 구렁이로 표상된 어떠한 재물·세력이나 영향력 하에 들어감을 예지해주고 있다. 이 경우도 상황에 따라, 태몽 또는 애인이 생기게 되는 일도 가능하다.

이밖에도 용이나 비행기를 타고 나는 꿈도 좋다. 용은 권세·명예·재물·득세·기관·단체의 최고의 권좌 등을 상징하기에 적합한 표상으로, 화려한 색깔의 용 한 마리가 맑은 푸른 바다에서 튀어 오르는 꿈, 용이 여의주를 물고 승천하는 꿈, 용이 자신을 태우고 어디론가 날아가는 꿈으로 복권에 당첨된 사례가 있다.

또한 꿈속에서 복권에 당첨되거나 주식의 상승을 보는 꿈이 사실적인 미래투시적인 꿈인 경우, 실제로 현실에서 꿈에서 본 그대로 현실에서 일어나는 일로 실현되고 있다. 꿈은 반대가 아닌 상징표상의 이해이며, 밝고 좋은 꿈을 꾼 경우에 재물운 소원성취 등 좋은 일로 실현된다고 믿어도 될 것이다.

6) 불길한 흉몽 10가지

꿈은 반대가 아닌, 상징 표상의 이해에 있음을 흉몽의 여러 사례를 통해서 여실히 알 수 있을 것이다. 장차 다가올 안 좋은 일에 대하여 꿈으로 예지함으로써, 마음의 준비를 통해 슬기로운 극복을 하도록 해주고 있다.

(1) 이빨·머리카락·손톱·눈썹·손·발 등 신체의 일부분을 잃거나 훼손되는 꿈

각각으로 표상된 사람이나 대상·일거리와의 결별, 좌절, 실패로 실현되고 있다.

(2) 신발·모자·열쇠·옷·가방 등 물건을 잃어버리는 꿈

각각으로 표상된 사람을 잃게 되거나, 대인관계나 애정운의 단절, 실직이나 명예의 훼손, 재물의 손실 등으로 실현되고 있다. 나아가 도둑맞는 꿈 역시 외부의 여건 영향에 의해 재물의 손실 등 안좋은 방향으로 이루어지는 대표적인 흉몽이다.

(3) 흙탕물을 보는 꿈, 진흙탕이나 물에 빠진 꿈

꿈은 반대가 아닌 것이다. 사업의 지지부진, 재물의 손실, 교통사고 등의 사건 사고로 실현되고 있다.

(4) 적이나 귀신에게 쫓기거나 맞는 꿈

질병에 시달리게 되거나, 어떠한 일의 진행에서 곤란한 상황에 처하게 된다.

(5) 싸움에서 지는 꿈

사람이나 귀신과의 싸움에서 지는 꿈은, 현실에서 병마에 시달리게 되거나, 의견 등의 대립에서 자신의 의견이 받아들여지지 않게 된다. 나아가 바둑 등에서 지는 꿈이 증권투자의 실패 등 안좋은 일로 실현되고 있다.

(6) 자신의 뜻대로 하지 못한 꿈

동물을 죽이거나 잡으려 하지만 잡지 못하는 꿈, 이성과 성행위를 만족스럽게 하지 못하는 꿈, 문을 열지 못한 꿈, 사람이나 짐승을 죽이려다 못죽인 꿈 등은 하고자 하는 일에서 자신의 뜻대로 이루어지지 않는다,

(7) 안 좋은 상징표상이 좋지 않은 전개를 보인 꿈

대체로 고양이 · 원숭이 · 인형의 등장 꿈은 안 좋다.(절대적인 것은 아니다.) 이 경우 적대적인 행위를 하거나, 할퀴는 등의 안좋은 전개 꿈인 경우 흉몽이다. 인형의 꿈에 있어서도 차가운 얼굴 표정 등으로 이루어질 때, 아주 안 좋게 실현되고 있다.

(8) 안 좋은 표상전개의 꿈

조상이 어두운 얼굴로 나타난 꿈, 살고 있는 방바닥이 파헤쳐져 있는 꿈, 대들보가 부러지는 꿈, 귀에 물건이 들어박힌 꿈, 장을 퍼다 버리는 꿈, 아들의 머리가 깨진 꿈, 그릇이 녹아내리는 꿈 등 잠에서 깨어나서도 찜찜하게 느껴지는 꿈 등은 현실에서도 안좋게 이루어진다.

(9) 유산 요절의 꿈사례

태몽 표상에서 꿈속의 태아표상으로 등장한 사물이나 대상이 시들거나, 썩었거나, 상처입거나, 갈라지거나, 사라지거나, 놓치거나, 잃거나, 일부분에 한정된 경우 등등의 표상인 경우 안 좋게 이루어진다.

(10) 죽음예지의 꿈사례

상징적으로 나이 드신 분이 다음의 꿈에 관계된 경우 더욱 실현 가능성이 높다. 돈을 빌리러 오거나, 집이 무너져 내리거나, 구들장이 무너지거나, 아주 곱게 한복 등을 차려 입거나, 꽃가마를 타거나, 화려한 결혼식에 참석하거나, 멀리 떠나거나, 새집을 짓거나, 검은 색 옷을 입거나, 희미하거나 검은 색의 얼굴로 나타나거나, 남에게 큰절을 받거나, 사진이 희미하게 변해있거나 등등의 꿈은 안좋게 실현된다.

- '홍순래박사 꿈해몽' http://984.oo.kr(인터넷), 984+접속버튼(핸드폰)

꿈의 분류 및 전개 양상

중국의 꿈에 대한 분류를 유문영(劉文英)의 『꿈의 철학』에서 인용하여, 해설을 덧붙여 살펴본다.

1) 『周禮(주례)』의 여섯 가지 꿈에 대한 분류

『주례』에 근거하면, 주나라 사람들은 꿈을 여섯 가지의 종류로 나누고 있다. 해몽(관)은 여섯 가지 꿈의 길흉을 점친다.

① 정몽(正夢)이라는 것은 바로 일상적이며 놀라움이나 생각함이 없고, 걱정이나 기쁨이 없으며, 심경에 사리사욕이 없는 자연적인 꿈이다.
② 악몽(惡夢)이라는 것은, 바로 악몽이나 가위눌리는 꿈을 말한다. 왜냐하면 꿈속에서 매우 무서운 일을 만나 꿈을 꾸는 이가 종종 신음을 하거나 놀라 외치기 때문이다.
③ 사몽(思夢)이라는 것은, 꿈속에서 사고를 하는 활동이 있는 것을 가리킨다.

④오몽(寤夢)이라는 것은, 깨어 있을 때의 꿈을 가리키는 것으로 낮꿈 혹은 백일몽을 말한다. 백일몽을 꾸는 자신은 스스로 깨어 있다고 여기지만, 사후에 비로소 이것이 꿈이었음을 안다. 그 특징은 수면과 관계를 발생시키지는 않지만, 도리어 꿈의 상태와는 공통적인 심리적 특징이 있다는 점이다.

⑤,⑥ 희몽(喜夢)이나 구몽(懼夢)이라는 것은 모두 꿈속에서 즐거움이 있고 두려움이 있는 것을 가리킨다.

유문영은 『꿈의 철학』에서 중국의 꿈의 역사를 통시적으로 고찰하고 있는 바, 꿈의 이러한 구분은 바로 꿈의 내용과 심리적 특징에 근거하여 명칭을 부여한 것이지 다른 의미가 있는 것은 아니며, 억지스런 결론은 도리어 사람들을 어지럽게 할 뿐이라고 말하고 있다.

이는 『열자(列子)』에 언급되고 있는, 꿈을 꾸는데 여섯 가지 징후와 일치하고 있으며, 이런 여섯 가지 징후는 정신이 교감하는 데서 일어나고 있다고 보고 있다.

주목할 점은 '사몽(思夢)'이라고 해서, 꿈속에서 사고하고 고려를 하는 활동이 있음을 인정한 것으로, 꿈속에서 창조적인 사유활동에 해당되며 꿈속에서 시를 짓거나 얻게 되는 몽중시 등이 여기에 해당된다. 또한 욕구표출의 꿈에 대해서도 언급하고 있으나, 미래예지 등의 부분에 대한 명확한 언급은 보이지 않고 있다.

2) 『潛夫論(잠부론)』의 열 가지 꿈에 대한 구분

동한(東漢) 시대에 왕부(王符)는 『잠부론』을 저술했는데, 열 가지 꿈의 특징에 관하여 〈夢列(몽열)〉에서 다음과 같이 말하고 있다.

먼저 꿈을 꾼 바가 있고, 이후에 이와 착오가 없는 것을 直夢(직몽)이라 하고, 견주어 서로 닮은 것을 象夢(상몽)이라 하고, 깊이 사색하여 정신을 집중하는 것을 精夢(정몽)

이라 하고, 낮에 생각한 바가 있어 밤에 그 일을 꿈꾸며 갑자기 길하다가 갑자기 흉하기도 하여 선한 것인지 악한 것인지를 믿을 수 없는 것을 想夢(상몽)이라 하고, 귀함과 천함/ 현명함과 우둔함/ 남녀노소에 관계된 것을 人夢(인몽)이라 하고, 바람이나 비/ 차가움/ 더움에 관계된 것을 感夢(감몽)이라 하고, 오행(五行)과 왕상(王相)에 관계된 것을 時夢(시몽)이라 하고, 음이 극에 달하면 곧 길하게 되고 양이 극에 달하면 곧 흉하게 되는데 이를 反夢(반몽)이라 하고, 병이 난 바를 보고 그 꿈에서 본 바를 살피는 것을 病夢(병몽)이라 하고, 심성의 좋고 나쁨으로 해서 일에 응험이 있는 것을 性夢(성몽)이라 한다. 대저 이 열 가지는 해몽을 하는 것의 대체적인 요지이다.

3) 『夢占逸旨(몽점일지)』의 아홉 가지 꿈에 대한 분류

명나라 초기에 진사원(陳士元)은 『몽점일지』를 편찬하여, 역대의 여러 학자들의 꿈에 대한 학설을 종합하였다. 꿈이 발생하는 서로 다른 원인과 꿈과 그 조짐과의 서로 다른 관계에 근거하여, 꿈을 다음과 같은 아홉 가지로 귀납할 수 있다고 여겼다.

감응은 아홉 가지 이유로 변하는데, 그 연유되는 까닭을 누가 알겠는가? 첫째는 기가 성함[氣盛]이고, 둘째는 기가 허함[氣虛]이며, 셋째는 사악함이 깃들임[邪寓]이고, 넷째는 신체가 막힘[體滯]이며, 다섯째는 정이 넘침[情溢]이고, 여섯째는 직접 화합함[直協]이며, 일곱째는 유사한 형상[比象]이고, 여덟째는 극한 반대를 이룸[反極]이며, 아홉째는 악귀나 요괴[厲妖]에 의한 것이다.

서구의 문학이론에 '시의 정의의 역사는 오류의 역사이다' 이란 말이 있듯이, 『潛夫論(잠부론)』 · 『夢占逸旨(몽점일지)』 등에서의 꿈에 대한 정의나 분류 자체도 그 이상의 번잡함을 지니고 있음을 알 수 있으며, 꿈과 질병과의 관계를 언급하고 있음을 알 수 있다.

4)『佛經(불경)』에서의 꿈

『불경』이 중국에 전입된 후 종파와 전수의 차이로 인하여 〈네 가지 꿈〉 또는 〈다섯 가지 꿈〉의 분류가 있다. 필자의 실증사례에 의한 유형별 표출방식 분류와 비교하여 간략한 해설을 덧붙여 살펴본다.

① 四大不和夢(사대불화몽)은 체내에 地(지)·水(수)·火(화)·風(풍)의 四大(사대)가 조화를 이루지 못해, 심신이 흩어짐으로써 일어나는 것이라고 한다. 그 몽상은 일반적으로 꿈에 산이 붕괴되거나, 혹은 자신이 허공으로 날아오르는 것을 보게 되고, 또는 꿈속에서 도적이나 호랑이·사자 등이 뒤에서 쫓아오는 것을 보게 된다. →이는 불안심리 표출의 꿈에 가깝다.

② 先見夢(선견몽)은 대낮에 먼저 본 것을 밤에 꿈으로 꾸는 것을 가리킨다. 대낮에 먼저 본 것이 검은 색이거나 흰색, 혹은 남자이거나 여자였다면 밤에 꿈을 꾸는 것 또한 검은 색이거나 흰색, 혹은 남자이거나 여자이게 된다. →이 역시 심리 표출의 꿈에 가깝다.

③ 天人夢(천인몽)은 하늘과 사람이 서로 감응하여 꾸는 꿈을 가리킨다. 선한 사람이 착한 일에 힘쓰면 하늘이 선한 꿈을 꾸게 함으로써 선을 행하고자 하는 착한 마음을 신장시키며, 악한 사람이 나쁜 일을 하면 하늘이 악한 꿈을 꾸도록 함으로써 그로 하여금 두려움을 느끼도록 하여 착한 마음을 가지도록 유도한다. →예지, 계시의 꿈이 해당된다고 볼 수가 있다.

④ 想夢(상몽)은 항상 생각하던 것이 꿈속에 드러나는 것을 가리킨다. 선한 일을 생각하는 사람은 선한 꿈을 꾸게 되고, 악한 일을 생각하는 사람은 악한 꿈을 꾸게 된다. → 자신의 소망이나 마음먹은 바가 꿈으로 표출되는 경우이다.

다섯 가지는 다음과 같다.

① 由他引夢(유타인몽)은 모든 신령이나 신선, 귀신, 주술, 약초, 부모들이 생각하는

바와 모든 성현들이 이끄는 바에 의해서 꿈을 꾸게 되는 것을 말한다. → 이는 계시적 성격의 꿈이 된다.
② 由曾更夢(유증갱몽)은 먼저 보고 듣고 느끼고 알고 한 일이나, 혹은 거듭함으로써 습관이 되어 버린 각종의 일들이 지금 바로 꿈에 보이게 되는 것을 말한다. → 자신의 생각하는 바가 꿈으로 나타나는 꿈이다. 창의적 사유의 시짓는 활동 등으로 나아가게 해준다.
③ 由當有夢(유당유몽)은 장차 길하거나 불길한 일이 있을 것 같아 그것을 따라 꿈에서 먼저 그 형상을 보이게 하는 것을 말한다. → 이는 예지적 성격의 꿈이다.
④ 由分別夢(유분별몽)은 만약 희구하는 것이나 의혹된 생각을 계속적으로 생각하게 될 경우 이러한 것들을 바로 꿈에서 보게 되는 것을 말한다. → 이는 소망이나 불안한 심리표출의 경우이다.
⑤ 由諸病夢(유제병몽)은 만약 체내의 地(지)・水(수)・火(화)・風(풍) 같은 四大(사대)가 조화를 이루지 못할 때, 곧 증가하는 바가 있게 되어 꿈속에 이러한 종류들이 보이게 되는 것을 말한다. → 번잡한 꿈을 꾸게 되는 경우로, 신체 내・외부의 이상이나 정신적으로 안정치 못할 때 꾸어지는 경우이다.

중국의 유문영은 이러한 여러 분류에 대하여 『꿈의 철학』에서 다음과 같이 언급하고 있다.

내용면에 있어서 과학적인 측면과 미신적인 측면이 서로 뒤엉키어 있으며, 논리적인 측면에 있어서도 구분의 기준이 일반적으로 그렇게 명확하지 못하다. 과학과 미신이 서로 뒤엉키어 있으므로 해서 당연히 옳은 것도 있고 옳지 않은 것도 있으며, 맞는 것도 있고 맞지 않는 것도 있기 때문에, 우리들은 반드시 분석적 태도를 갖추어야 한다.

이상에서 살펴보았지만, 꿈에 대한 올바른 분류는 실제 일어난 실증사례를 데이타베이스화 하여 빈도수에 따른 분석적・합리적인 방법으로 분류가 이루어져야 할 것이다. 실증사례 분석에 토대를 둔 필자의 유형별 표출방식에 따른 분류와 비교한다면, 위 중국의 분류에서 『불경』의 다섯 가지 분류만이 우리가 꾸는 꿈의 대부분을 차지하는 미래 예지 꿈의 특성을 명확히 인정한 분류로 가장 올바르게 되었다고 볼 수 있다. '由當有 夢(유당유몽)은 장차 길하거나 불길한 일이 있을 것 같아 그것을 따라 꿈에서 먼저 그 형상을 보이게 하는 것을 말한다.'는 표현은 꿈으로 미래를 예지해주는 특성을 인정하고 언급하고 있으며, 특히 이 책에서 주로 살펴보고 있는 미래예지 꿈사례에 대한 논리적 근거를 제시해주고 있다.

5) 실증사례별 전개양상

이상에서 살펴본 바와 같이 꿈의 분류는 보는 관점과 입장에 따라 여러 가지로 나타나고 있다. 이에 대하여 劉文英(유문영)도 분석적인 태도를 갖출 것을 언급하고 있지만, 올바른 유형별 분류의 대안은 제시하지 못하고 통시적으로 중국의 꿈의 역사를 살펴보고 있다. 이는 그만큼 꿈의 세계의 폭이 넓으며, 전개양상이 다양하게 나타나고 있기 때문이다.

서양에서도 고대에는 꿈을 신(神)의 고지(告知)나 계시로 인식했었으며, 근대에 들어와서 잠재의식적인 내면의 심리표출이나 내·외부의 감각자극에 의해 꿈이 이루어진다고 보고 있다. 따라서 꿈에 대한 언급도 꿈의 심리학적 특성에 중점을 두고 언급하고 있으며, 미래 예지적 특성이나 창조적 사유의 활동이 이루어지는 것에 대하여 부인하는 것은 아니지만, 큰 관심을 지니지는 않았으며 정신분석학적인 측면에 치중하고 있음을 볼 수 있다.

하지만 꿈의 세계는 시공을 초월하여 보편적으로 전개되고 있다. 따라서 꿈의 실체에 접근하는 가장 올바른 접근 방법은 '이러이러한 꿈을 꾸고 이러이러한 일이 일어났다'고 하는 실증적인 사례에 근거한 꿈의 유형별 표출방식에 따른 분류가 되어야 할 것이다.

이 책의 『행운의 꿈』에서는 상징적 미래예지 꿈의 재물운으로 이루어진 사례를 중점적으로 살펴보고 있다.

(1) 미래예지 꿈(사실적 · 상징적 · 계시적)

① 사실적 미래예지 꿈

사실적인 미래예지 꿈은 사실적인 전개로 장차 일어날 일을 예지해주고 있다. 이 꿈의 특성은 가까운 장래에 일어날 일을 마치 현실에서 펼쳐지는 것처럼 꿈속에서 사실적인 전개형태로 꾸는 경우이다. 꿈의 기법 가운데 비교적 단순하며 쉽게 그 꿈의 의미를 알 수 있는 경우가 대부분이다. 예를 들어 꿈속에서 본 사람이나 장소를 현실에서 그대로 만나게 되는 일로 이루어지는 꿈이며, 꿈속에서 본 숫자가 로또 당첨 번호로 현실에서 그대로 실현되는 경우이다.

② 상징적 미래예지 꿈

상징적인 미래예지 꿈은 상징적인 표상으로 장차 일어날 일을 예지해주고 있다. (로또) 복권 당첨꿈이나, 태몽 꿈이나 죽음예지 꿈의 사례가 대표적이며, 우리가 보통 꿈을 해몽하는 경우 이 꿈이 대부분이다. 이러한 꿈의 특성은 황당하게 전개되며, 전체 꿈의 80% 이상의 대부분을 차지하며, 이 꿈의 실현 결과는 피할 수 없는 것으로 나타나고 있다.

이러한 꿈의 예지적 성격에 관해서는 민간 속신에서 절대적이라 할 만큼 받아들여져 왔다. 역사적 기록으로 전하는 대부분의 꿈은 상징적인 미래예지 꿈이다.

③ 계시적 성격의 꿈

조상이나 산신령 기타 동식물 등 영적인 대상과의 교감이 꿈을 통해 이루어지고 있는 경우이다. 과학적으로 보자면, 실제 이러한 영령이 존재하는 것이 아닌, 꿈속에 등장한 모든 영적 대상은 인간의 정신능력의 활동에 의해 필요에 따라 그때그때 창조되어 상징표상으로 나타난 존재로써, 꿈의 표현기법의 하나인 것이다. 꿈은 필요에 따라, 조상과 산신령, 또는 동물이나 저승사자를 등장시켜 직접적인 계시의 형태로써 말로써 일러주고 경고해주고 있는 것이다.

고전소설에서 주인공이 위험에 빠졌을 때, 흔히 사용되는 수법으로 비몽사몽간에 조상이나 산신령이 나타나 위험에 빠진 사실을 일깨워주는 방법을 사용하고 있다.

또한 자신의 신체 내·외부의 이상이나 주변의 위험사항에 대해 꿈을 통해 일깨워주는 경우가 있다. 우리의 의식세계가 미처 알아차리지 못하는 사항에 대해, 잠재의식의 정신활동인 꿈의 세계를 빌어 우리에게 알려주고 일깨워주고 있는 것이다.

특히 질병에 걸렸거나 자신의 주변에 다가오는 위험에서 벗어나게 하고자, 꿈으로 일깨워주는 경우가 여기에 해당된다. 어찌보면 앞에서 살펴본, 사실적인 미래예지 꿈이나 상징적인 미래예지 꿈이나, 앞으로 일어날 일을 사실적인 전개라든지 상징적인 표상으로 예지해주면서 일깨워주고 있다고 보아야 할 것이다.

(2) 심리 표출의 꿈(소망·불안·허망성)

앞서 살펴본 불경의 5가지 분류 중에 '由分別夢'(만약 희구하는 것이나 의혹된 생각을 계속적으로 생각하게 될 경우, 이러한 것들을 바로 꿈에서 보게 되는 것을 말한다)에 해당된다.

소망 표출의 꿈에서는 현실에서 이루지 못한 자신의 억눌린 잠재의식의 바람을 꿈을 통해 시연(試演)해봄으로써, 대리만족케 하고 해소케 하는 경우의 꿈으로, 실제 꿈사례 뿐만이 아니라 문학작품에도 많이 보여지고 있다.

또한 불안·공포·초조감 등의 잠재의식의 심리가 표출되는 꿈으로 현실에서 어려움을 겪거나 심리적인 압박을 받을 때 꾸어지는 꿈이 있다. 이밖에 일장춘몽, 남가일몽, 한단지몽 등의 고사성어에서 살펴볼 수 있듯이, 우리 인생을 덧없는 꿈에 비유하고 있다. 이러한 허망성으로서의 꿈은 일상의 생활에서 보다는 문학 작품의 제재로서 많이 사용되고 있다.

(3) 창조적 사유활동의 꿈

이러한 창조적인 사유활동의 꿈은 문학작품에 많이 나타나고 있는 바, 꿈을 통해 우리의 잠재의식의 정신활동이 극대화됨으로써, 현실에서는 불가능한 발견·발명·창조적인 아이디어를 꿈속에서 가능하게 해주고 있다. 현실에서는 지어낼 수 없었던 뛰어난 창의적인 표현의 시를 꿈속에서 지은 선인들의 수많은 몽중시(夢中詩) 사례 등이 여기에 속하며, 선인들이 꿈속에서 어떤 깨달음을 얻은 경우가 여기에 해당된다.

『周禮(주례)』·『列子(열자)』에 나오는 여섯 가지의 꿈의 분류 중에도 '사몽(思夢)'이라고 하여, 꿈속에서 사고하고 고려를 하는 활동이 있음을 언급하고 있다.

(4) 지어낸 거짓 꿈

우리가 실제 꾸지는 않지만, 일생생활에서나 문학작품에서 거짓 지어낸 꿈이야기에 의탁하여 어떠한 자신의 목적을 달성하거나 합리화를 하는 경우이다. 새롭게 건국하는데 있어, 민중들의 꿈에 대한 신비성을 이용하여 꿈속에서 계시를 받았다고 거짓 꿈이야기를 지어냄으로써 신성시하거나, 민심안정 등을 위해 꿈이야기를 빌어 하늘의 뜻이었음을 믿도록 하고 있다.

선인의 예로, 주막집의 주모와 동침하기 위해 황룡이 품에 날아드는 좋은 태몽꿈을 꾸었다는 말로 유혹하는 이야기를 들 수 있다. 문학적으로는 정철(鄭澈)이 『關東別曲(관동별곡)』에서 꿈에 신선을 만난 이야기 등을 거짓으로 지어냄으로써, 자신을 하늘나라에서 귀양을 온 신선으로 미화시켜 신선사상에 대한 동경을 표출하고 있는 사례를 들 수 있다. 유선시(遊仙詩) 작품이나 몽유록(夢遊錄)계 소설이 여기에 해당된다.

미래예지 꿈에 대한 인식 및 태도

'꿈으로 장차 다가올 미래를 예지한다.'라는 사실은, 동서고금을 통틀어 수많은 실증사례에서 입증되고 있다.

『성경』속에도 계시적이거나 예지적 꿈에 관한 이야기가 자주 나오고 있음에서 알 수 있지만, 서양에서도 미래를 예지하는 꿈에 대하여 부정적으로만 보지는 않고 있다.

고대 후기 꿈해석의 위대한 권위자인 아르테미도로스는 이러한 예지몽에 지대한 관심을 지녀, 필생의 역작으로 『꿈의 열쇠(Onirocriticon)』를 남기고 있는 바, 꿈을 해몽하는 주 목적이 꿈꾼 자에게 앞으로의 행동의 방향을 제시하는 것이라고 보았다. 이에 반하여 프로이트는 '심리표출의 꿈' 세계에 중점을 두고 있으며, 미래예지적인 꿈 세계에 대하여는 미약한 관심을 보여주고 있을 뿐이다.

C.G.융은 그의 『인간과 상징(Man and His Symbols)』에서, "우리의 의식적인 사고가 흔히 미래의 가능성에 몰두하는 것처럼 무의식인 꿈도 그렇다. 꿈의 주된 기능이 미래의 예견이라는 믿음은 오래전부터 일반적인 것이었다. 고대에는 물론 중세 후반까지도 꿈은 의학적 진단에서 중요한 역할을 했다."라고 언급하고 있듯이 꿈의 미래예지적 기능에 대하여 인식하고 있음을 볼 수 있다.

중국에 있어서도 『시경』에서의 꿈에 대한 언급을 비롯하여, 미래예지 꿈에 대한 수

많은 실증 사례가 여러 문헌에 언급되고 있는 바, 중국의 꿈사례에 대한 자세한 것은 유문영의 『꿈의 철학(동문선)』을 참고하시기 바란다.

　우리 선인들에게 있어서 꿈의 세계는 절대적이라 할 만큼 신앙적으로까지 받아들여졌다. 현존하는 가장 오래된 역사책인『삼국사기』에는 '등에 화살을 맞은 꿈', '표범이 호랑이의 꼬리를 깨물어 자른 꿈', '하늘이 후궁으로서 아들을 낳게 할 것이라는 꿈', '김유신의 태몽꿈 이야기' 등 미래예지적인 꿈이야기가 실려 있다. 또한『삼국유사』에는 꿈의 기록이라고 할 정도로 수많은 꿈이야기가 실려 있음은 널리 알려진 사실이다. 이밖에『조선왕조실록』을 비롯하여, 선인들의 개인문집이나 일기 등에 꿈이야기가 무수히 실려 있다.

　선인들이 꿈의 예지적 기능을 민간신앙에 가깝게 절대적으로 믿었음을 알 수 있는 바, 고전소설에 있어서 영웅의 탄생은 '용이 품안에 뛰어 들었다'든지, '옥황상제로부터 구슬이나 꽃을 받았다'든지 하여, 출생부터 보통사람과는 다른 태몽꿈이 있었다는 이야기를 전개하여, 장차 주인공이 비범한 인물로 성장해나가고, 또한 훌륭한 인물이 된다는 것을 합리화시키고 있음을 볼 수 있다.

　또한 민심을 사로잡기 위한 수단 방편으로 꿈에 계시를 받았다거나, 조상이 현몽하여 계시해주는 이야기, 자신의 목적달성을 위하여 지어낸 거짓 꿈이야기, 기타의 문학작품에서도 일일이 예를 들 수 없을 정도로 꿈을 제재로 한 수많은 이야기가 실려 있음에서 알 수 있듯이, 미래예지적인 꿈은 민중들의 생활 속에서는 물론 문학작품에까지 다양하게 형상화되어 나타나고 있다.

　이처럼 선인들이 자신이 체험한 실증적인 기록이나 꿈을 소재로 한, 수많은 작품을 남기고 있는 것은 선인들 스스로 몸소 체험한 미래예지적 꿈의 세계에 대한 믿음과 확신이 있음을 보여주고 있다.

　현대의 우리들 또한 선인들의 꿈에 대한 믿음 이상으로, 미래예지적 꿈에 대하여 절대적인 관심을 지니고 있다. 인터넷 상에는 수많은 꿈해몽 관련 글이 넘쳐나고 있으며, 시중의 서점에는 꿈해몽 관련 서적이 난립하고 있다. 신문지상에는 (로또)복권 당첨자들의 당첨 꿈에 관한 여러 이야기나, 뜻밖의 행운을 잡은 사람들의 꿈이야기, 유명 연예인의 태몽에 관한 기사거리가 자주 등장되고 있다. 나아가 '나는 꿈을 안 믿는다'는 사람들도, 돼지꿈을 꾸면 복권을 살 생각을 하거나, 안좋은 꿈을 꾼 경우에 근심하면서 외출을 삼가면서 신중한 행동을 하고 있음을 볼 수 있다.

  하지만 꿈은 우리 인간이 꾸는 것이다. 꿈이 우리 인간의 미래를 지배한다기 보다, 우리 인간이 자신의 운명의 길을 변화시킬 수 있는 것처럼, 우리 인간이 꿈을 만들어낸다고 볼 수 있다. 우리는 꿈의 미래예지적 성격에 너무 집착하기보다는, 주어진 여건에서 자신의 맡은 바 직분을 다하고, 올바른 삶의 길을 살아나가야 하겠다.

꿈의 상징과 관습적·문학적 상징

1) 꿈은 상징의 언어

꿈은 장차 일어날 미래예지적인 일을 상징적인 표상으로 전개하고 있다. 이러한 꿈의 세계를 현실의 언어 잣대로 해석하면 안 된다. 어디까지나 꿈의 해석은 꿈의 언어로 풀어야 한다. 꿈의 언어는 상징이며, 꿈의 이해는 상징표상의 이해에 있다.

꿈속에서는 '구렁이가 몸에 감겨들기도 하고, 부모랑 성관계를 맺는다거나, 누구를 죽이는 꿈' 등등 현실에서 일어날 수 없는 황당한 전개의 일들로 진행이 되고 있다.

상징의 의미를 살펴보면, 구렁이가 몸에 감겨드는 것은 실제 구렁이가 아닌 이성의 상대방이나 재물이 접근해오는 것을 뜻하고 있으며, 부모와 성관계를 맺는 꿈은 부모로 상징된 윗대상과 어떠한 계약·성사·체결을 이루는 일로 이루어지고 있으며, 사람을 죽이는 것은 어떠한 사람이나 대상을 제압·굴복·복종시키는 일로 이루어지고 있다.

우리나라에서 30여년 이상 꿈에 대해서 연구해왔으며, 꿈에 대해서 15권 이상의 저서를 낸 필자의 스승이신 한건덕 선생님은 필자와 공저한 『꿈해몽백과(학민사,1997)』에서, 꿈의 상징에 대하여 다음과 같이 언급하고 있다.

꿈의 세계는 동서고금을 통틀어 공통적인 형성원리와 공통적인 뜻을 가지고 있기 때문에 꿈의 언어에 있어서는 세계 공통의 표현을 지니고 있으며, 그 해석에 있어서 비유와 암시와 상징적인 뜻으로 바꿔놓고 해석해야 한다. 이러한 꿈의 상징이나 그 꿈의 원리가 일정불변 법칙적인 해석법을 지니고 있기 때문에, 결코 임의적이거나 비합리적인 해석을 용납하지 않는다.

이처럼 꿈의 세계의 진리는 하나이며, 동서고금을 통틀어 공통적인 형성원리와 공통적인 상징성을 지니고 있음을 강조하고 있다. 다만, 각 민족성이나 문화적 체험, 역사적 배경, 인간의 기질이나 환경적 영향, 도덕적 가치기준 등에 따라서 각기 다른 관점이나 견해를 보이고 있을 뿐인 것이다.

꿈에 있어서의 상징에 대하여, 프로이트는 그의 『정신분석입문』에서 '꿈에 있어서 상징성'의 소절로 분리하여 열 번째 강의로 설명하고 있음을 볼 때, 꿈의 표현에서 상징의 의미가 얼마나 중요한 것인지를 보여주고 있다. 하지만, 꿈에 나타나는 상징을 性(성)의 상징에 치중하고 있으며, 상징의미의 천착에 있어 환자의 심리상태 분석이라는 정신분석학적 차원에 중점을 둔 서술이기에, 보편적 문학적 상징차원의 접근방식과 차별성이 존재하고 있다.

'칼 구스타프 융' 역시 상징 이해의 중요성, 상징이 다양하게 전개되고 있으며 꿈을 꾼 사람이 처한 상황의 중요성을 다음과 같이 언급하고 있다.

꿈과 상징의 해석은 지성을 필요로 하며, 상상과 직관 또한 우리들의 상징이해에 필수적인 것이다. 나는 자연의 상징을 연구하는데 반세기 이상을 보내왔다. 그리하여 나는 꿈과 그 상징들이 결코 어리석거나 무의미한 것이 아니라는 결론에 도달하였다. 오히려 꿈은 그 상징을 이해하려는 노력을 아끼지 않는 사람들에게는 가장 흥미진진한 정보를 제공한다. – 칼 구스타프 융 편, 『인간과 무의식의 상징』, 집문당, 1983

존 A. 샌포드 역시 꿈이 상징의 언어로 되어 있으며, 이러한 상징 언어의 이해가 있어야 꿈을 올바르게 이해할 수 있다고 말하고 있으며, 다음과 같이 언급하고 있다.

> 꿈은 상징을 통해 이야기한다. 전 세계적으로 모든 역사를 통하여 볼 때 인간은 언제나 꿈을 꾸어 왔다. 물론 여러 가지 다른 언어들이 있지만, 꿈은 상징을 통해 그것 자체를 '생각하고' 표현하는 일반적인 언어를 가지고 있다. 이 상징적인 언어는 모든 의식적인 언어의 장벽을 초월한다. 그 상징은 두 가지의 근원에서 비롯된다. 그 하나는 인간의 개인적인 경험이며, 또 하나는 모든 인간에게 공통된 또 다른 근원을 생각하지 않으면 이해할 수 없는 상징들이 있다. 땅, 흰 것, 정사각형 등이 인간에게 수세기 동안 무엇을 의미해왔는지를 이해해야 꿈속에서 나타나는 이러한 상징들의 의미를 알 수 있다. 그래서 융은 그것을 '집단무의식'이라고 명명했다.
> — 존 A. 샌포드, 정태기 역, 『꿈(하나님의 잊혀진 언어)』

존 프리만 또한 "무의식의 언어와 내용은 상징이고, 의사소통의 수단은 꿈이다."라고 하여 꿈에 있어서 상징의 중요성을 역설하고 있으며, 레온 앨트먼 역시 그의 『性(성)·꿈·정신분석』의 꿈 이론의 간략한 개관에서 상징의 중요성을 언급하고 있다. 상징이 꿈뿐만이 아니라, 일상생활·문학·예술·종교·민속학·신화 등에서 다양하게 적용되어 왔지만, 꿈의 해석에 상징의 원리를 도입하는 것에 대하여 신뢰를 얻지 못하고 있음을 밝히고 있다.

2) 꿈의 언어, 관습적인 언어, 문학적 상징

꿈의 언어인 상징의 세계는 우리가 쓰는 현실에서의 관습적인 언어 및 문학적 상징의 언어와도 일맥상통하게 전개되고 있다. 일상의 언어와 꿈의 상징을 예를 들어 살펴본다.

① 야! 이 자식! 너 옷벗고 싶어 → 직장 상사가 부하 직원에게 "야! 이 자식! 너 옷벗고 싶어?"라고 말할 때, 단순한 옷이 아닌 "너 직장 그만두게 해줄까?"의 뜻으로 쓰인 다는 것은 다 알고 있을 것이다. 옷을 잃어버리는 꿈을 꾼 후에 실직한 사례가 있다.

② 재수없게 꽃뱀에 물렸어 → 꽃뱀은 남자를 성적으로 유혹하여 금품을 우려내는 여자를 속되게 이르는 말로써, 뱀에 물리는 꿈을 꾼 후에 현실에서 여자의 유혹에 빠져 경제적 손실을 입는 일로 이루어질 수도 있다.

③ 누구는 누구의 오른팔이다 → 누구는 누구의 심복이다. 팔이 잘리는 꿈을 꾼 후에 자신의 부하직원이 사고를 당하거나, 자신에게서 떠나는 일로 이루어지고 있다.

④ 너! 죽여 버린다 → 현실에서도 상대방을 완전히 굴복시키고자 하는 경우 쓰이고 있는 바, 꿈의 상징의미에서도 죽이는 것은 제압·굴복·복종시킴을 뜻하고 있다.

⑤ 바지씨 잘 지내니? → 이성의 남자 친구를 속되게 이르는 말로써, 바지가 찢어지는 꿈으로 사귀던 남자 친구와 이별하는 일로 이루어지고 있다.

⑥ 고무신 거꾸로 신다 → 여자가 애인을 결별했을 때 쓰이는 말로서, 꿈의 상징의미에서도 신발은 의지하는 사람이나 직장을 상징하고 있으며, 신발을 잃어버리는 꿈을 꾸는 경우에 실연이나 실직으로 실현되고 있다.

⑦ 에고! 우리 강아지 → 부모가 어린 자식이 귀여울 때 쓰는 말로, 실제로 꿈속에서 강아지나 고양이 등이 사람이나 이성의 상대방을 상징하는 표상물로 등장되고 있다.

⑧ 호박이 넝쿨째 굴러 들어 왔다 → 재물이나 좋은 일이 일어날 때 쓰는 말로, 꿈에서도 호박을 달린 것을 보는 꿈은 재물의 획득으로 이루어지고 있다.

문학적 상징과 꿈의 상징을 예로 들어 살펴본다.

① 박두진의 시 '해'에 나오는 '해야 솟아라'는 일제 때 쓰여진 시가 아닌, 광복 이후 좌·우익의 혼란상을 극복하고 평온과 밝음의 세상이 펼쳐지기를 바라는 마음에

서 쓰여진 시다. 하지만 문학적 상징의 입장에서 살펴보자면, 이 시는 오늘날 감상을 하는 사람이 처한 상황이나 여건에 따라 다양한 해석이 가능하기도 하다. 몸이 아픈 학생에게는 '해야 솟아라'가 질병에서 낫는 일이 될 수 있으며, 애인이 없는 사람에게는 애인이 새롭게 생기는 것을 뜻하며, 실직자에게는 좋은 직장을, 수험생에게는 원하는 대학에 합격하는 것을 뜻할 수 있기도 하다.

이처럼 문학적 상징은 비유와 달리, 원관념을 드러내지 않으면서, 1 : 多(다)의 여러 가지 해석이 가능하다. 꿈의 세계도 문학적 상징과 마찬가지로 상징적으로 전개되어, 같은 꿈이라고 하더라도 꿈을 꾼 사람이 처한 상황에 따라 달리 실현되고 있다.

특히 문학작품 중에서도 이야기 전개의 서사 형식의 소설보다는, 압축된 말로 표현하는 시에 있어서 비유와 상징이 주요 기법으로 사용되고 있는 바, 꿈의 세계에서는 꿈의 언어인 상징이 주요한 기법으로 동원되고 있다. 상징의 세계를 드러내기 위하여 동물이나 산신령이나 귀신을 등장시키기도 하며, 기타 현실에서는 일어날 수 없는 황당한 전개의 역설적인 표상으로 상징성을 드러내고 있다.

②현진건의 『운수 좋은 날』은 '새침하게 흐린 품이 눈이 올 듯하더니, 눈은 아니 오고 얼다가 만 비가 추적추적 내리었다.'의 암울한 배경으로 시작하고 있는 바, 곧 이어 일어날 아내의 비극적인 죽음을 암시해주고 있다. 꿈의 상징에 있어, 태몽 등에서 음울한 날씨의 배경은 장차 태어날 아이의 불운한 여건이나 상황에 처하게 될 것임을 상징하고 있다.

이렇게 소설에서 암울하고 음산한 배경의 이미지가 주인공의 불행 등으로 이어지듯이, 음울한 내용의 태몽인 경우 유산이나 요절 등으로 이루어지고 있으며, 선인들의 암울한 시적 전개의 夢中詩(몽중시)에 있어서는 죽음예지나 좌절의 꿈으로 실현되고 있다.

상징의 실현이 처한 상황에 따라 어떻게 전개되는지, 요즈음 사람들이 가장 많이 꾸는 '이빨 빠지는 꿈'에 대한 다양한 실증적 실현사례를 예로 들어 살펴본다.

① 이빨이 빠진 꿈 → 주변 누군가의 죽음 예지
윗니가 빠지는 꿈을 꾼 후 할머니께서 갑자기 쓰러지셨다. 그리고 윗니가 빠지는 꿈을 한번 더 꾸었을 때, 큰아버지께서 중풍으로 쓰러지셨다. 한 5개월쯤 지나서 윗니가 몽땅 빠지는 꿈을 꾸었다. 그랬더니 그날 새벽에 할머니께서 방금 돌아가셨다고 큰댁에서 전화가 왔다.

② 이빨이 빠지거나 부러지거나 끊어진 꿈 → 질병, 다치게 되는 일로 실현.
윗니 아랫니 모두가 갑자기 모래가 된 듯 우르르 부서지며 쏟아 뱉는 꿈을 꾸고, 며칠 뒤 어머니가 병원에 입원하시고, 자신의 동생도 몸이 아프게 되었다.

③ 흔들리는 이빨을 제자리에 놓는 꿈 → 사고나 위태로움을 수습하는 일로 실현.
동생을 둔 주부의 꿈 이야기로, 아래 어금니가 흔들리는 것을 도로 잡아서 제자리에 놓는 꿈이었다. 며칠 뒤에 대학생인 남동생이 카페에서 술을 먹다가 사소한 일로 시비가 벌어지고 싸움 끝에 상대방을 크게 다치게 했다. 이에 경찰서로 넘어가고 유치장에 갇혀서 형을 살게 될 즈음에, 운 좋게 기소유예로 풀려 나오게 되었다.

④ 이빨이 몽땅 힘없이 죄다 빠지는 꿈 → 대입, 입사 시험 때 합격여부
전날 이빨이 몽땅 힘없이 죄다 빠지는 꿈을 꾸고 나서, 찜찜한 마음으로 발표 장소로 가서 보니 낙방으로 현실화되었다.

⑤ 어금니와 앞 이빨 모두가 빠지는 꿈 → 사람과의 결별
어금니와 앞 이빨 모두가 빠지는 꿈을 꾼 다음날 오후에 사귀던 애인이 전화 상으로 절교를 하자고 했다.

⑥ 이빨 전체를 뽑았다 다시 낀 꿈 → 새로운 구조 조정

갑자기 이빨 전체가 빠져 손에 받아 놓았다가 다시 제자리에 끼어 맞추어 놓았던 꿈을 꾸었는데, 회사가 기구개편을 단행하였다.

⑦ 아랫니가 빠지는 꿈 → 어떠한 일의 무산

아랫니가 빠지는 꿈을 꾸었는데, 다음날 동서가 아기를 유산했다는 소식을 듣게 되었다.

⑧ 이빨이 강제로 뽑히는 꿈 → 타의에 의한 제지 손실

연재하던 신문의 연재물이 타의에 의해 강제로 중단되게 되다.

⑨ 이가 모두 다 빠지는 꿈 → 애정의 대상과의 결별

이가 모두 다 빠지는 꿈을 꾼 다음날 자신이 키우던 토끼 새끼 9마리가 죽었다.

⑩ 이빨이 빠지는 꿈 → 사실적인 꿈으로 실현될 수 있음.

이빨이 빠지는 꿈을 꾼 다음날 옥수수 엿을 먹다가 실제로 이빨이 빠지게 되다.

이상에서 살펴본 바와 같이 이빨이 빠지는 꿈은 이빨로 상징된 어떠한 사람이나 대상이 자신으로부터 멀어짐을 뜻한다. 즉, 자신과 관련된 주변 누군가가 죽거나, 쓰러지거나, 해고를 당하거나, 사고를 당하거나 등등 어떠한 대상이나 일거리와의 결별 등의 안 좋은 일로 실현되고 있거나 사실적인 꿈으로 이루어지고 있다.

로또 및 행운을 불러온 사람들의 꿈 이야기
로또 복권 당첨 꿈해몽

초판 1쇄 발행일 2013년 2월 8일

지은이 홍순래
펴낸이 박영희
편집 이은혜·유태선·정지선·김미령
인쇄·제본 에이피프린팅
펴낸곳 도서출판 어문학사
　　　　서울특별시 도봉구 쌍문동 523-21 나너울 카운티 1층
　　　　대표전화: 02-998-0094/편집부1: 02-998-2267, 편집부2: 02-998-2269
　　　　홈페이지: www.amhbook.com
　　　　트위터: @with_amhbook
　　　　블로그: 네이버 http://blog.naver.com/amhbook
　　　　　　　다음 http://blog.daum.net/amhbook
　　　　e-mail: am@amhbook.com
　　　　등록: 2004년 4월 6일 제7-276호

ISBN 978-89-6184-292-1　13180
정가 13,000원

이 도서의 국립중앙도서관 출판시도서목록(CIP)은 e-CIP홈페이지(http://www.nl.go.kr/ecip)와
국가자료공동목록시스템(http://www.nl.go.kr/kolisnet)에서 이용하실 수 있습니다.
(CIP제어번호: CIP2013000262)

※잘못 만들어진 책은 교환해 드립니다.